Informatik-Fachberichte 304

Herausgeber: W. Brauer
im Auftrag der Gesellschaft für Informatik (GI)

W. Niegel   P. Molzberger (Hrsg.)

Aspekte der Selbstorganisation

Springer-Verlag

Berlin Heidelberg New York London Paris
Tokyo Hong Kong Barcelona Budapest

Herausgeber

Wolfgang Niegel

Peter Molzberger

Universität der Bundeswehr München, Fakultät für Informatik

Werner-Heisenberg-Weg 39, W-8014 Neubiberg

CR Subject Classification (1991): C.1.3, H.1.2, J.1, J.4, K.6.1, K.6.4

ISBN-13: 978-3-540-55428-8   e-ISBN-13: 978-3-642-77485-0
DOI: 10.1007/978-3-642-77485-0

Satz: Reproduktionsfertige Vorlage vom Autor

33/3140-543210 – Gedruckt auf säurefreiem Papier

Vorwort der Herausgeber

Im Frühjahr 1989 fand an der Universität der Bundeswehr München eine Ringvorlesung zum Thema "Selbstorganisation" statt, zu der Wissenschaftler verschiedenster Fachrichtungen, die auf diesem Gebiet arbeiten, eingeladen waren, um über das Thema aus der Sicht ihrer Disziplinen und ihrer eigenen Forschungsarbeiten zu berichten. Das Spektrum der vertretenen Fachgebiete erstreckte sich von Biologie, Medizin, Psychologie, Soziologie und Ökonomie über Informatik, Physik und Mathematik bis hin zur Systemtheorie und Philosophie. Die Veranstaltung wurde 4-stündig abgehalten, so daß sich an einem Tag zwei Referenten in Vortrag und Diskussion zu zwei inhaltlich nahestehenden Themen äußern konnten. Die Ringvorlesung war als Angebot für die Studenten der Informatik im letzten Studientrimester, darüber hinaus aber auch für Interessenten anderer Fachrichtungen gedacht.

Für diese Veranstaltung gab es aus unserer Sicht zwei Gründe: Zum einen konnten wir die Frage, was heute unter Selbstorganisation zu verstehen ist, nicht umfassend genug beantworten. Zum andern schienen einige der uns vertrauten Facetten dieses Begriffs dafür zu sprechen, auch Informatiker an dieses Thema heranzuführen. In den Vorlesungen sollte daher die Möglichkeit geboten werden, eine größere Zahl fachspezifischer Ausprägungen des Begriffs "Selbstorganisation" kennenzulernen, und es sollte die Frage aufgegriffen werden, ob sich aus ihnen schon Vorstellungen oder Ansätze für einen umfassenden Begriff "Selbstorganisation" oder für eine Theorie der Selbstorganisation entwickelt haben.

Im Laufe der Veranstaltung zeigte sich, daß dieses inhärent interdisziplinäre Thema zu einem lebhaften Gedankenaustausch über die Grenzen traditioneller Arbeitsbereiche führte. Wenn auch, durch die Art der Veranstaltung bedingt, immer nur zwei Referenten in die Diskussion mit dem Auditorium und miteinander eintreten konnten, so war es für alle anderen Beteiligten eine eindrucksvolle Erfahrung, geführt von Fachleuten an einem Thema stets neue Aspekte zu entdecken.

Dabei ist die wissenschaftliche Auseinandersetzung mit dem Begriff "Selbstorganisation", mehr als bei vielen anderen Begriffen, dadurch belastet, daß über dieses Thema auch außerhalb der Wissenschaft heftig diskutiert wird und daß es dafür sogar einen gut florierenden Markt gibt. Das führt zu Irritationen und läßt in manchen Beobachtern den Verdacht aufkommen, das Thema könne einer wissenschaftlichen Bearbeitung überhaupt nicht zugänglich gemacht werden. Diesen Bedenken kann die zunehmende Zahl wissenschaftlicher Arbeiten über Selbstorganisation entgegengehalten werden, die aus vielen Fachgebieten inzwischen vorliegen. Daher sind auch gelegentliche Anregungen von außerhalb der Wissenschaft akzeptabel, solange sie eine kritische Auseinandersetzung mit dem Stoff bzw. seine begriffliche und experimentelle Fundierung anregen und solange die Grenzen nicht fließend werden.

In diesem Band sind die meisten der in der Ringvorlesung gehaltenen Vorträge, für die Veröffentlichung überarbeitet, zusammengefaßt worden. Leider fehlen darin die beiden Beiträge, die Selbstorganisation aus der Sicht der Synergetik bzw. aus der Sicht der Systemtheorie unter besonderer Berücksichtigung von Anwendungen abgehandelt haben, da die Referenten ihre Vorträge nicht in schriftlicher Form vorgelegt haben.

Die Ringvorlesung wurde mit den Themen eröffnet, die für uns den Anstoß zu der Veranstaltung gegeben hatten.

So wurde im ersten Vortrag versucht, einige Facetten des Begriffs "Selbstorganisation" zu umreißen, indem der Blick zunächst auf die Phänomene gerichtet wurde, die, in früherer Zeit anders benannt, heute als Selbstorganisation klassifiziert werden, um dann der Verwendung des Begriffs in der Umgangssprache und in einigen Fachsprachen nachzugehen und eine erste Präzisierung vorzuschlagen. Der Vortrag warf mehr Fragen auf als er beantwortete. In dem hier aufgenommenen Beitrag ist die Annäherung an den Begriff "Selbstorganisation" aus der Sicht des Verfassers nach Abschluß der Ringvorlesung dargestellt worden. Die Eingrenzung des Begriffs, die sich auf beobachtbare, globale Eigenschaften abstützt, geht davon aus, daß ein externer Beobachter im Spiel ist, und führt den Rand einer Gesamtheit explizit ein. Durch diese Umschreibung können viele im intuitiven Sinn als selbstorganisierend bezeichnete Vorgänge erfaßt werden; es wird dabei aber auch besonders deutlich, wie notwendig eine Theorie der Selbstorganisation ist, für die es bisher nur Ansätze gibt.

Gerhard Manteuffel entwickelt die neuesten Einsichten der Biologie über das Zustandekommen von Wahrnehmungen anhand des sehr gut bekannten visuellen Systems von Säugern. Hierzu wurden Modelle entwickelt, die vom Zusammenwirken einzelner Neuronen bis zur Darstellung und Speicherung von Vorstellungen reichen, die aus den Begegnungen mit der Außenwelt gewonnen werden. Die Entwicklung eines solchen Systems kann heute auf der Grundlage gewisser bei der Geburt vorhandener Strukturen und Fähigkeiten verstanden werden, aus denen sich durch Verstärkung von Reizen durch Koinzidenz selbstorganisierend komplexere Strukturen entwickeln. Im Zusammenspiel mehrerer sensorischer Quellen kann so im Laufe der Entwicklung durch Rückgriff auf bereits früher entstandene Vorstellungen, die im Gedächtnis bewahrt werden, ein individuelles Weltmodell aufgebaut werden.

Zu den Möglichkeiten und Grenzen des Selbstorganisationsansatzes nimmt der Biologe Hubert Hendrichs mit Blick auf die individuelle Selbstgestaltung von Umwelt und Wohlbefinden bei höheren Säugetieren Stellung. Da es noch keine wissenschaftlich akzeptable Vorstellung von der Grundstruktur der Dynamik und Steuerung der Säugetiere gibt, wird zunächst untersucht, ob ein Säugetier in Modellierungen zunehmender Komplexität - z.B. durch ein mechanisches Modell, kybernetisches Rückkoppelungsmodell bzw. im Rahmen von Selbstorganisations- oder Prozeßtheorien - plus einem Rest erfaßbar ist. Dabei zeigt sich, daß mechanische und kybernetische Modelle nur eine äußere Ähnlichkeit mit dem Original aufweisen und auch der Selbstorganisationsansatz, obwohl unter vielen Aspekten zufriedenstellender als die weniger komplexen Modelle, noch keine adäquate Antwort darstellt. Zu beachten ist, daß bei dieser Fragestellung sowohl die empirische Erfassung als auch die begriffliche Präzisierung des Begriffs "Wohlbefinden von Säugetieren" als einer psychosozialen Gegebenheit des Tieres besonders schwierig sind.

Detlef Bernhard Linke und A. Hirschelmann entwickeln in ihrem Beitrag "Ein trikompartimentales Hirnmodell" ein Thema, das aus der Sicht der Medizin aufgeworfen wurde. Sie stellen darin neue dynamische Modelle vor, in denen Module von Neuronenverbänden zusammenspielen, für welche die Modi "Selektion" oder "Entropie" bzw. Mischungen aus ihnen eingestellt werden können. Ein System mit drei Modulen kann als sehr einfaches Schema eines Hirnmodells angesehen werden, an dem die Steuerung der Aktivitäten von Hirnbereichen bei verschiedenen Einstellungen der Modi untersucht werden können.

In seinem Beitrag "Selbstorganisation in sozialen Systemen" verweist Peter M. Hejl darauf, daß sich die Sozialwissenschaften schon immer mit dem Thema "Selbstreferenz" insbesondere auch in der Ausprägung "Selbstorganisation" auseinandergesetzt haben. In der Anwendung auf Sozialsysteme arbeitet er zunächst die Begriffe "Komponenten" und "Organisation", die Konstituenten eines Systems, heraus und beschreibt ein System als selbstorganisierend, "wenn Veränderungen ihrer Komponenten Veränderungen in der Selektivität der Selbstorganisation bewirken und das wiederum zu Veränderungen im Spontanverhalten der Komponenten beiträgt oder solche Veränderungen auslöst". Mit diesem Begriff kann er die Entwicklung des Sozialtypus "Gemeinschaft" zu dem Sozialtypus "Gesellschaft" als Selbstorganisationsprozeß modellieren und an ihm zeigen, wie das Modell weiter ausgebaut werden kann.

In ganz anderer Weise stellt Friedrich Weltz aus der Sicht des Unternehmensberaters Selbstorganisation dar, wenn er über Selbstorganisation von Unternehmen spricht. Er stellt zunächst "naturwüchsige" und "organiserte" Selbstorganisation gegenüber; die erstere mit "mittelbarer Umsetzung von Erfahrungen, Impulsen und Anforderungen in die Gestaltung des Arbeitsgeschehens", die in Kleinbetrieben oder kleineren Arbeitseinheiten möglich ist, die letztere, für Großindustrie typisch und notwendig, steht in einem spannungsreichen Verhältnis zur naturwüchsigen Selbstorganisation, die auf unterschiedlichsten Ebenen eines Großbetriebes ebenfalls erwünscht ist. Selbstorganisation wird, auf die verschiedenen Organisationsebenen eines Unternehmens distribuiert, zum Politikum und trägt wesentlich zu der Dichotomie von offizieller und praktizierter Wirklichkeit bei, ohne die große Unternehmen nicht leben können, die ihnen z.T. aber auch große Schwierigkeiten bereiten.

Als Mediziner und Psychologe stellt sich Michael Kastner die Frage "Gibt es ein selbstregulatives psychisches System?". Mit seiner Antwort auf diese Frage vermittelt er zwischen Maturanas Position (das Nervensystem ist autopoietisch organisiert) und Roths Position (das Nervensystem ist, soweit es kognitives System ist - d.h. überwiegend - nicht autopoietisch organisiert), die nach seiner Auffassung nur die Extreme eines Spektrums darstellen, denen bestimmte vollautomatische Vorgänge bzw. Prüfungs- und Planungsprozesse entsprechen. An einem Modell für Handlungsentscheidungen und Handlungsabläufe, das erfolgreich in der Streßforschung verwendet worden ist, wird deutlich, daß menschliches Verhalten erst durch das gesamte Spektrum verständlich gemacht werden kann. Die Antwort auf die gestellte Frage kann daher lauten: "Es gibt auch selbstregulative Anteile am psychischen System".

Ziel des Beitrags von Michael Hutter ist es, "Verständnis für das Begreifen des Wirtschaftsprozesses als einer fundamental eigenständigen Form der Selbstorganisation zu wecken". Dazu stellt er zunächst soziale Systeme als aus Kommunikations-Ereignissen aufgebaute antinomische Sprachspiele im Sinne Wittgensteins dar. Ein Wirtschaftssystem läßt sich aus dieser Sicht mittels elementarer Transaktionen modellieren, d.h. mittels Kommunikations-Ereignissen, die Leistung und Zahlungen miteinander verknüpfen. Das führt auf den Begriff des Werts, den der Autor antinomisch sieht, als Quelle der Autopoiese wirtschaftlicher Systeme.

Edwin Eichler vermittelt seinen Lesern einen unmittelbaren Eindruck seiner praktischen Erfahrungen vom Wirken eines selbstorganisierenden Prozesses in einem grossen Verwaltungssystem: die Eigendynamik der Datenverarbeitung. Er zeigt auf, wie die neue Technologie dazu führt, die etablierte hierarchische Ordnung zu unterhöhlen. Die Organisation versucht sich zunächst gegen die als "Wildwuchs" empfundenen neuen Strukturen zur Wehr zu setzen. Diese erweisen sich jedoch schließlich als sehr machtvoll in dem Sinne, daß die Entwicklung der Organisation in Richtung auf ein Netzwerk gleichberechtigter Instanzen verläuft, ein wesentlich effizienteres und flexibleres System.

T. Clif Penn geht von der These aus, daß neuronale Netze bereits eine technische Anwendung des Prinzips der Selbstorganisation darstellen würden, da sie in der Lage sind, Funktionen unseres Gehirns adaptiv nachzubilden, ohne daß das auf eine von uns im Detail vorprogrammierte Weise geschieht. Der Autor zeigt die historische Entwicklung der neuronalen Netze auf, von den transversalen Filtern der Vierzigerjahre (ADALINE, PERCEPTRON usw.) zu den adaptiven Ansätzen, die um 1980 begannen. Am Beispiel der Spracherkennung demonstriert er die Leistungsfähigkeit des heutigen Standes der Entwicklung.

Im Gegensatz zu Penn stellt sich Friedhelm Mündemann intensiv der Frage, ob die in jüngster Zeit so lebhaft diskutierten neuronalen Netze wirklich bereits als selbstorganisierend anzusehen seien. Seine Kriterien zu diesem Begriff entnimmt er den Formen menschlicher Zusammenarbeit. Der Autor zeigt an praktischen Beispielen, wie sich, ausgehend von den Thesen des Neodarwinismus, die Fähigkeiten neuronaler Netze in einem Evolutions-Experiment verbessern lassen. Trotz dieser eindrucksvollen Resultate verneint er die Frage, ob hier Selbstorganisation vorliege. Er schließt mit einer Aufforderung an die Informatik, ihr Augenmerk künftig auch auf modifizierbare Kommunikationsstrukturen und nicht nur ausschließlich auf Algorithmen zu richten.

Mit seinem Beitrag "Die Mandelbrotmenge als Bildspeicher" gibt Fritz von Haeseler einen Einblick in die Welt der Juliamengen, die eine intensiv bearbeitete und fruchtbare Nische der modernen Mathematik ist, in graphischer Darstellung aber auch den mathematischen Laien fasziniert. Der Ausgangspunkt für diese Untersuchungen ist die qualitative Klassifizierung des Verhaltens eines speziellen dynamischen Systems über den komplexen Zahlen.

Einige Eigenschaften dieses Systems können durch die für gewisse komplexe Parameter c definierte Juliamenge J_c und durch die Mandelbrotmenge M - beide Mengen komplexer Zahlen - definiert werden. Dabei konnte gezeigt werden, daß für genau definierte komplexe Zahlen c aus J_c und M eine "Umgebung" von c in J_c und M durch ein bis auf eine Drehstreckung "gleiches" Bild dargestellt werden kann. Eine Umgebung von c in M kann also als Speicher für eine Umgebung des Punktes c in J_c betrachtet werden. Da die Mandelbrotmenge M durch eine sehr schwache Bedingung definiert ist, könnte dies als ein mathematisches Modell für die Selbstorganisation der Dynamiken des zugrundeliegenden Systems angesehen werden.

Alfred Locker entfaltet Ansätze zu einer Theorie der Selbstorganisation, indem er, von systemtheoretischen Grundlagen ausgehend, die Bedeutung des Beobachters - als internen bzw. externen Beobachter - herausstellt und damit auf einen epistemologischen Aspekt hinweist. Selbstorganisation wird wie Selbstreferenz und andere Phänomene als Aspekte des umfassenderen Begriffs 'Autologie' aufgefaßt; mittels eines einfachen Modells für Erkennen werden über ihn erste Strukturaussagen formuliert. Dabei weist die Betrachtung der Komplementarität im Übergang von der Orthoebene zur Metaebene einen Weg zur Auflösung auftretender Antinomien. Die bisherigen Arbeiten zum Thema "Selbstorganisation" werden drei Entwicklungsphasen zugeordnet: der naiven, der kritischen und der metakritischen Phase; einige wenige, unter ihnen sein Beitrag, sind der letzten Phase zuzuordnen.

Rudolf Kaehr hinterfragt das 'Selbst' in der Selbstorganisation aus philosophisch-systemtheoretischer Sicht. Ausgehend von einem polykontexturalen Ansatz unterscheidet er zwischen Selbstorganisation von Daten in einem System und Selbstorganisation als Sichzusichverhalten eines Systems. Im ersten Fall kann im System keine Unterscheidung zwischen dem System und seiner Umgebung getroffen werden, dies ist nur einem System-externen Beobachter möglich; jedes solche System wird durch einen einzigen externen Beobachter definiert, komplementäre Darstellungen mehrerer externer Beobachter sind nicht erfaßbar. In diese Klasse sind einzuordnen Synergetik, Chaostheorie, dissipative Systeme und Katastrophentheorie. Die zweite Klasse wird dadurch charakterisiert, daß ein System sich selbst durch Entscheidungsakte (Volitionen) und Erkenntnisakte (Kognitionen) in seiner Umgebung realisiert; es legt damit auch selbst seine Umgebung fest. Aus dieser Klassifizierung ergeben sich weitreichende Folgerungen insbesondere für die Systeme der zweiten Klasse. Andere aufschlußreiche Aspekte sich selbst einschließender und beobachtender Systeme (second order cybernetics) sind ihre unterschiedliche Entwicklung im Osten und Westen und die Paradoxien, die bei dem Versuch entstehen, diese Systeme mittels klassischer Logik vollständig zu erfassen.

Um die Frage zu klären, was das Phänomen der Selbstorganisation für die Informatik bedeuten könne, geht Peter Molzberger von der Annahme aus, daß damit gleichzeitig das Tor zur Entwicklung "echter" Künstlicher Intelligenz aufgestoßen würde. Sobald wir nämlich erst begriffen haben, wie die Natur sich organisiert, können wir darangehen, ähnliche Prozesse auf Computern zu initiieren. Der Autor versucht aufzuzeigen, daß unsere Schwierigkeiten paradigmatischer Natur sind: Die Lösung ist, aus der Sicht des alten Paradigmas, für uns unsichtbar, ähnlich wie wir das von Hypnosephänomenen kennen. Gleichzeitig führt er Hinweise darauf an, daß diese kollektive Suggestion zur Zeit dabei ist, ihre Kraft über uns zu verlieren.

Was hat diese Ringvorlesung nun bewirkt, welche der in sie gesetzten Erwartungen hat sie erfüllt?

Die Teilnehmer der Veranstaltung haben in den Vorträgen unmittelbar erfahren, wie fruchtbar das Thema "Selbstorganisation" geworden ist, d.h. wie viele interessante wissenschaftliche Arbeiten dadurch angeregt wurden oder sich auf dieses Thema hin entwickelt haben. Dadurch sind ihnen in den Fachsprachen und Spezialmethoden sehr unterschiedlicher wissenschaftlicher Disziplinen Variationen über ein Thema vorgestellt worden, das selbst erst noch gefunden werden muß. In dieser Situation war jeder Interessent im Auditorium gelegentlich Experte, meist aber interessierter Laie, der einen Blick über den Zaun in ganz andere Bereiche riskierte. Er bekam dabei die vielen inzwischen entstandenen Spezialisierungen des Begriffs "Selbstorganisation" zu Gesicht, die weitgehend unabhängig voneinander geprägt wurden und die ihren Zweck in den einzelnen Disziplinen zunächst voll erfüllen. Auf der Suche nach dem alles überwölbenden Begriffsnetz und dem Ort, von dem aus in einer Gesamtschau alles erfaßt werden könnte, wurde er enttäuscht. Trotz bemerkenswerter Ansätze, die bisher in Teilbereichen zum Tragen gekommen sind, gibt es noch keine umfassende Theorie. Daher sollten alle Vorüberlegungen und Ansätze für eine Theorie der Selbstorganisation besonders begrüßt werden.

Wir hoffen, daß auch der Leser der schriftlichen Ausarbeitungen der Vorträge neue Aspekte dieses Themas kennenlernt und nach der Lektüre offener und interessierter ist für die vielen Fragen, die sich um das Thema "Selbstorganisation" ranken.

Allen Angehörigen der Fakultät für Informatik unserer Universität, die auf offener Bühne oder hinter den Kulissen am Zustandekommen und der Durchführung der Ringvorlesung und an der Vorbereitung dieses Tagungsbandes mitgewirkt haben, möchten wir herzlich danken.

Neubiberg, November 1991   Wolfgang Niegel

                                            Peter Molzberger

Inhaltsverzeichnis

Selbstorganisation - Annäherung an einen Begriff

Wolfgang Niegel
Universität der Bundeswehr München
Fakultät für Informatik
8014 Neubiberg

1. Einleitung

Der Begriff "Selbstorganisation", der seit den frühen 80er Jahren in immer mehr wissenschaftliche Bereiche vorgedrungen ist und heute nicht nur in fachspezifischen, sondern auch in fachübergreifenden Arbeiten diskutiert wird, kann bei manchen Lesern den Eindruck erwecken, er bezeichne eine Klasse neu entdeckter Phänomene.

Tatsächlich ist aber über Selbstorganisation und benachbarte Begriffe in Jahrhunderten viel Bedeutendes gedacht und geschrieben worden, wenn auch meist in anderen Termini. Sucht man in der Wissenschaft der Neuzeit danach, so sind an erster Stelle die Beiträge des schottischen Nationalökonomen Adam Smith (1723 - 1790) zu nennen, der die Wirtschaft als ein sich selbst regulierendes System beschrieb, das ohne Eingriffe des Staates ein gut funktionierendes Ganzes darstellt. Damit war das Thema "Spontanes Entstehen von Ordnung in wirtschaftlichen und sozialen Systemen und ihre Anpassung an wechselnde äußere Gegebenheiten" angeschlagen worden und wurde im weiteren Verlauf in anderen Wissenschaften aufgegriffen. Unter ihnen war an erster Stelle die Biologie, in der vor allem die Fragen nach der Entstehung und Erhaltung des Lebens, sowie nach der Entwicklung der Lebewesen, mit diesem Thema in Verbindung standen.

Die eigentliche Diskussion konnte allerdings erst beginnen, nachdem in den 40er Jahren dieses Jahrhunderts der Biologe Ludwig von Bertalanffy mit der Systemtheorie und der Mathematiker Norbert Wiener mit der Kybernetik Instrumentarien entwickelt hatten, die es ermöglichten, Probleme, die Selbstorganisation betreffen, präzis - und im Prinzip fachübergreifend - zu formulieren. Dabei ist zu bemerken, daß bis in die frühen 60er Jahre nur Systeme im Gleichgewicht theoretisch behandelt werden konnten und daß sich daher das Interesse ganz darauf konzentrierte. Nun sind es in naturwissenschaftlich-technischen Systemen aber gerade Vorgänge, die weit vom Gleichgewicht entfernt bei speziellen Parameterwerten ablaufen, denen das Attribut "selbstorganisierend" zugelegt werden kann. So zwangen die neuen Fragestellungen zu einem völligen Umdenken und wurden erst allmählich aufgegriffen.

Anstöße für diese Entwicklung kamen seit Ende der 50er Jahre aus Kybernetik (im westlichen Sinn) und Biologie sowie etwas später auch aus Physik, Chemie, Ökonomie und den Sozialwissenschaften. Zwei Tagungen, [von Foerster-Zopf 62] und [Yovits-Jacobi-Goldstein 62], die zwar noch stark durch die Vorstellungen des Gleichgewichts geprägt waren, aber doch schon die neuen Konzepte in nuce enthielten, standen am Anfang. Eines der Zentren, das grundlegende Impulse für eine theoretische Durchdringung dieses und verwandter Themen gegeben hat, war das 1957 von Heinz von Foerster an der University of Illinois in Urbana gegründete Biological Computer Laboratory (BCL), an dem unter anderen Warren S. McCulloch, Gordon Pask, Humberto R. Maturana, Francisco Varela, Lars Loefgren und Gotthard Günther gearbeitet haben.

Am BCL wurden viele grundsätzliche Probleme erkannt, analysiert und zum Teil auch gelöst; nur ein kleiner Teil davon wurde allerdings von den Fachdisziplinen aufgegriffen, die später die Entwicklung weitergeführt haben. Zur Charakterisierung des neuen Bereichs führte von Foerster in diesen Jahren den Begriff "Kybernetik zweiter Ordnung" oder "Kybernetik **beobachtender** Systeme" ein und stellte ihn der bis dahin entwickelten "Kybernetik erster Odnung" oder "Kybernetik **beobachteter** Systeme" gegenüber. Im Laufe der Diskussion wurde dabei immer deutlicher, daß die Konzepte zweiter Ordnung einen Bruch mit vielen vertrauten Vorstellungen notwendig machten. Zugleich war für einen kleinen Kreis zu erkennen, daß diese Begriffe für die sich entwickelnde neue Disziplin der Artificial Intelligence von grundlegender Bedeutung sein könnten [Dittrich 90].

Zu erwähnen ist in diesem Zusammenhang auch eine Arbeit, die Maruyama unter dem Titel "The second cybernetics: Deviation-amplifying mutual causal processes" 1963 veröffentlichte [Maruyama 63]. Sie forderte ebenfalls, nicht nur Systeme im Gleichgewicht und Konzepte erster Ordnung (mit negativer Rückkopplung) zu untersuchen, sondern durch Einbeziehen positiver (deviation-amplifying) Rückkopplung neue Bereiche (the second cybernetics) weit entfernt vom Gleichgewicht zu erschließen.

Die negative Rückkopplung, die in der Technik schon früh zum selbsttätigen (oder automatischen) Regler entwickelt worden war, ist ein Konzept, mit dessen Hilfe ein System **selbständig** einen erwünschten Zustand einnehmen und einhalten kann. Mit jedem Regelkreis, der ein System in der Umgebung eines von **außerhalb des Systems** festgelegten Zustands hält, wird zwar eine geschlossene Wirkungskette geschaffen, die im System beginnt (Messung der Regelgröße), aus dem System herausführt (Vergleich zwischen Regelgröße und Führungsgröße) und im System endet (Auswirkung einer Änderung der Stellgröße). Die **Konzeption** und **Konstruktion** des selbsttätigen Reglers wird jedoch **nicht** von dem System geleistet und der Regler ist auch **nicht** Teil des Systems. Von Selbstorganisation kann hier nicht gesprochen werden, da ein Kriterium dafür ist, daß sie spontan, d.h. aus dem

System heraus, **entsteht**.

Dem Wort "Selbstorganisation" wurde im weiteren Verlauf der Entwicklung zunächst in jeder Disziplin, in der es verwendet wurde, eine eigene Bedeutung zugelegt. Dabei ging es, von Ausnahmen abgesehen, nicht um eine präzise Begriffsbestimmung, sondern vielmehr darum, eine bestimmte Gruppe von Erscheinungen wissenschaftlich zu fassen und, soweit dies möglich war, theoretisch zu durchdringen. Stellvertretend für viele, seien einige Bereiche und in ihnen die wichtigsten Begriffe genannt, von denen die neuen Impulse ausgingen:

- in der Philosophie   "Systeme, die eine Umwelt **besitzen**"   [Günther 64]
- in der Kybernetik   "die Kybernetik zweiter Ordnung"   [von Foerster 74]
- in der Physik   "das komplexe Verhalten in dissipativen Systemen" [Nicolis-Prigogine 77, 87] und "die Synergetik"   [Haken 77, 80]
- in der Chemie   "die Selbstorganisation der Materie"   [Eigen 71],
- in der Biologie   "die autopoietischen Systeme" [Varela-Maturana-Uribe 74]
- in der Soziologie   "selbstreferentielle soziale Systeme"   [Luhmann 84]
- in der Ökonomie   "Selbstorganisation in sozialen Systemen"   [Probst 87]

Bei genauem Hinsehen zeigt sich, daß der Begriff "Selbstorganisation", der ohnedies nicht in einigen Sätzen im Sinne einer Definition erschöpfend erfaßt werden kann, am besten nach seiner Herkunft unterschieden werden sollte; für jeden einzelnen dieser Spezialbegriffe kann dann wenigstens eine hinreichend genaue Umschreibung gegeben werden.

Nachdem sich aber in den vergangenen Jahren die Sicht geweitet hat und gerade dieser Begriff schon viele interdisziplinäre Untersuchungen bis hin zur "Selbstorganisation des Universums" [Jantsch 82] angeregt hat, muß neben der Präzisierung der Spezialbegriffe auch die Frage gestellt werden, ob ein oder mehrere fruchtbare Oberbegriffe formuliert werden können. Wenn hier wirklich ein neues wissenschaftliches Paradigma vorliegt, wie es von vielen Wissenschaftlern vertreten wird [Nicolis-Prigogine 77], [Haken 77], [Jantsch 82], [Probst 87] u.a., dann muß **ein** Begriff für alle Bereiche, in denen es anwendbar ist, gefunden werden, der sicher manche Überraschung enthalten wird, weil die Spezialbegriffe neu überdacht werden müssen, einige vielleicht sogar unhaltbar werden. Aber das ist ein bekanntes Phänomen in der Entwicklung einer Wissenschaft. So hat es z.B. fast vierhundert Jahre gedauert, bis sich aus den ersten schwachen Ahnungen, die Galilei im 16. Jahrhundert von einer Größe hatte, für die - wie wir heute sagen - ein Erhaltungssatz gilt, über viele Zwischenstufen bis zur letzten Verallgemeinerung in Einsteins Äquivalenzgesetz " $E = m*c^2$ " das entwickelt hat, was wir heute unter "Energie" verstehen.

Allerdings wird die Beschäftigung mit dem Thema "Selbstorganisation", zusätzlich zu den Schwierigkeiten, die sich bei indisziplinären Themen durch Verlassen des eigenen Arbeitsgebiets ergeben, dadurch belastet, daß sie es mit Vorgängen zu tun hat, die zunächst nicht erwartet werden, und entweder noch nicht oder prinzipiell nicht genau vorhersagbar sind. Darüber hinaus soll der Begriff Erscheinungen der belebten und unbelebten, d.h. geist- und seelenlosen, Natur umfassen und wird dadurch zu einem Fascinosum, das dem rationalen Zugriff schwer oder garnicht zugänglich zu sein scheint. Es ist kaum verwunderlich, daß dieses Wort inzwischen sogar als "Zauberschlüssel" außerhalb der Wissenschaften entdeckt worden ist und vermarktet wird.

Da die Ernsthaftigkeit der ursprünglichen Problemstellung aber außer Frage steht, kann man nur hoffen, daß die seltene Chance einer interdisziplinären Diskussion, die sich mit dem in vielen Bereichen schon fruchtbar gewordenen Begriff "Selbstorganisation" eröffnet hat, genutzt wird und die eher marginalen Schwierigkeiten von einer wachsenden Zahl von Wissenschaftlern als solche gesehen werden.

Im folgenden wird nach Sprachspielen im Alltag und in den Wissenschaften gefragt, in denen der Begriff "Selbstorganisation" vorkommt. Sie können im Rahmen dieses Beitrags zwar nur skizziert werden, sollen aber den Hintergrund abgeben, vor dem anschließend eine Eingrenzung des Begriffs formuliert wird. Im Anhang wird eine Synopse von Umschreibungen für Selbstorganisation gegeben, die dem Leser den Zugang zur Bedeutung dieses Begriffs in verschiedenen wissenschaftlichen Disziplinen erleichtern soll.

2. Selbstorganisation in Sprachspielen des Alltags und der Wissenschaften

Obwohl man dem Wort "Selbstorganisation" im Alltag nicht eben häufig begegnet, verbinden doch viele damit eine Vorstellung und können Vorgänge nennen, in denen sie Selbstorganisation "am Werke" sehen. Es wäre nicht überraschend, wenn das Sprachgefühl, das gelegentlich Erstaunliches leistet, auch hier einige wichtige Hinweise geben könnte.

Sieht man zunächst einmal von dem Beispiel eines "sich selbst organisierenden" Individuums ab, so wird meist schnell erkannt, daß es sich in allen anderen Fällen um eine Beziehung zwischen einem Ganzen und seinen Teilen und den Teilen untereinnander handelt. Selbstorganisation ist ein spezielles Tun von Elementen im Rahmen eines Ganzen, das sie umfaßt.

Als typische Beispiele werden genannt:

[1] das Entstehen und Bestehen eines Familienverbandes, eines Teams, allgemein einer Gemeinschaft von Menschen, in der sich ein Miteinander-Auskommen und Respektieren individueller Eigenheiten und Interessen entwickelt,

[2] das Entstehen und Bestehen von Unternehmen, Behörden, Verbänden und ähnlichen Institutionen, in denen geschriebene und ungeschriebene, aber allen bewußte, Gesetze oder Regeln den offiziellen Ablauf der Geschäfte weitgehend bestimmen (die sog. **erste Wirklichkeit**), in denen aber erst inoffizielle, z.T. sogar offiziell untersagte, Beziehungen innerhalb der Institution und nach außen, Toleranz, Engagement, Risikobereitschaft und sogar gelegentliche Kompetenzüberschreitungen u.a. (die sog. **zweite Wirklichkeit**) die Institution im Sinne einer gegebenen Zielfunktion erfolgreich sein läßt,

[3] das Zusammentreffen und Koexistieren der Verkehrsteilnehmer im Verkehrsstrom einer modernen Stadt; dieses Geschehen ist eingeschränkt durch Verkehrswege, Verkehrszeichen, Witterung, Lichtverhältnisse, die Straßenverkehrsordnung, Polizei, u.a.; in diesem Rahmen kommt es durch die Entscheidungen aller an dem Geschehen beteiligten Menschen meist zu einem mehr oder weniger ausgeprägten Miteinander bei gelegentlichen Komplikationen und sogar Katastrophen,

[4] das Entstehen der Organisation und das Leben eines Bienenstaates und eines Ameisenstaates,

[5] die Entstehung und das Leben von Zellen, Organen und Lebewesen, in denen sich Nahrungsaufnahme und Ausscheidung sowie Aufbau und Abbau das Gleichgewicht halten,

[6] die Kristallbildung aus Lösungen, Schmelzen und Dämpfen (von Einkristallen über Mischkristalle bis zu Schneeflocken),

[7] das Entstehen von Planetensystemen aus Wolken interstellarer Materie,

[8] das Entstehen der Riffeln im flachen Wasser eines Sandstrandes,

[9] das Entstehen eines Tons und seiner Obertöne beim Anstreichen einer gespannten Saite mit einem Geigenbogen [Jetschke 89, S. 15].

Aus den Beispielen können einige charakteristische Gemeinsamkeiten abgelesen werden. Soweit es den sozialen Bereich betrifft, stehen die im Zusammensein wachsenden Beziehungen zwischen Menschen im Mittelpunkt, denen in [2] die Ziele eines Unternehmens bzw. die Aufgaben einer Behörde oder eines Verbands, in [3] der möglichst reibungslose und unfallfreie Ablauf des Verkehrsgeschehens **zugeordnet** oder **übergeordnet** werden. In den Beispielen [1] - [5] stehen die Bedürfnisse des einzelnen den Bedürfnissen der Gesamtheit, die sich auf jeden einzelnen auswirken, gegenüber.

Bei den Systemen in [6], [7] und [8] handelt es sich um sehr große Gesamtheiten von Atomen bis Sandkörnern in denen dauerhafte, räumlich geordnete Strukturen von makroskopischen Ausmaßen entstehen. In Beispiel [9] wird die Umwandlung von Energie, die durch Reibung auf eine Saite übertragen wird, in die raumzeitliche Ordnungsstruktur einer akustischen Wellen erfaßt.

Wird das Wort "Selbstorganisation" nun bezüglich seiner Bedeutung hinterfragt, so kann es als Verbalsubstantiv (ebenso wie das Wort "Organisation") entweder ein **Geschehen** oder das durch das Geschehen erzielte **Ergebnis**, das ein Muster oder eine Institution sein kann, bezeichnen. Der Sprachgebrauch hat auch hier in jedem Bereich das jeweils Geeignetste festgehalten; in den meisten Fällen wird "Selbstorganisation" als ein Geschehen aufgefaßt, in einigen Bereichen wird "Organisation" als ein Muster verstanden.

Die mit dem Präfix "Selbst" gebildeten Verbalsubstantive, und die zugehörigen, mit dem Pronomen "selbst" gebildeten reflexiven Verben, können in zwei Klassen eingeteilt werden, von denen die eine durch "Selbst" den Handelnden, die andere das Objekt, auf das die Handlung gerichtet ist, gegenüber allen anderen Instanzen abhebt und betont. Beispiele für die erste Klasse sind "Selbstbedienung", "Selbstbestimmung" und "Selbstkontrolle", Beispiele für die zweite Klasse sind "Selbstachtung", "Selbstverleugnung" und "Selbstorganisation". Die Unterschiede werden bei umgangssprachlicher Verwendung meistens übersehen; beim Übergang zu den entsprechenden reflexiven Verben treten sie aber deutlich in Erscheinung.

- Selbstkontrolle:
  Das Unternehmen kontrolliert sich **selbst**, d.h. das Unternehmen - und keine andere Instanz - kontrolliert (kein Zugriff *von* außen).

- Selbstorganisation:
  Das Unternehmen organisiert **sich selbst**, d.h. das Unternehmen organisiert - keine andere Instanz, sondern - sich (kein Zugriff *nach* außen).

Gelegentlich wird der Handelnde gegenüber der Umwelt auch durch das Adverb bzw. Adjektiv "spontan" (spontaneus [lat.] aus eigenem Antrieb, aus dem Inneren) abgehoben, z.B. in dem Satz: **Er** organisierte das Treffen **spontan.**

Durch "selbst" und "spontan" wird eine deutliche Unterscheidung getroffen zwischen der durch diese Wörter betonten Instanz und dem Rest der durch den Kontext bestimmten Welt. Dieser Unterschied kann auch durch die Begriffspaare "innen" -

"außen" oder "innere Welt" - "äußere Welt" ausgedrückt werden, die nahelegen, auch von einem **Rand** zu sprechen, der die beiden "Welten" verbindet und trennt.

Wendet man sich Sprachspielen der Wissenschaft zu, in denen der Begriff "Selbstorganisation" im Mittelpunkt steht, so muß man auf Originalarbeiten zurückgreifen. Um davon im Rahmen dieses Beitrags einen ersten Eindruck zu vermitteln, wurde im Anhang eine Auswahl von Umschreibungen des Begriffs aus der neueren Literatur zusammengestellt. Darin kommen in weit gespanntem Bogen durch verschiedene Fachgebiete eine große Zahl von Facetten zutage, die als Konnotationen in dem Begriff enthalten sein können. Sie sind zunächst alle im Spiel, können aber in ihrer Bedeutung nicht eingeschätzt werden, bevor ein allgemein akzeptierter Begriff vorliegt.

3. Eine Eingrenzung des Begriffs "Selbstorganisation"

Im folgenden wird versucht, einen Oberbegriff "Selbstorganisation" zu formulieren, der auf beobachtbaren Eigenschaften von Vorgängen aufbaut. Er soll selbstverständlich für beobachtete Vorgänge und für Modelle dieser Vorgänge anwendbar sein, d.h. er kann zu sehr komplizierten mathematischen Theorien weiter entwickelt werden; als Beispiel sei hier auf die Theorie der Solitonen - jener sich **auf** einer Wasserfläche ausbreitenden Wellenberge ohne Wellentäler - verwiesen [Newell 85]. Wie in allen Fällen von Modellbildung kann freilich auch hier von den beobachteten Phänomenen so stark abstrahiert werden, daß nicht mehr alle Charakteristika von Selbstorganisation ohne Schwierigkeiten erkannt werden können; dies ist z.B. bei dem Modell der mit einem Geigenbogen angestrichenen gespannten Saite der Fall [Jetschke 89, S. 15].

Zunächst werden einige Bezeichnungen eingeführt.
Die einem Selbstorganisationsvorgang zugrundeliegende Menge mit mindestens zwei Elementen wird **Gesamtheit (G)**, ihre Elemente werden **Lmnte** genannt. Im Einzelfall sind für Lmnte Bezeichnungen wie Elemente, Basiselemente, Atome, Objekte, Einheiten, Individuen u.a. gebräuchlich. Für die Lmnte ist nur vereinbart, daß sie und nur sie in **ihrer** Gesamtheit enthalten sind und daß sie paarweise verschieden sind. Alle darüber hinaus gehenden Eigenschaften müssen ihnen explizit zugelegt werden. Lmnte sind im betrachteten Kontext die ursprünglichen Dinge, die keine anderen als die explizit gegebenen Eigenschaften besitzen und auch nicht weiter analysiert werden können; d.h. ein Lmnt einer Gesamtheit G kann selbst z.B. eine Gesamtheit G' sein, deren Eigenschaften oder ein Teil davon, die Eigenschaften des Lmnts sind, ohne daß die Gesamtheit G' in diesem Kontext in Erscheinung tritt. Jede Gesamtheit kann in Klassen disjunkter Untergesamtheiten unterteilt werden. t_o bezeichnet einen Anfangszeitpunkt; alle Vorgänge werden für $t \geq t_o$ betrachtet. Die Eigenschaften der Lmnte werden **lmntare Eigenschaften,**

die Eigenschaften der Gesamtheit **globale Eigenschaften** genannt.

Es wird von folgenden Voraussetzungen ausgegangen:

(V_1) Zu jedem Zeitpunkt t, $t \geq t_0$, ist der Raum bzgl. einer Gesamtheit G(t) unterteilt in den endlichen, zusammenhängenden **Innenraum** I(t), der die Lmnte von G(t) und nur sie enthält, den ihn umgebenden **Zwischenraum** Z(t) und den diesen umgebenden **Außenraum** A(t). Der Innenraum und der Zwischenraum werden durch eine geschlossene Fläche r(t), den **inneren Rand**, getrennt, der entweder zum Innenraum oder zum Zwischenraum gehört. Der Zwischenraum und der Außenraum werden durch eine geschlossene Fläche R(t), den **äußeren Rand**, getrennt, der entweder zum Zwischenraum oder zum Außenraum gehört.

Der Innenraum einer Gesamtheit, die Gesamtheit und alle in ihr ablaufenden Vorgänge werden die **Innenwelt** genannt. Entsprechend werden für die jeweiligen Räume die Begriffe **"Zwischenwelt"** und **"Außenwelt"** formuliert.   □

> Innerer Rand, äußerer Rand und damit die Zwischenwelt werden eingeführt, um den **Rand einer Gesamtheit**, das ist der kleinste mögliche, innere Rand, erfassen und vom Rand der Außenwelt unterscheiden zu können; die Zwischenwelt kann dabei eine mehr oder weniger wichtige Rolle spielen. In Fällen, in denen diese Unterscheidung ohne Bedeutung ist, können innerer und äußerer Rand zusammenfallen.
> Der Rand einer Gesamtheit wird durch ihre Dynamik bestimmt.

(V_2) Zwischen je zwei Lmnten einer Gesamtheit besteht eine Wechselwirkung, die von der Zeit t und den die beiden Lmnte und die Ereignisse in ihrer raumzeitlichen Umgebung charakterisierenden Parametern abhängen kann.   □

> Charakterisierende Parameter können z.B. sein: die Teilklasse, zu der ein Lmnt gehört, die Geschwindigkeit, die Vorgeschichte oder der Zustand eines Lmnts, die Entfernung zwischen zwei Lmnten, die Dichte der Lmnte einer bestimmten Teilklasse in der Umgebung eines Lmnts.
> Die Wechselwirkung zwischen den Lmnten spielt hier noch keine Rolle, wird aber dann von Bedeutung sein, wenn versucht wird, die globalen Muster durch das Verhalten der Lmnte zu erklären.

(V_3) Jedes Lmnt einer Gesamtheit kann über den inneren Rand, die Zwischenwelt und den äußeren Rand in Wechselwirkung mit der Außenwelt stehen; die Wechselwirkung kann vom Zeitpunkt t und den das Lmnt und die Ereignisse in seiner raum-zeitlichen Umgebung charakterisierenden Parametern abhängen.

  □

> Die Wechselwirkung der Lmnte mit der Außenwelt ist, wie jedes Beispiel zeigt, von großer Bedeutung für das Zustandekommen und den Ablauf eines Selbstorganisationsvorgangs.

(V$_4$) Die Lmnte einer Gesamtheit oder einer ihrer Untergesamtheiten können **Bilder** der Außenwelt, der Zwischenwelt und der Innenwelt **besitzen**; von diesen
Bildern sind i.a. die Eigenschaften der Lmnte und ihre Wechselwirkung mit
anderen Lmnten und der Außenwelt abhängig. □

> Besitzen die Lmnte Bilder ihrer "Welt", wie es Günther vorgeschlagen hat
> [Günther 64], so kann der Begriff "Selbstorganisation" auf Lebewesen,
> soziale Systeme und "wahrnehmende Roboter" angewendet werden. Hat ein
> Lmnt ein Bild der Innenwelt, so hat es damit ein Bild seiner Beziehungen
> zu den übrigen Lmnten der Gesamtheit.
>
> Bilder, die verschiedene Lmnte einer Gesamtheit von ihrer Welt besitzen
> können, sind i.a. verschieden. Bilder im hier gemeinten Sinne können auch
> "unscharf" oder "verzerrt" (evtl. "bis zur Unkenntlichkeit verzerrt") sein, so
> daß ein großes Spektrum von Möglichkeiten erfaßt werden kann.

Selbstorganisation findet in Selbstorganisationsvorgängen statt, die mit Blick auf
die sie begleitenden Phänomene in folgender Weise eingegrenzt werden können:

Ein **Selbstorganisationsvorgang** ist ein Vorgang,

(1) der in einer Gesamtheit von Lmnten
- unter speziellen globalen Bedingungen zum Zeitpunkt t$_0$ und
- unter speziellen Bedingungen auf dem inneren Rand r(t) und/oder im
  Zwischenraum Z(t) und dem äußeren Rand R(t) für t $\geq$ t$_0$

  spontan in Gang kommt und abläuft, und

(2) bei dem sich aus einem beobachtbaren, globalen Anfangsmuster μ(t$_0$) im
Laufe der Zeit ein beobachtbares und für den Vorgang charakteristisches,
globales Muster μ(t) $\neq$ μ(t$_0$) entwickelt, das **mindestens gleich stark ausge-
prägt** ist wie μ(t$_0$), und

(3) der bei mehrfacher Wiederholung mit demselben globalen Anfangsmuster μ(t$_0$)
und denselben sonstigen Bedingungen **in nicht vorhersagbarer Weise** ein
von mindestens zwei möglichen globalen Mustern verwirklicht, die i.a. deutlich
voneinander verschieden sind. □

Zu (1): Ein Selbstorganisationsvorgang entwickelt sich in der Gesamtheit und wird
nicht von außen aufgebaut oder gesteuert, obwohl in manchen Fällen erst
durch geeignete Bedingungen im Zwischenraum und/oder auf den Rändern
der Gesamtheit die Voraussetzungen für das In-Gang-Kommen des
Selbstorganisationsvorgangs geschaffen wird.

Zu (2):   In den meisten Formulierungen wird an dieser Stelle "Ordnung" statt "Muster" gefordert; zusätzlich wird eine Ordnungsrelation über Ordnungen – mit anderen Worten eine Ordnung über Ordnungen – vorausgesetzt und als Charakteristikum für Selbstorganisation der Übergang von einer Ordnung zu einer höheren Ordnung angesehen. Im Hinblick auf eine Modellierung von Selbstorganisationsvorgängen ist es aber offensichtlich zweckmäßiger, von dem allgemeineren Begriff "Muster" auszugehen und vom schwächer ausgeprägten Muster zu stärker ausgeprägten Mustern überzugehen, die durch stärkere Korrelation gewisser Eigenschaften von Lmnten erfaßt werden können. Das am schwächsten ausgeprägte Muster ist das "leere Muster". Übergänge zwischen gleich starken Mustern sollen **Selbst–um-organisationsvorgänge** erfassen, wogegen Übergänge zu schwächer ausgeprägten Mustern, die man als **Selbst-des-organisationsvorgänge** bezeichnen könnte, ausgeschlossen werden.

Zu (3):   Kein Selbstorganisationsvorgang ist genau vorhersagbar; er verwirklicht vielmehr ein von mehreren, unter den gegebenen Anfangs- und Randbedingungen möglichen Mustern.

Beispiele für globale Muster in Gesamtheiten sind:

- Anordnungen von Lmnten im Raum, in der Zeit oder in Raum und Zeit, wodurch entweder reine Anordnungsmuster entstehen oder Muster, die sich aus lmntaren Eigenschaften, Reaktionen oder Verhaltensweisen ergeben,

- funktionale Muster (oder Muster funktionalen Zusammenwirkens), die sich z.B. aus der Reaktion der Lmnte auf Reize aus ihrer Umgebung bilden können, oder aus dem Zusammenspiel von Vorgängen, die von Lmnten - zielgerichtet oder ziellos - verursacht werden. Sind die Lmnte selbst Vorgänge, so handelt es sich um das Zusammenfügen dieser Vorgänge,

- Organisationsformen sozialer Gruppen, z.B. hierarchische, oligarchische oder heterarchische Organisation; Hackordnungen; durch Rollenspiele hervorgerufene Muster; Vater - Mutter - Kind - Beziehungen; Muster des Zusammenwirkens in Teams,

- Vererbungsmuster, die sich über Generationen entwickeln; dabei können vererbte Eigenschaften oder Chromosomensätze betrachtet werden.

Während eines Selbstorganisationsvorgangs kann eine Gesamtheit oder eine Untergesamtheit erhalten bleiben, sich vermehren, d.h. sie kann Lmnte produzieren oder Lmnte können sich reproduzieren, oder sie kann schrumpfen, d.h. Lmnte können sterben oder in eine andere Untergesamtheit abwandern.

Gesamtheiten, in denen Selbstorganisation auftritt, bilden ein weites Spektrum, als dessen Extreme Gesamtheiten angesehen werden können, die folgende Eigenschaften haben:

- Lmntare Eigenschaften und Wechselwirkungen zwischen Lmnten und der Lmnte mit der Außenwelt sind genau bekannt; die Gesamtheit ist extrem groß (z.B. Gesamtheiten der Thermodynamik); es bilden sich sehr viele kleine Bereiche mit Abweichungen von den Mittelwerten einiger globaler Eigenschaften, und ein globales Muster, das sich in verschiedener Weise entwickeln kann, hängt kritisch von diesen lokalen Abweichungen, ihrer Verteilung in Raum und Zeit und ihren Wechselwirkungen ab, bzw.

- Lmntare Eigenschaften und Wechselwirkungen zwischen Lmnten und der Lmnte mit der Außenwelt sind entweder nicht genau erfaßbar oder nicht genau bekannt; ein globales Muster, das sich in verschiedener Weise entwickeln kann, hängt kritisch von diesen Eigenschaften und Wechselwirkungen ab. In diesem Fall kann auch in sehr kleinen Gesamtheiten Selbstorganisation in Gang kommen.

Alle anderen Gesamtheiten können als das Ergebnis der Überlagerung der Selbstorganisation erzeugenden Effekte dieser beiden Extreme aufgefaßt werden. Auf diese Weise wird auch verständlich, daß kleine soziale Gesamtheiten und sogar ein Individuum, das als Gesamtheit weniger Instanzen modelliert wird, in die Betrachtung aufgenommen werden können.

4. Zusammenfassung

Der im vorigen Abschnitt unternommene Versuch, einen sehr allgemeinen Begriff "Selbstorganisation" zu formulieren, kann nur ein erster Schritt sein in dem Bemühen, zu einem Konsens über das zu kommen, was man erfassen möchte. Da der Begriffsbestimmung nur beobachtbare, globale Eigenschaften zugrunde liegen, werden vielleicht auch Vorgänge als selbstorganisierend bezeichnet werden, die als solche nicht mehr akzeptiert werden, wenn einmal ein universales Modell für Selbstorganisationsvorgänge vorliegen wird. Die bis jetzt bekannten zum Teil sehr fruchtbaren Theorien in einzelnen Fachgebieten und die allgemeinen Vorstellungen, wie aus Eigenschaften und Wechselwirkungen von Lmnten und von Lmnt-Aggregaten die Entstehung und Entwicklung charakteristischer, globaler Muster erklärt oder wenigstens verständlich gemacht werden können, sind für generelle Aussagen noch unzureichend.

Versucht man den gegebenen begrifflichen Rahmen auf die Vorgänge anzuwenden, die in Abschnitt 2 als Selbstorganisationsvorgänge in einem intuitiven Sinne aufgeführt wurden, so müssen für diese sehr komplizierten Beispiele zunächst einmal die Grundbegriffe formuliert werden. Auch ohne genaue Analyse wird aber schnell klar, daß es sich in fast allen Fällen um Selbstorganisationsvorgänge in diesem Sinne handeln dürfte.

Davon auszunehmen sind nur

- der "ideale" Einkristall, da Einkristalle, die ohne Hilfsmittel betrachtet werden, "gleich" sind und erst sehr genaue Untersuchungen ihre individuelle Struktur zeigen, d.h., die verschiedenen Realisierungsmöglichkeiten und damit Selbstorganisation erkennen lassen, und
- die Planetensysteme, über deren Entstehung heute noch zu wenig bekannt ist, um die aufgeworfene Frage endgültig beantworten zu können.

Ein Blick auf die Umschreibungen des Anhangs zeigt, daß in die vorgelegte Eingrenzung viele der dort erwähnten, charakterisierenden Merkmale Eingang gefunden haben und daß damit wahrscheinlich alles erfaßt sein dürfte, was ohne Details der Lmnte-Ebene möglich ist.

Für alle weitergehenden Versuche, einen fachübergreifenden Begriff "Selbstorganisation" zu formulieren, müssen neben anderen sicher die folgenden Themen beachtet werden:

- die Erfassung der **Selbstreferentialität** und die Rolle, die sie bei all diesen Überlegungen spielt [Kaehr 91], [Locker 91], (<12> Luhmann), (<11> Roth),

- die Bedeutung, die dem **Beobachter** und dem **Besitzen** eines Bildes in Selbstreferentialität und Selbstorganisation zukommen [Günther 64], [Kaehr 91], [Locker 91], (<15> Probst),

- Selbstreferentialität, nicht nur als Bezug der Lmnte zu den globalen Mustern der eigenen Gesamtheit, sondern auch als **Bezug zu sich** (d.h. jedes Lmnts zu sich), den eigenen Eigenschaften und Aktionen sowie **zu der Gesamtheit** (<12> Luhmann),

- die Unterschiede zwischen sich **selbst herstellenden**, sich **selbst erhaltenden** und sich **selbst reproduzierenden** Lmnten (<5> Eigen-Winkler), (<9> Maturana), (<11> Roth),

- die Rolle, die der **Rand** in einem Selbstorganisationsvorgang spielen kann, wenn sich z.B. aus dem anfänglichen "Rand der Außenwelt" ein "Rand der Gesamtheit" entwickelt (<10> Küppers),

- die **Änderungen** von Eigenschaften und Verhalten von Lmnten, die im Laufe eines Selbstorganisationsvorgangs auftreten können (<13> Hejl),

- die Bedeutung kleinräumiger Fluktuationen globaler Eigenschaften [Haken 77], [Nicolis-Prigogine 77],

- die **Bifurkation** von Zustandgrößen [Nicolis-Prigogine 77], (<4> Davies),

- das **Versklavungsprinzip** [Haken 77], (<8> Hendrichs),

Erst wenn diese Themen bearbeitet sind, wird man sagen können, was die eigentlichen Fundamente sind, und in welchen Bereichen sich die geistenwissenschaftlichen und naturwissenschaftlichen Beiträge ergänzen.

Obwohl man heute sachlich über "Selbstorganisation" diskutieren und alles Mystifizierende und Allegorische ausklammern kann, ist noch nicht erwiesen, daß es sich bei diesem Konzept um ein zahlreiche Fachgebiete umspannendes, neues wissenschaftliches Paradigma handelt. Da viele Kräfte auf dieses Thema konzentriert sind, kann man aber in nächster Zukunft mit einer interessanten Entwicklung rechnen.

Literatur

Ashby, W. R.: Principles of self-organizing systems. In: [von Foerster - Zopf 62, S. 255 - 278].

Davies, P. (ed.): The new physics. Cambridge: Cambridge University Press 1989.

Dittrich, J.: Selbstreferentielle Modellierungen, Biologie-Kybernetik. Kategorientheoretische Untersuchungen zur Second Order Cybernetics und ein polykontexturales Modell kognitiver Systeme. Klagenfurter Beiträge zur Technikdiskussion Heft 36, Interuniversitäres Forschungsinstitut der österreichischen Universitäten, Klagenfurt 1990.

Dress, A., Hendrichs, H., Küppers, G. (Hrsg.): Selbstorganisation - Die Entstehung von Ordnung in Natur und Gesellschaft. München: Piper 1986.

Eichler, E.: Selbstorganisation in komplexen Verwaltungssystemen. In diesem Band.

Eigen, M.: Selforganization of matter and the evolution of biological macromolecules. Die Naturwissenschaften 58:10, 465 - 523 (1971).

Eigen, M., Winkler, R.: Das Spiel - Naturgesetze steuern den Zufall. München: Piper 1978.

von Foerster, H.: Cybernetics of cybernetics. Biol. Comp. Lab. Report No. 73.38, University of Illinois (Urbana), 1974.

von Foerster, H., Zopf, G. W. (eds.): Principles of self-organization, Conf. Oxford 1962. New York: Pergamon 1962.

Günther, G.: Das metaphysiche Problem einer Formalisierung der transzendental-dialektischen Logik. In: Gadamer, H.-G. (Hrsg.): Hegelstudien, Beiheft 1: "Heidelberger-Hegel-Tage 1962". Bonn 1964, S. 65 - 113.

Haken, H. (ed.): Synergetics. An introduction, non-equilibrium phase transitions and self-organization in physics, chemistry and biology. 3. edition. Berlin - Heidelberg - New York: Springer 1977.
Deutsche Übersetzung: Synergetik. Eine Einführung, Springer 1983.

Haken, H. (ed.): Dynamics of synergetic systems. Springer Series in Synergetics 6. Berlin – Heidelberg – New York: Springer 1980.

Haken, H., Wunderlin, A.: Synergetik: Prozesse der Selbstorganisation in der belebten und unbelebten Natur. In: [Dress-Hendrichs-Küppers 86, S. 35– 60].

Hejl, P.M.: Selbstorganisation in sozialen Systemen. In diesem Band.

Hendrichs, H.: Die individuelle Selbstgestaltung von Umwelt und Wohlbefinden bei Säugetieren: Zu Möglichkeiten und Grenzen des Selbstorganisationsansatzes. In diesem Band.

Jantsch, E.: Die Selbstorganisation des Universums – Vom Urknall zum menschlichen Geist. München: dtv 1982.

Jetschke, G.: Mathematik der Selbstorganisation – Qualitative Theorie deterministischer und stochastischer dynamischer Systeme. Braunschweig – Wiesbaden: Vieweg 1989.

Kaehr, R.: Vom 'Selbst' in der Selbstorganisation – Reflexionen zu den Problemen der Konzeptionalisierung selbstbezüglicher Strukturbildungen. In diesem Band.

Küppers, B.-O.: Wissenschaftsphilosophische Aspekte der Lebensentstehung. In: [Dress-Hendrichs-Küppers 86, S. 81 - 101].

Locker,: Systemtheoretische Aspekte von Selbstorganisation und Autologie. Vorstoß zu einer Theorie. In diesem Band.

Luhmann, N.: Soziale Systeme – Grundriß einer allgemeinen Theorie. Frankfurt: Suhrkamp 1984.

Malik, F., Probst, G. J. B.: Evolutionary management. Cybernetics and Systems: An International Journal 13, 153 - 175 (1982).

Maruyama, M.: The second cybernetics: Deviation-amplifying mutual causal processes. American Scientist 51, 164 - 179 (1963).

Maturana, H. R.: The organization of the living. A theory of the living organization. Int. J. Man-Machine-Studies 7, 313 - 332 (1975).
Deutsche Übersetzung in: [Maturana 82, S. 138 -156].

Maturana, H. R.: Erkennen: Die Organisation und Verkörperung von Wirklichkeit. Ausgewählte Arbeiten zur biologischen Epistemologie. Braunschweig – Wiesbaden: Vieweg 1982.

Maturana, H. R., Varela, F. G.: Autopoietic systems. A characterization of the living organization. Urbana (Ill.) 1975.
Deutsche Übersetzung in: [Maturana 82, S. 170 - 235].

Mündemann, F.: Self-organization, evolution, and neural nets. In diesem Band.

Newell, A.C.: Solitons in mathematics and physics. Philadelphia (Penn.): Society for Industrial and Applied Mathematics 1985.

Nicolis, G., Prigogine I.: Self-organization in non-equilibrium systems. – From dissipative structures to order through fluctuations. New York: Wiley 1977.

Nicolis, G., Prigogine, I.: Die Erforschung des Komplexen - Auf dem Weg zu einem neuen Verständnis der Naturwissenschaften. München: Piper 1987.

Probst, G. J. B.: Selbst-Organisation. Ordnungsprozesse in sozialen Systemen aus ganzheitlicher Sicht. Berlin - Hamburg: Parey 1987.

Roth, G.: Selbstorganisation - Selbsterhaltung - Selbstreferentialität: Prinzipien der Organisation von Lebewesen und ihre Folgen für die Beziehungen zwischen Organismus und Umwelt. In: [Dress-Hendrichs-Küppers 86, S. 149 -180].

Schuster, P., Sigmund, K.: Self-Organization of biological macromolecules and evolutionary stable strategies. In: [Haken 80, S. 156 - 169].

Varela, F., Maturana, H. R., Uribe, R.: Autopoiesis: The organization of living systems, its characterization and a model. Biosystems 5, 187 - 196 (1974).
Deutsche Übersetzung in: [Maturana 82, S. 157 - 169]

Weltz, F.: Selbstorganisation von Unternehmen. In diesem Band.

Yovits, M., Jacobi, G., Goldstein, G. (eds.): Self-organizing systems. Conf. Washington (D.C.) 1962. New York: Pergamon Press 1962.

Anhang

Synopse einiger kurzgefaßter Umschreibungen für "Selbstorganisation"

Referenzen mit "*" verweisen auf Arbeiten, in denen die zitierten Umschreibungen noch weiter erläutert werden.

<1> Ganz gewöhnliche Systeme wie eine Flüssigkeitsschicht oder eine Mischung chemischer Reagenzien können unter gegebenen Umständen *Selbstorganisationsphänomene makroskopischer Dimensionen* in der Form *räumlicher Strukturen* oder *zeitlicher Rhythmen* hervorbringen. [Nicolis-Prigogine 87, S. 20]

<2> Bekanntlich zeichnen sich diese faszinierenden Erscheinungen, die in physikalischen, chemischen oder biologischen Systemen fern vom thermischen Gleichgewicht beobachtet werden, durch ihre besondere Vielfältigkeit und Komplexität aus. Spontan *organisieren sich* derartige Systeme *selbst,* hin zu einem wohlgeordneten Verhalten auf einem makroskopischen Maßstab, das in vielen Fällen sogar direkt unseren Sinnen zugänglich ist. Die Vielfalt der geordneten Zustände reicht von verhältnismäßig einfachen räumlichen oder zeitlichen Organisationsformen bis zu komplizierten raum-zeitlichen Mustern und schließlich weiter zum Wechselspiel zwischen Ordnung und Funktion in komplizierten biologischen Systemen. [Haken-Wunderlin 86, S. 35]*

<3> Self-organization commonly is considered as a process leading spontaneously from lower to higher levels of organization. Presumably, nobody will hesitate to call plants or animals more highly organized systems than bacteria. There are, however, more conflicting situations, in which the lack of any quantitative measure or ordering scale for the notion of organization will strongly hinder fruitful discussions. This point has been stressed already by von Neumann about thirty years ago. [Schuster-Sigmund 80, S. 158]

<4> Self-Organization, spontaneous emergence of order, arising when certain parameters built in a system reach critical values. [Davies 89, S. 501]

<5> Wir verstehen - um es ganz klar zu sagen - unter *"Selbstorganisation der Materie"* nichts anderes als die aus definierten Wechselwirkungen und Verknüpfungen bei strikter Einhaltung gegebener Randbedingungen resultierende Fähigkeit spezieller Materieformen, selbstreproduktive Strukturen hervorzubringen. [Eigen-Winkler 78, S. 197]

<6> *Organisation* nennen wir das funktionale Zusammenspiel der Elemente zu einer das Gesamte betreffenden Wirkung. Dies wird in der Regel von außen gesteuert. Bei Ausbildung dissipativer Strukturen differenziert sich aber ein System, ohne daß dies von außen aufgeprägt wurde. Wir sprechen dann von *Selbstorganisation* (oder spontaner Strukturbildung) und meinen damit die spontane, d.h. ohne direkten äußeren Einfluß erfolgende Ausbildung eines höheren Grades des Zusammenwirkens der Elemente eines Systems, was zu einem höheren Grad an Ganzheit führt. [Jetschke 89, S. 15]

<7> Self-Organisation: The autonomous modification of the dynamics of a complete neural network via learning in some or all of its processing elements to achieve a specified result. [DARPA]
Self-organization describes a "swap" from micro-level to macro-level observed behavior of a system, based upon a set of perhaps unknown "inner rules" at the micro-level of the system observed. [Mündemann 92]

<8> *Selbstorganisationskonzepte* beschreiben Strukturbildungen, die gegenüber den in mechanischen und algorithmischen Modellierungen beschriebenen Abläufen eine erhöhte - Teilprozesse "versklavende" - selbstreferentielle Eigendynamik aufweisen, aber in ihrem Auftreten noch weitgehend "passiv" von den Anfangs- und Randbedingungen des Prozesses abhängig bleiben. [Hendrichs 92]

<9> *Organization.* This word comes from the Greek term "organon" that means instrument, and by making reference to the instrumental participation of the components in the constitution of the unity, it refers to the relations between components which define a system as a unity. So, in order to define a system as a unity it is necessary and sufficient to point to its organization. From the cognitive point of view, the organization of a unity specifies the concept which defines the class of unities to which it belongs. ....
There is a class of mechanistic systems in which each member of the class is a dynamic system defined as a unity by relations that constitute it as a network of processes of production of components which:
(a) recursively participate through their interactions in the generation and realization of the network of processes of production of components which produced them; and
(b) constitute this network of processes of components as a unity in the space in which they (the components) exist by realizing its boundaries.
Such systems I call *autopoietic systems*: the organization of an autopoietic system is the *autopoietic organization.* An autopoietic system that exists in the physical space is a living system. [Maturana 75, S. 317]*

<10> Während in den Erklärungsmodellen der traditionellen Physik die Randbedingungen als *kontingente* Größen angesehen werden, besteht das Wesen evolutionärer Erklärungen gerade in der Erklärung *spezifischer* Randbedingungen wie beispielsweise der biologischen Randbedingungen. Genau hierin besteht der konzeptionelle Wandel, der für die Physik der Selbstorganisation und Evolution molekularer Strukturen charakteristisch ist. In einem Selbstorganisationsprozeß sind die Randbedingungen bezüglich der Systemdynamik nicht mehr kontingent, sondern stehen zur Dynamik in einem rückkoppelnden Bezug. Dieses Charakteristikum läßt sich geradezu für eine Definition des Begriffes "Selbstorganisation" verwenden:

Als *Selbstorganisation* sei jeder selbsttätig ablaufende Prozeß bezeichnet, in dessen Verlauf die Gesetze der Physik und Chemie ihre zunächst unspezifischen Randbedingungen auf spezifische Weise transformieren.
Bei der *biologischen* Selbstorganisation manifestiert sich das Ergebnis des Selbstorganisationsprozesses in der spezifischen Primärstruktur der informationstragenden biologische Makromoleküle, welche im Sinne Polanyis die Eigenschaft einer biologischen Randbedingung besitzen. Allerdings, und dies kompliziert den Sachverhalt beträchtlich, besteht der Gesamtprozeß der biologischen Selbstorganisation aus einer Vielzahl von Einzelprozessen, in deren Verlauf die zunächst unspezifischen physikalischen Randbedingungen sukzessiv in biologische Randbedingungen transformiert werden.

[Küppers 86, S. 98]

<11> *Selbstorganisation:* Selbstorganisierende Prozesse sind solche physikalisch–chemischen Prozesse, die innerhalb eines mehr oder weniger breiten Bereichs von Anfangs- und Randbedingungen einen ganz bestimmten geordneten Zustand oder eine geordnete Zustandsfolge (Grenzzyklus) einnehmen. Ein solcher Zustand bzw. eine solche Zustandsfolge läßt sich als Attraktor im mathematischen Sinne verstehen. Das Erreichen des bestimmten Ordnungszustands wird dabei nicht oder nicht wesentlich von außen aufgezwungen, sondern resultiert aus den spezifischen Eigenschaften der an dem Prozeß beteiligen Komponenten. Der Ordnungszustand wird "spontan" erreicht.
Selbstherstellung: Ein System, das aus bestimmten konstitutiven Komponenten K1, K2... besteht, ist selbstherstellend, wenn folgende Bedingungen erfüllt sind:
(I)   Alle Komponenten entstehen *nach* einem bestimmten Zeitpunkt t;
(II) K1, K2... sind die *einzigen* Komponenten, aus denen das System nach dem Zeitpunkt t besteht.
(III) jede der Anfangsbedingungen von K1, K2... ist zumindest teilweise durch die konstitutiven Komponenten des Systems erzeugt.
Selbsterhaltung: Systeme sind selbsterhaltend, wenn sie folgende Bedingungen erfüllen:
(I)   Das System bildet zu jeder Zeit ein räumlich zusammenhängendes Gebilde (*Einheit*);
(II) das System bildet einen freien, vom System erzeugten Rand, der nicht unabhängig vom System existiert (*autonomer Rand*);
(III) das System existiert in einer Umwelt, aus der es Energie und/oder Materie aufnimmt (*materielle und energetische Offenheit*);
(IV) jede der konstitutiven Komponenten existiert nur für eine endliche Zeit (*Dynamizität*);
(V)   alle konstitutiven Komponenten partizipieren zu jeder Zeit an den Anfangsbedingungen der Komponenten, die zu einer späteren Zeit existieren, so daß das System sich dauernd erhält (*Selbstreferentialität*). ....
Selbstreferentialität: Selbstreferentielle Systeme sind solche Systeme, deren Zustände miteinander zyklisch interagieren, so daß jeder Zustand des Systems an der Hervorbringung des jeweils nächsten Zustand konstitutiv beteiligt ist. Selbstreferentielle Systeme sind daher intern zustandsdeterminierte Systeme.   [Roth 89, S. 154-157]*

<12> Ein erster Entwicklungsschub hatte den Begriff der Selbstorganisation benutzt und um 1960 mit drei größeren Symposien einen gewissen Höhepunkt erreicht. Der Begriff Selbstorganisation bezog sich jedoch - zurückblickend muß man sagen "nur" - auf die Strukturen eines Systems. Deren Änderung mit eigenen Mitteln galt zunächst begreiflicherweise als ein besonders schwieriges und damit als ein systemtheoretisch besonders reizvolles Problem. Es erreicht jedoch bei weitem nicht all das, was heute unter Selbstreferenz verstanden wird. Inzwischen hat der Bezug auf Einheit - sei es des Systems, sei es seiner Elemente - den Bezug auf Struktur zurückgedrängt (obwohl natürlich nicht ausgeschlossen).
Die Theorie selbstreferentieller Systeme behauptet, daß eine Ausdifferenzierung von Systemen nur durch Selbstreferenz zustandekommen kann, das heißt dadurch, daß die

Systeme in der Konstitution ihrer Elemente und ihrer elementaren Operationen auf sich selbst (sei es auf Elemente desselben Systems, sei es auf Operationen desselben Systems, sei es auf die Einheit desselben Systems) Bezug nehmen. Systeme müssen, um dies zu ermöglichen, eine Beschreibung ihres Selbst erzeugen und benutzen; sie müssen mindestens die Differenz von System und Umwelt systemintern als Orientierung und als Prinzip der Erzeugung von Informationen verwenden können. Selbstreferentielle Geschlossenheit ist daher nur in einer Umwelt, ist nur unter ökologischen Bedingungen möglich. ....

In der Theorie selbstreferentieller Systeme wird dagegen alles, was zum System gehört, (einschließlich etwaiger Spitzen, Grenzen, Mehrwerte usw.) in die Selbstherstellung einbezogen und damit für den Beobachter entmystifiziert. Damit sind Entwicklungen eingeleitet, die die Systemtheorie in neuer Weise für die Soziologie interessant machen könnten. [Luhmann 84, S. 24-27]

<13> *Organisation* heißt ein in einem Beobachtungsintervall relativ stabiles Muster der Interaktionen zwischen den Komponenten.
Systeme sind *selbstorganisierend*, wenn Veränderungen ihrer Komponenten Veränderungen in der Selektivität der Systemorganisation bewirken und das wiederum zu Veränderungen im Spontanverhalten der Komponenten beiträgt oder solche Veränderungen auslöst. [Hejl 92,]*

<14> At the center of this is the view that a firm together with its context is a *self-organizing system* which can only be organized and guided to a limited extent through conscious, planned intervention. [Malik-Probst 82, S. 158]

<15> Ein *selbstorganisierendes System* wird intuitiv durch folgende Eigenschaften charakterisiert: Komplex, redundant, dynamisch, nicht-deterministisch, prozeßorientiert, interaktiv, selbstreferentiell, autonom. Die letzteren Eigenschaften beinhalten, daß von einem Beobachter dem System ein unabhängiger Zweck zugesprochen wird. Ein selbstorganisierendes System schließt eine Ordnungsidee ein, indem entweder ein vorher nicht organisiertes System organisiert wird oder die Organisation verbessert wird und damit Ordnung entsteht oder sich verändert [Ashby 62]. Diese ist ein emergentes Produkt der Systemaktivitäten. [Probst 87, S. 11]*

<16> *Organisation* bedeutet einerseits die klassische Organisationsstruktur, die in Form von Ablauf- und Aufbauorganisation jedem Verwaltungssystem zugrunde liegt, andererseits bezieht sich der Begriff auf die Ausbildung von Strukturen, die nicht direkt geplant und durch Vorschriften festgelegt sind.
Selbstorganisation in komplexen Verwaltungssystemen im Bereich Informations Management: Verantwortliches Zusammenwirken von Organisationselementen (Individuen, Dezernate, Referate ...) durch Verwendung von Informations- und Kommunikationstechnologie (zunehmend dezentral) bei der Umsetzung von Unternehmenszielen (Organisationszielen). Dabei bewußte Ausnutzung der Parallelität der Arbeitsprozesse und Heterarchie der Elemente in den Bereichen Analyse, Planung, Realisierung und Kontrolle. Die Selbstorganisation zeigt sich dabei vor allem durch die gegenseitige Beeinflussung von Elementen und Gesamtsystem. [Eichler 92]*

<17> Durch *Selbstorganisation von Unternehmen* wollen wir deren Aktivitäten zur Mobilisierung der verfügbaren bzw. zugänglichen Ressourcen bezeichnen, durch die sie in die Lage gesetzt werden, auf die sich verändernden Anforderungen und Bedingungen möglichst gut, d.h. den Unternehmenszielen entsprechend zu agieren. [Weltz 92]

Neurale Selbstorganisation als Basis von Wahrnehmung

Gerhard Manteuffel

Institut für Hirnforschung der Universität Bremen

Wahrnehmung: eine Konstruktion des Gehirns

Der in der Überschrift formulierte Satz erscheint zunächst kontraintuitiv. Wir empfinden in aller Regel die Umwelt als genau so existierend, wie sie wahrgenommen wird und uns selbst als passive Empfänger dieser Welt. Dies ist gleichermaßen verbunden mit der — in der Regel — klaren Unterscheidbarkeit zwischen dem "Selbst" als Subjekt der Wahrnehmung und den Objekten der Welt.

Trotz der Stärke dieser Empfindung kennen wir Situationen, die uns deutlich machen, daß Wahrnehmungen keinesfalls so objektiv sind wie sie erscheinen. Einige der eindrucksvollsten Sinnestäuschungen beruhen auf klar erkennbaren Fehlinterpretationen, wobei offenbar das Gehirn den Signalen, die von den Sinnesorganen kommen, eine falsche Bedeutung zuweist.

Sitzt man zum Beispiel in einem Eisenbahnzug, der im Bahnhof steht, und der Zug auf dem Nachbargleis setzt sich in Bewegung, so empfindet man meist den eigenen Zug als losfahrend. Eine damit verwandte, aber meist noch stärkere, Illusion bieten Wolken, die vor und um den Mond herum am Himmel entlangziehen. Die Empfindung dabei ist stets ein wandernder Mond. Eine weitere eindrucksvolle Illusion tritt auf, wenn das Substrat sich plötzlich zu bewegen beginnt (z.B. infolge eines Erdbebens oder einer schwankenden Brücke). Dies bewirkt ein Gefühl der Instabilität des eigenen Standes, ähnlich wie es infolge von Schwindel oder Schwäche auftritt.

Die genannten Sinnestäuschungen beruhen darauf, daß fälschlich als unbewegt angenommen wurde, was bewegt war und umgekehrt. Offenbar baut sich der Wahrnehmungsapparat also ein nur aus der Praxis heraus begründbares Bezugssystem, indem er zwei recht simple Regeln anwendet: 1) der Boden ist fest, und 2) zusammenhängende, das Blickfeld weitgehend ausfüllende Flächen sind unbewegt. Erst diese Regeln, die, wie man an den Beispielen sah, objektiv nicht generell richtig sind, ermöglichen den Aufbau eines äußeren Bezugssystems und mithin einer Außenwelt. Die praktische Begründbarkeit dieser Regeln liegt ausschließlich darin, daß sie sich auf offensichtliche, weil ein-"seh"-bare und be-"greif"-bare, Gegebenheiten stützen. Die Gültigkeit der Regeln und damit auch die Richtigkeit der Wahrnehmung ist damit lediglich wahrscheinlich, aber keinesfalls sicher.

Die Anwendung solcher Regeln kann als Wissen bezeichnet werden, wobei die Regeln auch als im System implementierte Vorurteile gesehen werden können. Es wird damit klar, daß der wesentliche Teil unserer täglichen Wahrnehmung auf dem Wissen über solche Regelhaftigkeiten beruht. Erwähnt sei hier beispielhaft die Entfernungsbestimmung durch Perspektive oder, im akustischen Bereich, durch

Änderung des Lautspektrums. Im ersten Falle "weiß" das System (ohne daß dies dem "Systembenutzer" bewußt sein muß), daß ein bestimmter Körper umso kleiner erscheint, je weiter er entfernt ist, im zweiten Falle, daß der Anteil niedriger Frequenzen mit wachsender Entfernung zunimmt.

Es wird somit unmittelbar evident, daß der Wahrnehmungsapparat bestimmte Arten von Erfahrung machen kann und daß Erfahrungen verschiedener Art bei der Wahrnehmung der Außenwelt eine bedeutende Rolle spielen. Sinnliche Eindrücke sind damit viel weniger durch die Sinnesorgane allein vermittelt, als es naiverweise angenommen wird, sondern sie sind in erheblichem Maße wissensabhängig und damit gedächtnisgestützt.

Die mehr oder minder teleologische Begründung dieses Sachverhalts liegt darin, daß von den Sinnesorganen eine so große Signalflut auf das Gehirn einstürmt und dieses somit nicht in der Lage ist, sie zu verarbeiten. Infolgedessen wird nur ein geringer Teil der Signale genutzt, und alles Fehlende im Bild der Umwelt wird aus dem Gedächtnis ergänzt. Daß dies in der Tat so ist, kann man feststellen, wenn ein Mensch sich in einem ihm gut bekannten Raum bewegt. Es werden in diesem Falle nur wenige markante Punkte mit den Augen abgetastet, wodurch eine kurze Bestätigung der Unverändertheit eingeholt wird. Die Empfindung ist jedoch, den gesamten Raum zu sehen. Veränderungen, die objektiv vorhanden, aber der oberflächlichen Kontrolle entgangen sind, werden nicht wahrgenommen.

Es gibt eine weitere, mehr funktionale Begründung der Tatsache, daß bei der Wahrnehmung der Außenwelt diese nicht so abgebildet wird, wie sie ist, sondern so erscheint, wie sie vom Gehirn produziert wird. Dazu muß man sich wenigstens kurz den grundsätzlichen Aufbau des Sinnes- und Nervensystems vergegenwärtigen.

Nervenzellen kommunizieren untereinander mit Hilfe elektrischer Impulse, den sog. Aktionspotentialen. Diese werden aktiv durch energieverbrauchende elektrochemische Vorgänge an der Zellmembran erzeugt. Jede Nervenzelle erhält erregende und hemmende Eingänge von anderen Nervenzellen oder von Sinneszellen. Ihre eigene Erregung wird durch die gewichtete Summe dieser Eingänge bestimmt. An einer Stelle des Zellkörpers befindet sich ein langer dünner Fortsatz, das Axon, das die Erregung weiterleitet. Dabei wird eine frequenzmodulierte Übertragung verwendet, so daß die Erregungsstärke durch die zeitliche Abfolge der Aktionspotentiale codiert ist und die Dynamik der Erregung durch die Änderung dieser Impulsrate.

Jeder beliebigen Nervenzelle im Gehirn steht somit nichts anderes an Information zur Verfügung als ihre eigene Erregungsstärke und die einer größeren oder kleineren Gruppe anderer Nervenzellen. Auch die Sinnesorgane liefern dem Gehirn nichts anderes als Erregung, die sich nicht von derjenigen zentraler Nervenzellen unterscheidet. Damit liegt nirgendwo im Gehirn eine unmittelbare Information vor, die per se eine andere Bedeutung als eben die der neuronalen Erregung enthält.

Eine einzelne Nervenzelle "weiß" nichts, d.h. sie operiert nicht mit Bedeutungen oder Symbolen, sondern mit Erregungen, deren Herkunftsort ihr unbekannt ist. Sie verändert, summiert, subtrahiert oder filtert sie im Zeitbereich und gibt sie weiter an eine oder mehrere Zielzellen, die wiederum nicht "wissen", woher sie ihre Information erhalten. Bedeutung ist damit nicht auf der Ebene einzelner Neuronen zu suchen, sondern ganz offenbar erst auf höheren Netzwerkebenen.

Man kann das Gehirn daher als eine gegenüber allem, was nicht Nervensystem ist, semantisch abgeschlossene Entität betrachten. Es erhält — zunächst bedeutungsfreie — Signale von außen über die Oberfläche der Sinnesorgane.

Diese Signale sind zunächst bedeutungsfrei, weil sie absolut gleich sind, unabhängig davon, aus welchem Sinnesorgan sie stammen. Das heißt, es ist unmöglich, einer Erregung als solcher anzusehen, ob sie durch eine lokale Lichtintensität, deren räumlich zeitliche Veränderung oder einen bestimmten Schalldruck hervorgerufen wurde. Die Modalität, also Optik, Akustik usw., wird erst dadurch bestimmbar, daß Signale von verschiedenen Sinnesorganen zunächst auch in verschiedenen Teilen des Gehirns verarbeitet werden. Damit wird die Modalität durch einen *Ortscode* festgelegt.

Unsere sensorische Leistungsfähigkeit geht nun aber weit über die einfache Bestimmung "Licht", "Geräusch" etc. hinaus, d.h. wir sind in der Lage, den Ort eines Reizes, seine Geschwindigkeit in Relation zur Umgebung, seine Entfernung usw. zu registrieren. Diese Leistungen erfordern ein hohes Maß an verschiedenartiger Verarbeitung der Erregung. Dies geschieht in verschiedenen spezialisierten Gehirnarealen.

Die neueren experimentellen Befunde der neurobiologischen Forschung an Gehirnarealen, die mit der Verarbeitung sensorischer Signale befaßt sind, weisen auf die große Bedeutung von Selbstorganisationsprozessen bei der Wahrnehmung hin. Dies ist besonders gut am visuellen Cortex darstellbar, der zu den bestbekannten neuralen Systemen gehört.

Der Grundaufbau des visuellen Systems von Säugern (und damit auch des Menschen) ist sehr gut bekannt und muß hier nicht im Detail dargestellt werden. Es mag genügen, einen kurzen Überblick zu geben, im übrigen sei auf neuere zusammenfassende Arbeiten verwiesen (z.Bsp. HUBEL und WIESEL, 1984; SERENO, 1988).

Signale von Ganglienzellen der Netzhaut — die selbst bereits ein neurales Netzwerk erheblicher Komplexität darstellt — erreichen über Umschaltung im Zwischenhirn (Thalamus) die visuelle Hirnrinde. In der primären Sehrinde (V1 bzw. Area 17) findet eine räumlich geordnete Signalanalyse statt, wobei Kolumnen abwechselnder Okularität bei Affen und Katzen nachgewiesen sind. In Kolumnen, die auf den okulären Dominanzkolumnen ungefähr senkrecht stehen, erfolgt eine Verarbeitung visueller Kanten mittels Filter, die für bestimmte Orientierungen selektiv sind. In den Arealen V2 und V3 erfolgen weitere Verarbeitungsschritte dieser Art, und in V4 bzw. MT/MST liegen offenbar rein parametrische Karten für Farbe bzw. Bewegung vor. Eine große Zahl weiterer visueller Areale ist assoziativ, erhält also vielfältige, z.T. nicht visuelle Eingangssignale und dient offenbar der Mustererkennung auf höherer Komplexitätsebene.

Entscheidend ist, daß diese Areale in einer teilweisen Hierarchie zueinander stehen, aber ebenso alle miteinander reziprok verbunden sind. Auf diese Weise wirken Gebiete, die mit Signalverarbeitungen hoher Komplexitätsstufen befaßt sind, wieder auf solche niederer Komplexitätsstufen zurück und stellen auf diese Weise zusätzlich auch Eingangssignale für diese bereit. Man kann davon ausgehen, daß hier das "Parallel Distributed Processing" in hohem Maße verwirklicht ist.

Die Komplexität der visuellen Cortexareale macht jedoch eine umfassende experimentelle Analyse
äußerst schwierig. Meist wird mit extrem verarmten Reizsituationen (z.B. Lichtbalken, Streifen-
mustern) gearbeitet und aus den so gewonnenen Ergebnissen auf komplexere Prozesse geschlossen.
Man kann daher ohne Übertreibung sagen, daß die Theorien über die komplexe visuelle Signalverar-
beitung im Gehirn in ebenso großem Maße von theoretischen Erkenntnissen aus den Bereichen der
Kybernetik, der Informatik und dem Konnektivismus abhängen wie von experimentellen Befunden.

Als die Nobelpreisträger Torsten Hubel und David Wiesel in den 60er Jahren die Musterselektivitäten
von Zellen im primären visuellen Cortex untersucht und beschrieben (HUBEL und WIESEL, 1962)
und ihre Selektivität für Kanten und Orientierungen und Bewegungsrichtungen aufgedeckt hatten,
glaubte man, das Wesentliche von Wahrnehmungsprozessen erkannt zu haben. Als man dann versuchte, mit diesen Kenntnissen technische Systeme zu bauen, die annäherungsweise die biologischen
Sehleistungen erreichen sollten, wurde schnell erkannt, daß dies allein mit solchen Filterelementen
unmöglich ist.

Neue Fakten und Perspektiven

Inzwischen ist eine Menge neuer Informationen über das visuelle System hinzugekommen, so daß
wir heute Hypothesen über dessen Funktionsweise formulieren können, von denen wir glauben, daß
sie es uns ermöglichen werden, dem gewünschten Ziel (dem Bau eines artifiziellen Sehsystems und
der damit verbundenen Stärkung der Theorien über visuelle Systeme allgemein) wesentlich näher zu
kommen.

Der entscheidende Fortschritt dabei ist, daß nicht mehr von starren Detektorelementen ausgegangen wird, die klare ja-nein Entscheidungen über das Vorhandensein bestimmter Strukturen in einem
Bildteil treffen, sondern die nur die Möglichkeit eines solchen Strukturelementes signalisieren. Gleichzeitig wird das Bild durch eine Vielzahl anderer Detektoren (oder besser: Filter) abgetastet, wobei
nachbarschaftliche Beziehungen oder Eigenschaftskohärenzen zusammen mit der Annahme, daß ein
Objekt stetig ist, zu einer Erhöhung der Wahrscheinlichkeit des Vorliegens der spezifischen Eigenschaft führen, die durch dieses Filter abgetastet wird.

Für einen Neurobiologen, der als sehender Mensch die Leistungen des Gesamtsystems aus eigener
Erfahrung kennt und gleichzeitig um die Beschränkungen und Unzulänglichkeiten gegenwärtig exi-
stierender künstlicher Bildanalysesysteme weiß, sind zwei Fragen, die man dem visuellen System
stellen kann, von besonderem Interesse. 1) Wie wird bei der nachweislich verteilten Verarbeitung
verschiedener Parameter eines komplexen Bildes die Zuordnung geleistet (die Frage nach dem Feature-
Linking)? Wie wird also z.Bsp. die Orientierung eines Linienelementes, die in V1, V2 bestimmt
wurde, mit der dazu gehörigen Geschwindigkeit, die in V3 und MT repräsentiert ist, gekoppelt?
2) Wie leistet es das System, Figuren zu erkennen, deren Präsentation stark gestört oder unvollständig
ist?

Die Möglichkeit, die erste Frage zu beantworten, ist in neuester Zeit deutlich nähergerückt. Hierbei
scheinen selbstorganisierende Prozesse eine erhebliche, wenn nicht die entscheidende Rolle zu spie-

len. Während in subcortikalen visuellen Gebieten kohärente Mustereigenschaften (z.B. Bewegungen) sich in der Erhöhung der Impulsrate der beteiligten Neuronen ausdrücken können und Inkohärenz zur Absenkung der spontanen Impulsrate führt (MANTEUFFEL, 1987), scheinen in der Hirnrinde von Säugern zeitliche Ankoppelungsprozesse entscheidend zu sein (GRAY und SINGER, 1987; ECKHORN et al., 1988). Dabei koppeln sich Neuronen, die unterschiedliche Eigenschaften eines Reizes filtern, in ihrer Entladungsfrequenz gegenseitig an, d.h. sie synchronisieren sich. Auf diese Weise kann ein komplexer Reiz durch die Verteilung der synchron aktiven Nervenzellen innerhalb des Netzwerks repräsentiert werden.

Dies führt unmittelbar auch zu einer Möglichkeit, die zweite Frage, also die nach der Störsicherheit des visuellen Systems, zu beantworten. Wenn die Repräsentation eines Objekts als Aktivität einer großen Zahl von Neuronen, verteilt über eine Vielzahl visueller Areale, vorliegt, so unterscheiden sich verschiedene Repräsentationen umso mehr voneinander, je mehr unterschiedliche Eigenschaften die sie auslösenden Objekte in der Außenwelt haben. Solche über ein Netzwerk verteilte Erregungsspitzen sind hervorragend vereinbar mit dem Modell eines Assoziativspeichers mit lokal aktiven Elementen.

In letzter Zeit ist es zunehmend deutlich geworden, daß die visuelle Hirnrinde nicht nur eine Ansammlung von Filterelementen zur Verarbeitung sensorischer Signale, sondern gleichzeitig auch einen assoziativen Speicher darstellt, da erinnerte Bilder (also aus dem Gedächtnis ohne äußeren Reiz abgerufene visuelle Vorstellungen) zu einer Aktivierung derselben Areale wie bei der Präsenz eines realen Reizes führen (FARAH, 1989). Wenn die Erkennung eines visuellen Objekts auf der Abfrage eines im Laufe der Erfahrung zunehmend trainierten Assoziativspeichers beruht, ist damit die Ergänzung von gestörten Bildern und die Beseitigung von Rauschen durch rekursive sich selbst verstärkende Aktivierung des Speichers relativ leicht zu erreichen. Somit wird die Fähigkeit zu sehen und zu erkennen, also wahrzunehmen, abhängig von der individuellen Erfahrung des visuellen Systems.

Die Ontogenie des Wahrnehmungssystems: Ordnungsbildung durch Selbstorganisation

Man muß annehmen, daß das Gehirn eines neugeborenen Säugetieres und besonders auch eines menschlichen Babys keinerlei Gesetzmäßigkeiten der Umwelt kennt; man kann sogar mit gutem Grund vermuten, daß es nichts über die Existenz einer Welt überhaupt weiß. Wie entwickelt ein solches naives Gehirn dann die Fähigkeit, später Umwelt wahrzunehmen und diese wahrgenommene Umwelt als unmittelbare Realität zu interpretieren?

Wie wir alle wissen, ist uns der Aufbau unserer Sinnesorgane unbekannt, d.h., wir wissen nicht, wie sie arbeiten und letztlich nicht, was sie verarbeiten oder aufnehmen, wir kennen allenfalls ihren Ort. Ein Neugeborenes kennt nun aber noch nicht einmal den Ort seiner Sinnesorgane, hat womöglich noch nicht einmal das Gefühl eines begrenzten Körpers. Trotzdem bringt ein Neugeborenes mit einem angeborenen Verhaltensrepertoire gewisse Voraussetzungen mit, die es ihm ermöglichen, einen sinnvoll agierenden Endzustand nach einiger Zeit zu erreichen. Die wesentlichen dieser bei der Geburt vorhandenen Strukturen und Fähigkeiten sind:

1) funktionierende Sinnesorgane

2) funktionierende Nervenzellen

3) topographisch geordnete Hauptverbindungen

4) Lust/Unlust-Bewertungssystem (limbisches System) mit angeborenen Auslösern

5) "Arousal"-System (Formatio reticularis) mit angeborenen Auslösern

6) spontane Grundmotorik und Grundreflexe

Eine sehr wichtige Anfangsgegebenheit stellt die geordnete "Verkabelung" der einzelnen Sinnesmodalitäten dar, die jeweils in eigene, abgegrenzte Hirnregionen projizieren. So erreicht Erregung aus den Augen den im Hinterkopf gelegenen Teil der Hirnrinde, die aus dem Ohr eine davor gelegene deutlich abgegrenzte Region. Ähnlich verhält es sich mit den anderen Sinnen, aber auch mit den motorischen Arealen, die bestimmte Körperteile sich bewegen lassen. Diese "Topie" ermöglicht dem Gehirn nach einer gewissen Zeit, die Herkunft einer Erregung von einem spezifischen Sinnesorgan, mithin die Qualität des Inputs, aus dem Ort der Erregung abzuleiten.

Die topologischen "Karten" entstehen ontogenetisch sehr früh durch selbstorganisatorische Prozesse. Sie werden dadurch gebildet, daß nachbarschaftliche Beziehungen der Nervenzellen, die ihre Fortsätze zu einem Zielgebiet auswachsen lassen, auch in den Endigungen der ausgewachsenen Fasern im Zielgebiet zumindest grob beibehalten werden. Nach allem, was wir über diesen Prozeß heute wissen, sind dabei biochemische Affinitätsprinzipien entscheidend für die Erhaltung der nachbarschaftlichen Beziehungen, nicht jedoch die reizabhängige Aktivität der betreffenden Nervenfasern.

Wie entstehen jedoch die spezifischen, komplexeren Verarbeitungsmuster in diesen zunächst groben und relativ unspezifischen Arealen?

Die oben erwähnten angeborenen Leistungen und Strukturen und ein offenbar ebenfalls angeborener Algorithmus sind hinreichende Bedingungen, den Reifezustand zu erreichen. Der verwendete Algorithmus kann in seiner Funktion als VERSTÄRKUNG DURCH KOINZIDENZ bezeichnet werden. (Er liegt vermutlich auch jedem anderen Lernvermögen zugrunde).

Ich will auf den inzwischen gut erforschten neuralen Mechanismus dieses Prinzips hier nicht näher eingehen, sondern nur erwähnen, daß er an den Übertragungsstellen zwischen den Neuronen (den Synapsen) lokalisiert ist und deren Übertragungsverhalten ändert. So werden diese Übertragungen verstärkt, wenn zwei Erregungen etwa gleichzeitig eine nachgeschaltete Zelle erreichen.

Synaptische Verstärkungen im Netzwerk aufgrund von Koinzidenz nach der sog. Hebb'schen Regel (benannt nach dem Physiologen Donald HEBB, 1949) geschehen vollständig selbstorganisiert, d.h., das resultierende Übertragungsverhalten des Netzwerks ist nicht erfolgsabhängig, steht also nicht unter der Kontrolle der Umwelt. Vielmehr ist es, entsprechend der Regel, nur abhängig von gleichzeitigen Erregungen von Elementen.

Eine im Effekt der "Back-Propagation" ähnliche Lernstrategie, also die Anpassung des Netzes an die geforderte Aufgabe (bei Organismen letztlich das Überleben), kann dennoch erreicht werden, indem sensorische Signale, die mit "biologischem Erfolg" korreliert sind (antropomorph gesprochen mit Lust/Unlust/Schmerz) in das Netzwerk mit eingefüttert werden. Auf diese Weise ist es möglich, parametrische Karten, die im Gehirn existieren, in ihrer Entstehung zu erklären. Deren innere Struktur ist nicht mehr eine einfache Rekapitulation der Nachbarschaften der afferenten (also dorthin projizierenden) Zentren, sondern sie bilden physikalische Parameter (z.B. Geschwindigkeit und Bewegungsrichtung) ab. Solche Karten könnten aus topologischen Netzwerken durch Back-Propagation erfolgsabhängiger Signale abgeleitet werden, wie es auch ähnlich von ECKMILLER (1988) vorgeschlagen wurde.

Zum Beispiel kann ein Netzwerk, das zunächst nur in retinaler Topologie vorliegt, der Steuerung der Augenposition dienen, wenn Signale über den Kontraktionszustand der äußeren Augenmuskeln zusätzlich zu den visuellen vorliegen und gleichzeitig die Abweichung des aktuellen visuellen Reizortes von einem festgelegten Soll-Ort auf der Karte als Fehler interpretiert wird. Das Ausgangssignal des Netzes kann sich dann dem erforderlichen motorischen Stellsignal zum Zweck der Fehlerminimierung in der Blickrichtung angleichen. Ausgehend von der gleichen topologischen Basiskarte wird sich ein Netzwerk, das die Augen auf einem bewegten visuellen Ziel halten soll, anders ausbilden, da die motorischen Eingangs- und Ausgangssignale, die in diesem Falle mit den visuellen interferieren, vom Parameter Geschwindigkeit abhängig sind, also Kontraktionsänderungen der äußeren Augenmuskeln melden.

Der beschriebene Mechanismus erlaubt, mit Hilfe der verschiedenen Sinneskanäle und interner Koinzidenzüberprüfung allmählich ein komplexes Weltmodell aufzubauen, dessen Konsistenz zeitlebens überprüft werden kann. Wie es oben am noch relativ einfachen Beispiel der Blickrichtungskontrolle dargestellt wurde, können dabei verschiedenste Repräsentationen von Regelhaftigkeiten der äußeren Welt miteinander verknüpft werden. Dies geschieht bei Säugetieren in einer unmittelbar postnatalen Phase. Dabei erst erhalten die Signale der Sinnesorgane (und auch die internen) ihre Bedeutungen.

Man muß sich vorstellen, daß ein neugeborenes Baby beim Strampeln und Zappeln bestimmte Erregungsmuster im motorischen Teil seiner Hirnrinde erzeugt, die damit korrelierende Erregungsmuster in der körpersensorischen Hirnrinde hervorrufen. Diese Korrelationen führen aufgrund der Koinzidenz der Aktions- und der Rückmeldungsmuster zu einer Koppelung im sensomotorischen Gesamtnetzwerk. Auf diese Weise kann allmählich eine Körperfühlsphäre aufgebaut werden, deren Dimension von der Motorik bestimmt wird. Ist dies erreicht, kann im nächsten Schritt der visuelle Sinn angekoppelt werden, indem bestimmte Erregungsmuster in der visuellen Hirnrinde, die von retinalen Bildern herrühren, mit den nun bereits interpretierbaren Erregungsmustern im taktil-propriozeptiv-motorischen Netzwerk korreliert werden. Dabei wird die visuelle Welt zunächst in den Koordinaten der Körperfühlsphäre geeicht und kann später erweitert werden, wenn gezieltere und weitreichendere Bewegungen eine Erweiterung der Erfahrung zulassen (für eine detaillierte Darstellung siehe SINGER, 1987).

Im Laufe relativ kurzer Zeit wird dabei ein umfangreiches korrelatives Weltmodell der Wahrnehmung aufgebaut. Vorübergehende Inkonsistenzen, wie sie z.B. die eingangs geschilderten Sinnestäuschungen darstellen (die demnach keine Täuschungen der Sinnesorgane, sondern der Interpretationsmechanismen sind), können dieses Modell nicht nachhaltig beeinflussen. Dies wird erst möglich, wenn lang anhaltende, drastische Inkonsistenzen auftreten, die eine Neuinterpretation notwendig machen. Dies kann z.B. nach längerem Tragen von Umkehrprismen geschehen.

Entscheidend für alle diese Organisationsvorgänge ist offenbar zusätzlich ein angeborener Instruktor, der die Notwendigkeit der Neu- oder Umformierung und den Erfolg mißt. Dieser ist mit großer Wahrscheinlichkeit im Bereich des limbischen Systems zu suchen, das von Geburt an sicher auf überlebensfördernde und überlebensschädliche Zustände reagiert und von dem man weiß, daß es wesentlich an der Kontrolle von Lernvorgängen beteiligt ist.

Literatur

ECKHORN,R.; BAUER,R.; BROSCH,M.; JORDAN,W.; KRUSE,W.; MUNK,M.; REITBOECK,H.J.: Coherent oscillations: a mechanism of feature linking in the visual cortex? Multiple electrode and correlation analysis in the cat. Biol. Cybern. 60, 121-130 (1988).

ECKMILLER,R.: Concepts of changing neural network topology. In: Organization of Neural Networks (W.v.Seelen, G. Shaw, U.M. Leinhos, eds), pp 163-166. Weinheim: VCH-Verlag (1988).

FARAH,M.J.: The neural basis of mental imagery. TiNS 12, 395-399 (1989)

GRAY,C.M.; SINGER,W.: Stimulus-dependent neuronal oscillations in the cat visual cortex area 17. Neurosci. (Suppl.) 22, 1301p (1987).

HEBB,D.O.: The organization of behavior. Chichester: J.Wiley & Sons (1949).

HUBEL,D.H.; WIESEL,T.N.: Receptive fields, binocular interaction and functional architecture in the cat's visual cortex. J. Physiol. 160, 106-154 (1962).

HUBEL,D.H.; WIESEL,T.N.: Die Verarbeitung visueller Informationen. In: Gehirn und Nervensystem, pp 122-133. Heidelberg: Spektrum der Wissenschaft (1984).

MANTEUFFEL,G.: Binocular afferents to the salamander pretectum mediate rotation sensitivity of cells selective for visual background motion. Brain Research 422, 381-383 (1987).

SERENO,M.I.: The visual system. In: Organization of Neural Networks (W.v.Seelen, G.Shaw, U.M.Leinhos, eds), pp 167-184. Weinheim: VCH-Verlag (1988).

SINGER,W.: Activity dependent self-organization of synaptic connections as a substrate of learning. In: The Neural and Molecular Bases of Learning (J.-P. Changeux, M.Konishi, eds), pp 301-336. Chichester: J.Wiley & Sons (1987).

DIE INDIVIDUELLE SELBSTGESTALTUNG VON UMWELT UND WOHLBEFINDEN BEI SÄUGETIEREN: ZU MÖGLICHKEITEN UND GRENZEN DES SELBSTORGANISATIONSANSATZES

Hubert Hendrichs
Universität Bielefeld
Fakultät für Biologie

A. Einleitung

Ein Tier reagiert anders als ein lebloser Körper, z.B. ein Ball. Reagiert es auch anders als eine differenziert programmierte Maschine? Wenn ein Ball angestoßen, getreten oder geworfen wird, dann fliegt oder rollt er in einer bestimmten Weise und bleibt schließlich irgendwo liegen, bis er erneut angestoßen wird. Sein Verhalten läßt sich weitgehend als Resultat der auf ihn einwirkenden mechanischen Kräfte — Druck- und Drehimpulse, Reibung, Erdanziehung — auffassen und in Grenzen exakt beschreiben, berechnen und vorhersagen, auch wenn sich seine Eigenschaften z.B. mit Temperatur und Feuchtigkeit ändern können. Wenn ein Hund entsprechend heftig angestoßen oder getreten wird, dann kann er aufjaulend wegspringen oder sich umdrehen und zuschnappen. Er kann ruhig bleiben oder sich aufregen, sich zurückziehen oder sich in eine heftige Aktion hineinorganisieren. Wenn man einen Dackel ruft, kann es sein, daß er kommt — es kann aber auch sein, daß er sitzen bleibt. Wenn man erneut und lauter ruft, kann es sein, daß er jetzt kommt — es kann aber auch sein, daß er wegläuft. Das Tier kann, muß aber nicht. Was geht da vor? Wie ist das System organisiert? Wie organisiert sich die Aktion eines Tieres? Was bestimmt sein Verhalten? Woraus besteht der Kontrollraum seiner Dynamik, was sind die Randbedingungen, was mögliche Störungen? Wie arbeitet sich eine Entscheidung heraus? Gibt es Möglichkeiten, die Dynamik des Tieres so zu erfassen und zu verfolgen, daß sich die "Entscheidungen" des Systems vorhersagen lassen? Besteht ein grundsätzlicher Unterschied zur Dynamik einer Maschine? Was kann eine Maschine — z.B. ein hochentwickelter Roboter oder Computer der Zukunft, ein "Android" — mehr als ein Ball oder ein mechanischer Automat? Wird sie damit schon so etwas wie ein organismisches System oder einem solchen in wichtigen Zügen vergleichbar? Diese Fragen sollen im Referat mehr ausdifferenziert als endgültig beantwortet werden, es sollen einige wichtige Grundlagen für eine Diskussion dieser Fragen dargestellt werden.

der "Selbstorganisation" gekennzeichnet und dann gefragt, ob es das bei Säugetieren gibt; sondern es wird umgekehrt zuerst zu beschreiben versucht, was es bei Säugetieren gibt, und dann gefragt, ob sich dazu ein Selbstorganisationsansatz eignet. Es wird weiter nicht die Komplexität der Säugetierdynamik — um eine Formalisierung der Mechanismen zu erleichtern — reduziert auf "wichtigste Grundstrukturen", sondern es wird — ungeachtet wissenschaftlicher Formalisierungsmöglichkeiten — die volle Komplexität, wie sie sich empirisch darbietet, zu kennzeichnen versucht. Nicht immer in wissenschaftlicher Sprache und mit teilweise unscharfen Begriffen wird versucht, klare — wenn auch nicht einfache — Sachverhalte so präzise wie möglich zu kennzeichnen, sie sozusagen mit unsauberem Wasser zu säubern und dabei ihren Glanz zum Durchscheinen zu bringen.

Es ist an Säugetiere mittlerer Komplexität gedacht: Pferde, Hirsche, Schafe, Katzen, Hunde — nicht an sehr einfache Ausführungen, wie Beuteltiere, oder sehr hochentwikkelte, wie die Menschenaffen. Es geht um die psychosozialen Eigenschaften und Fähigkeiten dieser Säugetiere unter Beachtung ihrer individuellen Entwicklungen, Eigenschaften und Strategien. Wir beobachten jeweils individuell gut bekannte Tiere, deren Verhalten detailliert erfaßt wird. Teilweise werden physiologische Daten — Temperatur, Herzschlag, Hormon- und Immunwerte — parallel zu den Verhaltensdaten erhoben (vgl. hierzu z.B. Sachser 1986, Stahnke & Hendrichs 1986, Stadler & Hendrichs 1987, Korz & Hendrichs 1989, Stefanski, Hendrichs & Ruppel 1989; zur Übersicht vgl. z.B. Hendrichs 1978, 1983, 1988).

Die auf Tiere angewandten Begriffe — Verhalten, Orientieren, Wählen, Entscheiden — meinen in keinem Fall so etwas wie Bewußtheit oder Absicht. Es wird ebenfalls nicht unterstellt, daß Säugetiere menschenähnliche Gefühle, Motivationen und Intentionen hätten, auch wenn Bezeichnungen benutzt werden, die man auch für menschliches Verhalten gebraucht: Drohen, Angreifen, Angst, Freude, freundlich, feindlich. Die Verwendung solcher Begriffe geschieht metaphorisch, als bildhafte Benennung beobachtbarer Phänomene, so, wie man davon spricht, daß der Wind heult oder die Sonne lacht, nicht in Unterstellung struktureller Ähnlichkeiten mit menschlichen Phänomenen — eine Analogie braucht nicht ausgeschlossen, sie darf nur nicht unterstellt werden. Dieser Punkt führt erfahrungsgemäß in Verständigungsversuchen zwischen Ethologen und Nichtethologen leicht zu Mißverständnissen. Dies zu vermeiden ist so wichtig, daß ich noch einige Erläuterungen zur Verdeutlichung anschließe. Um ein Phänomen untersuchen zu können, muß man es wiedererkennen, darauf hinweisen und es bezeichnen können. Der Biologe muß seinen Untersuchungsgegenständen — Tieren, Tierarten, Verhaltensweisen, Zuständen — Namen geben, um sie und ihre Eigenschaften und Reaktionen vergleichend untersuchen zu können. Diese Bezeichnung dient dem Wiedererkennen des Phänomens und dem Sichdaraufbeziehen-können, nicht der Kennzeichnung seiner Struktur oder Funktion. Dem Hirschkäfer sollen keine Hirscheigenschaften unterstellt werden — eine entfernte metaphorische Ähnlichkeit der "Geweihe" reicht als Gedächtnishilfe. Entsprechendes gilt z.B. für Zitronenfalter, Admiral, Hirschferkel, Pferdeantilope, Hirschziegenantilope. Das ist bei den Verhaltensweisen nicht anders. Der Ethologe verwendet in der Regel solche Namen nur für ein ganz bestimmtes Verhalten bei den von ihm beobachteten Tieren derselben Art. Er sollte die Bezeichnungen nicht ohne weiteres von einer Art auf die andere übertragen, sondern er sollte sie so wählen, daß sie möglichst wenig strukturelle oder funktionelle Eigenschaften unterstellen.

Das ist leichter gesagt als getan, bietet aber bei sorgfältiger Arbeit und vorsichtigem Vergleichen in der Regel bei Verhaltensweisen keine ernsthaften Probleme. Daß es sich beim "Trompeten" eines Schwanes, eines Elefanten, eines Menschen um gleiche oder strukturell vergleichbare Prozesse handelt, wird kaum jemand annehmen. Schwieriger wird es bei der Benennung von funktional zusammengefaßten Verhaltenskomplexen wie "Drohen", "Ausweichen", "Angreifen", "Imponieren", "Werben". Darunter werden jeweils verschiedene Verhaltensweisen — Kopf hochnehmen, Ohren aufstellen oder zurücklegen, steifbeiniges Gehen ("Stolzieren") — zusammengefaßt, die bei jeder Art anders aussehen und von anderer Bedeutung sein können, die aber in ihrer Funktion Gemeinsamkeiten haben. Derartige funktionale Benennungen für bestimmte Verhaltenskomplexe lassen sich praktisch nicht vermeiden; es geht darum, ihren Einfluß auf Datenregistrierung und -auswertung gering zu halten. Zur Kennzeichnung der Ergebnisse gehören die funktionalen Diagnosen. Es ist wichtig, das aufgetretene Verhalten zuerst ohne funktionale Zuordnung detailliert zu beschreiben und erst dann die funktional zusammenfassende Bezeichnung zu verwenden. Bei allen Arten gibt es Drohen, Angreifen, Ausweichen, Imponieren, Werben. Das kann — auch bei näher verwandten Arten — sehr verschieden aussehen, sogar in derselben Art unterschiedlich gehandhabt werden. Äußerliche Ähnlichkeit bedeutet noch keine funktionelle Vergleichbarkeit, funktionale Ähnlichkeit bedeutet noch nicht strukturelle Vergleichbarkeit — und umgekehrt. Es ist wichtig, beides auseinanderzuhalten.

Die Leitfrage für dieses Referat könnte man in folgender Weise formulieren: Sind Säugetiere mehr als mechanische Automaten, Maschinen, physikalische oder chemische Systeme? Untersuchen kann man eine solche Frage, indem man prüft, wieweit sich die Dynamik eines Säugetieres in Modellierungen zunehmender Komplexität beschreiben läßt — in mechanischen Modellen, kybernetischen Rückkopplungsmodellen, im Rahmen von Selbstorganisations- und Prozeßtheorien — und was dabei jeweils unberücksichtigt bleibt. Die Arbeitshypothese ist, daß Selbstorganisationsmodelle — obwohl sie Wichtiges zu beschreiben erlauben, was sowohl mechanisch-kybernetische Modelle als auch Computeralgorithmen unberücksichtigt lassen — noch nicht ausreichen, die volle Dynamik höherer Säugetiere zu beschreiben und wichtige Aspekte noch nicht erfassen.

B. Das Tier nach dem Ansatz der Ethologie

Das Tier ist nach den Ergebnissen und den Vorstellungen der Verhaltensforschung ausgestattet mit einer Fülle von Verhaltensmöglichkeiten, die es aufgrund einer angeborenen Programmierung — ergänzt oder erweitert durch in der eigenen Lebensgeschichte erworbene Programmkomponenten — in Reaktion auf äußere und innere Reize aktivieren und der jeweiligen Situation entsprechend zur Lösung der lebenswichtigen Aufgaben einsetzen kann (vgl. hierzu und zum folgenden z.B. Eibl-Eibesfeldt 1967 f., Lorenz 1978, Tembrock 1980). Das Tier hat sehr viel mehr Verhaltensmöglichkeiten, als es jeweils in einer Situation realisieren kann: es sind Entscheidungen darüber erforderlich, in welcher Weise reagiert und wie die eigene Dynamik organisiert werden soll. Bei diesem Entscheidungsprozeß spielen zahlreiche Gegebenheiten eine Rolle: nicht nur Alter und Geschlecht des Tieres, sondern auch die Art seiner Umweltvernetzung, seine Einbindung in soziale und räumliche Strukturen — seine Position im Ranggefüge oder die Nähe sicherer Zufluchtsorte —, sowie die jeweilige Orientierung in dieser Umweltvernetzung und seiner weiteren augenblicklichen Verfassung — der Wachheit, Erregtheit, der jeweiligen Motivations- und Stimmungslage. Dabei spielen beim Säugetier individuelles Lernen und soziokulturelle Tradierung wichtige Rollen.

Das Säugetier muß seine Aktion jeweils in einer bestimmten und eindeutigen Form organisieren, dabei muß es zahlreiche Reize, die Stimulierung durch zahlreiche innere und äußere Impulse, zu einer aktionstragenden Einheit integrieren (vgl. hierzu z.B. Leyhausen 1965, Hendrichs 1988). Es kann dabei nicht alle Impulse berücksichtigen und muß einige ausschließen. Umgekehrt heißt das, es kann aus der Fülle des Angebots auswählen und sich sozusagen für eine Integration, eine spezifische Organisation der eigenen Dynamik entscheiden. Die Pioniere der wissenschaftlichen Ethologie haben — im Bestreben, die Anerkennung ihrer Disziplin als ernstzunehmende Wissenschaft zu gewinnen — besonderen Wert auf homologisierbare, relativ einfache und starre Verhaltenseinheiten gelegt — Instinkthandlungen —, die wie anatomische und morphologische Merkmale dazu verwendet werden können, die Verwandtschaft von Organismen zu etablieren und ihre Stammesgeschichte zu rekonstruieren. Komplexeres Verhalten mit gelernten Komponenten haben sie weniger beachtet. Das ist bei Fischen und Vögeln — an diesen Gruppen wurden die Grundlagen der Ethologie erarbeitet — weniger problematisch als bei Säugetieren. Auch bei Säugetieren spielen Reflexe und instinktive Reaktionen noch eine nicht unwichtige Rolle. Aber welche eigentlich? Wie weit werden sie von gelernten, erworbenen Reaktionen abgelöst, überformt? Es gibt bisher noch keine ordentliche Landkarte vom Land der Säugetierdynamik. Das soll nicht heißen, daß es noch viele weiße Gebiete in einem sonst wohlbekannten Land gäbe, sondern es heißt, daß es noch überhaupt keine wissenschaftlich akzeptable und empirisch untersuchbare

Vorstellung von der Grundstruktur der Dynamik und Steuerung des Säugetieres gibt. Das hängt zusammen mit der Bedeutung von Lernen und Tradition für die Entwicklung und für den psychosozialen Lebensvollzug der Säugetiere und mit der daraus resultierenden Fähigkeit, sich in den meisten Situationen unterschiedlich orientieren und unterschiedliche Aspekte der jeweiligen Umwelt in die Organsiation der eigenen Aktion miteinbeziehen zu können. Reiz-Reaktions-Mechanismen spielen auch noch beim Säugetier eine wichtige Rolle. Aber man kann ein Säugetier nicht als einen mechanischen Reiz-Reaktions-Apparat auffassen: es kann auf die aktuelle Organisation seiner Dynamik hin Wahrnehmungen und Reize auswählen, sich gegen ganze Reizkomplexe weitgehend immunisieren und entwickelt dabei individuelle Gewohnheiten, Strategien und Eigenschaften. Das Tier des Lehrbuchs ist eine differenziert programmierte Reizverarbeitungsmaschine; mit einer Umweltsensorik, einer rückgekoppelten Zustandsregulation, verstellbaren Soll- und Schwellenwerten und Optimalbereichen und einer differenzierten Leistungs- und Ausdrucksmotorik. In der wissenschaftlichen Analyse wird es häufig angesetzt als eine Inputs in Outputs umsetzende Blackbox, als ein Informationen sendendes, empfangendes, speicherndes und verarbeitendes System, als ein rückkoppelnd seine Zustände und Sollwerte regulierender thermostatartiger Apparat. Wie weit wird mit solchen Ansätzen die Dynamik eines Säugetieres erfaßt? Was bleibt dabei unberücksichtigt? Ist das von Bedeutung für ein Verständnis der Säugetierdynamik? Greift der Selbstorganisationsansatz weiter? Welche Formalisierungsmöglichkeiten bietet er und welche Vereinfachungen erfordert er?

C. Organsiationsprozesse des Säugetieres: die Gestaltung der eigenen Umwelt

Jedes Tier organisiert sich in seiner individuellen Ontogenese, es handelt sich zunächst überwiegend um irreversible Prozesse der Reifung und Ausformung. Dies wird hier nicht näher ausgeführt. Das erwachsene Säugetier organisiert sich weiter in den spezifischen Strukturen seiner sozialen und nichtsozialen, belebten und unbelebten Umwelt. Dabei können Tradierungen eine erhebliche Rolle spielen. Diese Organisation ist in Grenzen reversibel, Strukturen können sich ändern, Positionen verloren gehen oder aufgegeben werden. Das Tier organisiert sich weiter in seinen jeweiligen Aktionen — weitestgehend reversibel. Tradierte Gewohnheiten spielen oft eine entscheidende Rolle. Die Organisationsprozesse bei den erwachsenen Tieren sollen im folgenden noch etwas detaillierter dargestellt werden (vgl. hierzu Hendrichs 1988). Aus den Interaktionen und Reaktionen der einzelnen Tiere — nach den Regeln ihrer angeborenen und erworbenen Programmierung — resultieren agonistisch ausgehandelte Abgrenzungen und Vertrauen begründende freundschaftliche Beziehungen, die Grundstruktur jeder einzelnen Gruppe und die der lokalen Population. Wenn die Grundstruktur in ihrer spezifischen Form etabliert ist, verliert die Agonistik an Deutlichkeit und an Härte, es entsteht ein Regelwerk für das Verhalten in dieser Struktur, für die Einhaltung der etablierten Grenzen — ohne weitere Kraftproben — und für das den verschiedenen sozialen Beziehungen angemessene Verhalten in den unterschiedlichen Situationen der gemeinsamen Aktionen oder des Konflikts.

Im ersten dieser beiden dynamischen Prozesse entsteht die Struktur, im andersartigen zweiten das gruppenspezifische Regelwerk für ein belastungsarmes Leben in und mit dieser Struktur. Die Eigenschaften der beteiligten Tiere produzieren zunächst die Struktur der Gruppe. Die Tiere "erfassen" dann in verschiedenartigen Prozessen des Prägens und Lernens die entstandene Struktur und ihre Nutzungsmöglichkeiten und ändern in Grenzen ihr Verhalten, ihre Orientierung und ihre Eigenschaften auf diese Struktur hin. Die wird dadurch stabilisiert, aber auch modifiziert — und bleibt in Grenzen modifizierbar. Die Akzeptanz der Strukturen und Regeln eines Sozialgefüges heißt nicht nur, daß unterlegene Tiere ihre Unterlegenheit akzeptieren und sich einfügen, sondern auch, daß die überlegenen Tiere die Existenz und die Zugehörigkeit der unterlegenen Tiere anerkennen und ihre Bedürfnisse, Gewohnheiten und Erwartungen berücksichtigen. Auch das überlegene Tier achtet Grenzen, das unterlegene würde sich gegen ihre Überschreitung wehren. Die Wahrnehmung und Beachtung von Grenzen ist eine der Grundlagen für die Entwicklung von Bewußtheit.

Das Säugetier gewöhnt sich aus seiner individuellen Situation heraus an diese spezifische soziale Struktur und an das sich etablierende Regelwerk. Es stellt dabei die Soll- und Schwellenwerte seiner Antriebs- und Reaktionssysteme entsprechend ein. Das kann man ebenfalls noch als eine Formung der eigenen Umwelt auffassen: das Säugetier wählt bestimmte Aspekte seiner Situation und schafft sich mit seinen spezifischen Gewohnheiten — Erregungsschwellen, Ängsten und Beruhigungsmöglichkeiten — seine individuelle Umwelt. Es versieht die Komponenten seiner Umwelt — räumliche und soziale Strukturen — mit spezifischen Bedeutungen und interpretiert sie dabei sozusagen auf die eigenen Möglichkeiten und Bedürfnisse hin. Es lebt dann im Rahmen dieser "Vorurteile" über seine Welt. Mit den Gewohnheiten ändern sich sowohl die Wahrnehmungen als auch die Bedeutung des Wahrgenommenen. Mit den Schwellen für Erregung und Anspannung ändern sich die physiologischen Reaktionen — in Kreislauf-, Hormon- und Immunsystemen (vgl. z.B. Henry & Stephens 1977). Eine andere Orientierung bedeutet für das Tier eine andere Motivation, eine andere Bezogenheit und Einspannung, andere Belastungs- und Bewältigungsmöglichkeiten. Die Qualität des "Außen" ist über die "innere" Einstellung und Ausrichtung des Tieres bereichsweise modifizierbar und produzierbar geworden.

Das Säugetier kann seine Aufmerksamkeit aus einem Lebensbereich in einen anderen
verlagern. Dadurch verändert es seine Wahrnehmungsfähigkeit und Anregbarkeit durch
spezifische Außenereignisse. Es werden unterschiedliche Randbedingungen für die eigene
Dynamik aktiviert. Es kann somit in Grenzen seine aktuelle psychosoziale Umwelt
manipulieren und auf seine eigene Dynamik hin mitgestalten. Es sucht sich die Reize
und Impulse heraus, die es für eine spezifische Aktion braucht. Es kann sich dann z.B.
über etwas erschrecken, was es sonst nicht besonders beachtet, sich in eine Erregung
hineinsteigern und dabei einen Konflikt zwischen konkurrierenden Entscheidungstenden-
zen bewältigen. Es kann zwischen verschiedenen Aufmerksamkeitsausrichtungen hin und
her wechseln und sich sozusagen dabei in eine andere Umwelt begeben und sich dabei
anders organisieren. In dem bei heftigerem Rufen abdrehenden Dackel kann sich z.B.
die Orientierung umgeschaltet haben auf den Sozialkontakt mit Artgenossen: er macht
sich auf den Weg und kontrolliert die Markierungsstellen in der Nachbarschaft.

Mit der Höherentwicklung der Säugetiere und der Verdichtung und Differenzierung ihrer
Sozialgefüge nimmt der Anteil des Gelernten und des Tradierten an den Reaktionsmög-
lichkeiten gegenüber dem genetisch festgelegten ererbten Anteilen zu. Die soziokulturelle
Tradition beeinflußt zunehmend die psychosozialen Reaktionen und kann weitgehend
bestimmen, was beachtet wird, erregt, beängstigt, beruhigt. Tradierte Komponenten
wirken bei verschiedenen Organisationsprozessen mit: bei der Ausbildung der räum-
lich-sozialen Organisation, bei der Entstehung des entsprechenden Regelwerks, wie auch
bei der Gewöhnung der Individuen an das Zurechtkommen mit Strukturen und Regeln
und bei der Organisation der eigenen "inneren" Einstellung, von Wahrnehmung und
Reaktivität bei den einzelnen Tieren. Das ist von entscheidender Bedeutung für das
Verständnis des Säugetieres, für die wissenschaftliche Analyse seines Verhaltens und
seiner Strategien ebenso wie für die Diagnose seines Wohlbefindens.

D. Resonanzfähige Oszillatoren und übergreifende Integration: zur Bedeutung und zu
   den Grenzen des Selbstorganisationsansatzes

Das Tier ist aufgebaut aus lebenden — kompensations- und heilfähigen — in ihrer
Dynamik oszillierenden Teilstrukturen: es organisieren sich ständig Prozesse, die in
umfassenderen integriert werden und zu deren Organisation beitragen: das Ganze trägt
zu den Eigenschaften der Teile bei und umgekehrt. Die Organisationsentscheidungen
können von Problemen der Teilprozesse und von Problemen des Ganzen beeinflußt
werden (hierzu und zum folgenden vgl. Hendrichs 1988). Ein wichtiger Unterschied
gegenüber einer Maschine besteht darin, daß bei den meisten Aktionen des Säugetieres

seine Orientierung und Aufmerksamkeit nicht völlig durch die den aktuellen Organisationsprozeß bedingenden und steuernden Gegebenheiten — innere und äußere Strukturen, Regeln und Impulse — gebunden ist, sondern weiter auch ausgerichtet bleibt auf andere Gegebenheiten und Möglichkeiten in Nähe und Ferne. Eine maßgebende Rahmenbedingung für die Entscheidungs- und Organisationsprozesse im Säugetier ist diese vielschichtige Orientierung, die verschiedenartige Strukturen und Ereignisse in räumlicher und zeitlicher Nähe und Ferne in Beziehung setzen und ihnen einen Relevanzgrad für die Gestaltung der eigenen Dynamik zuordnen kann. Die resonanzbereite Orientierung auch auf fernere allgemeinere Prozesse ist eine sehr wichtige, die eigene Organisation mitbestimmende Tendenz der erwachsenen Tiere. Eine besonders intensive Organisation und Einspannung erfährt das Säugetier beim "selbstvergessenen" Sicheinstimmen und -aufgeben in einen erregenden Gruppenprozeß, z.B. bei gemeinsamen Angriffs- oder Verteidigungsaktionen. Der Selbstorganisationsansatz versucht, diese zentrale — und altbekannte — Qualität lebender Strukturen zu formalisieren: die resonanzartig ausgreifende und dabei integrierende Tendenz des organismischen Prozesses. Die vielschichtige Bezogenheit des Prozesses stellt jedoch jeden Formalisierungsversuch vor große Schwierigkeiten. Die Ähnlichkeit zwischen der mechanischen oder kybernetischen Modellierung und der von ihr simulierten psychobiologischen Struktur ist bisher wohl in allen Fällen noch als metaphorisch — nur äußerlich ähnlich — und nicht als analog — strukturähnlich — anzusehen. Eine abstrakte Vergleichbarkeit aufgrund allgemein wirkender Prinzipien — der Gravitation, Quantenmechanik, Thermodynamik, Evolution — reicht noch nicht aus, die im jeweiligen Geltungsbereich parallel entstandenen und dessen Wirkungsweisen ausgesetzten und an diese angepaßten Strukturen zu analogisieren. Beim Selbstorganisationsansatz ist die Analogie eher gegeben. "Selbstorganisation" bezeichnet und meint also etwas sehr Wichtiges und etwas, das bei vielen Ansätzen zur Erfassung und Beschreibung von Prozessen zu kurz kommt: die Eigendynamik — das eigene Sichselbstvernetzen und -strukturieren — eines in Gang geratenen Prozesses gegenüber seiner Reaktivität auf Außenereignisse, seiner Außengesteuertheit und -determination. Es bleibt jedoch das Problem der jeweiligen Formalisierung. Das "Selbst" in diesem Begriff erscheint jedoch zumindest dann irreführend, wenn man darunter eine sich von der Umwelt abgrenzende und abkapselnde Selbstbezogenheit versteht. Für die psychosozialen Prozesse bei Säugetieren ist gerade das über sich selbst hinausgreifende Orientieren und das selbstvergessene Sicheinspannen in allgemeinere, überindividuelle Prozesse von entscheidender Bedeutung für die Regulation der eigenen Dynamik. Mit dem weitgehenden Ausblenden der Reaktivität organismischer Prozesse gegenüber den aktuellen Außenereignissen verbindet sich die Gefahr, die außenbezogene Aktivität und Intentionalität des Organismus zu vernachlässigen. In den Nervensystemen der verschiedenen Tiere eines Sozialverbandes spiegeln sich — metaphorisch gesprochen — die Zustände der Sozialpartner wider, bei höheren Säugetieren sogar einschließlich der Spiegelungen dieser anderen Tiere in ihrer jeweiligen Situation. Es spiegeln sich Ereignisse und Prozesse.

Das ist eine Grundlage für die Resonanzfähigkeit der Tiere und für ihre Anpassungsfähigkeit. Struktur und Regelhaftigkeit der gespiegelten Prozesse können aufgenommen
und "internalisiert", in unterschiedlich reversibler Form gelernt werden. Das bedeutet
noch keine Bewußtheit, aber es ist eine wichtige Grundlage für deren Entstehung und
Entwicklung.

Es geht hierbei zwar um die Angepaßtheit des Tieres an seine Lebensbedingungen, aber
weniger um eine Anpassung der eigenen Struktur und der eigenen Dynamik an invariab-
le Umweltgegebenheiten, als vielmehr um eine Gestaltung der eigenen Struktur und der
eigenen Dynamik unter Beachtung und Nutzung bestimmter Umweltmöglichkeiten — bei
Nichtbeachten anderer — in einer solchen Weise, daß die Gestaltung des Lebens in
dieser Situation als eine erträgliche Lösung resultiert, als eine spezifische Kombination
verschiedener Bedürfnisse und Möglichkeiten, und mittel- oder längerfristig ein Wohlbefinden ermöglicht. Anpassungsprozesse an die Umwelt sind noch wenig verstanden —
sowohl im Bereich des genetisch festgelegten, als auch in dem des modifikatorisch
erworbenen; vor allem aber im Bereich der psychosozialen Tradierungen. Es gibt zwei
extreme Positionen: radikale Konstruktivisten sehen alle Änderungen als von der Eigen-
organisation des Organismus induziert an — er sucht sich dann die dazu geeignete
Umwelt und lebt und blüht in ihr —, und radikale Selektionisten sehen alle Änderungen
als von einer Umwelt induziert an, die dem Organismus seine Anpassungen — wenn er
überleben will — abzwingt. Es wird nicht behauptet — wohl von keiner der verschiedenen Positionen —, daß Anpassungsprozesse in den verschiedenen genannten Bereichen
von gleicher Art sein müßten.

Bei der psychosozialen Anpassung des Tieres an die gegebenen Strukturen und Regeln
sind zumindest zwei unterschiedliche Prozesse auseinanderzuhalten: a. die "passive"
Gewöhnung und b. die "aktive" Internalisation. Der letztere Prozeß führt insbesondere
zu Freiräumen des Tieres für die eigene Ausgestaltung seiner Dynamik. Zur aktiven
Gestaltung einzelner Aspekte seiner täglichen Dynamik braucht das Säugetier eine orien-
tierende Einbindung in seine Umwelt — mit einer Internalisation von Strukturen und
Regeln — und, daraus resultierend, eine Anspannungsfähigkeit für das Durchhalten
seiner "Entscheidungen". Durch die Internalisation von Strukturen und Regeln, von
Wegen und Zielen entstehen im Säugetier Freiräume für individuelle Entscheidungen,
Strategien, Wege und Ziele. Daß es hierzu bereit und fähig bleibt, ist eine Grundvoraus-
setzung seines Wohlbefindens.

E. Zum Wohlbefinden des Säugetieres

Die wissenschaftliche Analyse der Dynamik eines schmerz- und leidensfähigen Lebe-
wesens kann sich nicht hinter die zuzugebende Metaphorik dieser Sprechweise zurückziehen, sondern muß die Befindlichkeit der untersuchten Tiere in die Betrachtung einbeziehen. Jeder wissenschaftliche Ansatz der eine möglichst umfassende Darstellung der
untersuchten Dynamik anzielt, muß sich in einem solchen Fall der Frage stellen, wieweit
er es ermöglicht, die Befindlichkeit der Tiere zu erfassen, oder zumindest, wieweit es in
seinem Rahmen möglich bleibt, die Befindlichkeit der Tiere zu erkennen und zu berücksichtigen.

Die wissenschaftliche Diagnose des Wohlbefindens von Tieren ist zur Zeit eine noch
völlig unbewältigte Aufgabe. Die Komplexität der Zusammenhänge läßt sich vielleicht an
folgendem einfachen Beispiel etwas verdeutlichen: ein Hund hat sich schmerzhaft, aber
ohne ernste Verletzung einen Fuß angeschlagen, er humpelt "wehleidig" übertreibend
auf drei Beinen, bietet ein Bild des Elends und holt sich damit "Tröstungen" vom
Menschen und genießt diese. Bei aufrüttelnden Ereignissen — Auftauchen von Feinden
oder von Beute —, kann sich sofort wieder die normale Aktion einstellen, die Anzei-
chen von Schmerz und Leiden sind wie "weggeblasen". Der Hund kann dabei auch an
Zurückweisung , an "Eifersucht" und an "Nichternstgenommenwerden" leiden. Art und
Ausmaß des körperlichen und des psychosozialen Wohlbefindens hängen einmal zusammen mit Art und Ausmaß der Leidensfähigkeit des Tieres, die mit der Organisations-
höhe der Organismen korreliert. Das psychosoziale Wohlbefinden hängt weiter vor allem
zusammen mit der Anspannungsfähigkeit des einzelnen Tieres in seiner jeweiligen
psychosozialen Situation und mit dem Verhältnis dieser aus der Art seiner Eingebundenheit resultierenden Fähigkeit zu den Anspannungsleistungen, welche die Bewältigung der
auftretenden Konflikte und Belastungen diesem Tier mehr oder weniger regelmäßig
abverlangt. Wir sind in Bielefeld dabei, diese Zusammenhänge zu modellieren und bei
einigen Säugetierarten empirisch zu prüfen.

Die Kennzeichnung des Wohlbefindens eines Säugetieres muß von der Erträglichkeit
seiner weitgehend individuell geschaffenen Existenzbedingungen ausgehen. Eine vergleichende Diagnostik ist somit schon innerhalb der Art schwierig, zwischen den Arten ist
sie ohne weiteres nicht mehr durchzuführen. Bei der individuellen Selbstorganisation der
eigenen Existenz des Säugetieres können schmerzhafte Belastungen und Überlastungen in
verschiedenen Bereichen und Organisationsebenen der Dynamik auftreten und zu Ver-
formungen und Erkrankungen führen, im organisch-physiologischen Bereichen ebenso
wie in psycho-sozialen. Entstehende Schäden — reversibler oder irreversibler Art —
können in unterschiedlicher Art und in unterschiedlichem Ausmaß kompensiert werden.

Die Diagnose von Wohlbefinden oder von Unerträglichkeit für den Zustand eines Säugetieres erfordert daher neben einer sehr eingehenden Kenntnis von den Verhaltensmöglichkeiten der Art, wie sie nur in vielen Jahren gewonnen werden kann, immer auch das Erfassen der individuellen Eingebundenheit des Tieres in seine spezifische Situation mit ihren spezifischen Belastungen und Entlastungsmöglichkeiten und den spezifischen Gewohnheiten und Strategien des Tieres im Zurechtkommen mit diesen Gegebenheiten. Dieselbe soziale oder nichtsoziale Struktur kann sich für ein Säugetier in unterschiedlicher Weise auswirken und sowohl Entlastung, als auch Belastung bedeuten. Sein Wohlbefinden gründet in einem wechselseitig ausgewogenen Verhältnis verschiedener Zustandseigenschaften — Erregbarkeit und Erregtheit, Anspannungsfähigkeit und Angespanntheit —, deren spezifische Qualität sich aus ererbten und aus individuell erworbenen Komponenten zusammensetzt. Bei Säugetieren ist im Vergleich zu anderen Tieren der Anteil des Erworbenen groß: viele Komponenten seiner Eigenschaften bilden sich während seiner Jugendentwicklung in Abhängigkeit von der Qualität seiner Umwelt heraus und können sich später unter anderen Lebensbedingungen nur noch in Grenzen wieder verändern; andere Komponenten sind weniger festgelegt und können sich mit einer längerfristigen neuen Situation deutlich ändern.

Mit der Steigerung seines Wohlbefindens können sich Eigenschaften und Qualitäten des Säugetieres ändern: ein gesteigertes Wohlbefinden kann sich auf Belastbarkeit, auf Lern- und Zuchtfähigkeit und somit auf die Eignung zur Arbeit, zur Gehegehaltung oder zur Auswilderung auswirken. Die Zusammenhänge und Wechselwirkungen sind vielschichtig und in der Regel nicht von direkter oder linearer Art — die Eignung zur Gehegehaltung und -zucht ist z.B. eine andersartige Qualität als die Eignung zur Auswilderung (die Eignung zur Selbsterhaltung in freier Wildbahn wieder eine andere als die Eignung für Sozialkontakte und Jungenaufzucht) —, sie können jedoch weitgehend aus dem Verhalten der Tiere erschlossen und in ihren möglichen Auswirkungen auf die Eigenschaften und Fähigkeiten der Tiere vorhergesagt werden. Aber nicht nur aus Nützlichkeitserwägungen sollte das Wohlbefinden des von Menschen gehaltenen oder freilebend "bewirtschafteten" Säugetieres berücksichtigt werden. Es sollte zu den Rechten dieser Säugetiere gehören, daß die Erträglichkeit ihrer Existenz mitbeachtet wird. Das setzt voraus, daß ihre spezifische Organisation in der jeweiligen Umwelt — einschließlich der sozialen Strukturen und Regeln — erfaßt werden kann und erfaßt wird. Erst dann ist es möglich, die verschiedenen situationsspezifischen Belastungen, Gefahren, Ängste und die spezifischen Bewältigungsmöglichkeiten zu erkennen; und erst dann läßt sich die Erträglichkeit der Situation einschätzen und gegebenenfalls verbessern.

F. Abschließende zusammenfassende Bemerkungen

Eine Maschine kann etwas, was ein Tier nicht kann: sie läßt sich abstellen und kann nichts tun. Ein Lebewesen ist dazu nicht in der Lage: es muß sich und seine Organe lebendig erhalten, es wird sozusagen ständig vibrierend gehalten von der Dynamik seiner Prozesse und der seiner Organe, in ständiger intensiver Umweltbezogenheit, im Wachen und im Schlafen. Und das bei ständigem hohen Energieverbrauch — fern vom thermodynamischen Gleichgewicht. Es ist für das Tier wichtiger, sich in vibrierender Aktivation zu erhalten und zu organisieren, als Energie zu sparen. Das Säugetier produziert dabei wichtige Teile seiner Umwelt, der Bedingungen seiner Dynamik und seiner Aktionen selbst; es gestaltet sie und in ihnen sich selbst und seine Existenzmöglichkeiten. Es ist resonanzbereit mit überindividuellen Prozessen, in die es sich einspannt und denen es sich auch selbstvergessen überlassen kann. Das Säugetier wäre also, wenn man es, aus welchen Gründen auch immer, als eine Maschine ansetzen will, eine solche aus dichtvernetzten reflex- und instinktartigen Reiz-Reaktionsmechanismen, welche in der Lage ist, die Randbedingungen dieser Mechanik teilweise selbst individuell zu gestalten — auszuwählen und zu verändern —, und dabei auf individuell erworbene auch sozial tradierte Orientierungen und Reaktionsqualitäten zurückgreifen kann. Es müßte dabei zu einer individuellen Regulation der eigenen Belastung kommen, aber auch zu einer individuellen Bereitschaft, Belastungen und Anspannungen auf sich zu nehmen und sein Wohlbefinden in der Einspannung in spezifische Formen des Einsatzes für sich selbst und für andere zu finden und zu steigern. Resonanzfähige Kooperationstendenz müßte Aufbau und Funktion dichtvernetzter überindividueller Zusammenschlüsse ermöglichen. Ich vertrete die Position, daß es grundsätzlich nicht möglich ist, eine solche Maschine zu bauen oder sich entwickeln zu lassen. Man kann das Säugetier als einen Ball auffassen und es sich zuwerfen — das geht besonders gut bei kleineren Arten. Man kann das Säugetier als Fleisch- oder Milchproduktionsmaschine auffassen und deren Wirtschaftlichkeit zu steigern versuchen. Man kann das Säugetier als eine in der Evolution ihre Angepaßtheit steigernde und ihre Strategien optimierende Konkurrenzmaschine auffassen, oder als einen seinen Zustand rückkoppelnd regulierenden thermostatartigen Apparat, oder als einen Signale aufnehmenden und sendenden Informationsverarbeiter. Alles das ist ja — bis auf das Werfen — nicht unwichtig und nicht falsch; das wird es erst, wenn man den Teilaspekt als das ganze Säugetier auffaßt und mißversteht: bei allen diesen Ansätzen — einzeln oder auch zusammengenommen — wird von der vollen Dynamik des Säugetieres und von den sie entscheidend beeinflussenden Gegebenheiten abgesehen. Der Selbstorganisationsansatz ermöglicht es, etwas sehr Wichtiges, das bei den anderen Ansätzen unberücksichtigt bleibt, in den Blick zu nehmen und zu untersuchen: die kooperativen und integrativen Qualitäten und Tendenzen lebender Systeme, die nicht nur Epiphänomene einer selbstbezogenen "egoistischen" Konkurrenz im Lebenskampf sind.

Die Frage bleibt, wieweit die notwendigen Formalisierungen dem Säugetier die individuelle psychosoziale Lebendigkeit belassen, und wieweit sie es erlauben, die Befindlichkeit der Tiere zu berücksichtigen und zu verstehen. Auf jeden Fall können sie die Anspannung in kooperativen Prozessen beschreiben und erklären, vielleicht dazu sogar die individuelle Anspannungsbereitschaft oder -verweigerung einzelner Tiere. Beide Prozesse sind von entscheidender Bedeutung für Leben und Wohlbefinden der Tiere und entzogen sich bisher der wissenschaftlichen Formalisierung.

Ich habe versucht, die volle Komplexität der Dynamik von Säugetieren unterhalb der Menschenaffen ohne Formalisierungen darzustellen, im Hinblick auf die Frage, wieweit formalisierte Modellierungen die wesentlichen Grundzüge dieser Dynamik berücksichtigen können. Es ging um eine Begründung der Position, daß Selbstorganisationsmodelle — obwohl sie Wichtiges zu beschreiben erlauben, was sowohl mechanisch-kybernetische Ansätze, als auch Computeralgorithmen unberücksichtigt lassen — noch nicht ausreichen, die volle Dynamik höherer Säugetiere zu beschreiben und wichtige Aspekte noch nicht erfassen können. Kurzgefaßt kann man die Unterschiede vielleicht in folgender Weise kennzeichnen: Selbstorganisationskonzepte beschreiben Strukturbildungen, die gegenüber den in mechanischen und algorithmischen Modellierungen beschriebenen Abläufen eine erhöhte — Teilprozesse "versklavende" — selbstreferentielle Eigendynamik aufweisen, aber in ihrem Auftreten noch weitgehend "passiv" von den Anfangs- und Randbedingungen des Prozesses abhängig bleiben. Die Dynamik eines höheren Säugetieres dagegen kann sich auf räumlich und zeitlich Entferntes ausrichten und dabei den aktuellen "passiven" Strukturbildungen und Rückkopplungen gegensteuern und deren Auswirkungen aktiv durch die Wahl neuer Randbedingungen kompensieren. Es kann Erträglichkeiten und Wohlbefinden in einer selbst mitgestalteten Situation suchen und erreichen, bei individueller Orientierung und in der Einspannung für individuelle und für überindividuelle Ziele.

Literaturverzeichnis

Eibl-Eibesfeldt, I.: Grundriß der vergleichenden Verhaltensforschung, Ethologie. München : Piper 1967, ⁴1974.

Hendrichs, H.: Die soziale Organisation von Säugetierpopulationen. Säugetierkdl. Mitt. 26, 81—116 (1978)

Hendrichs, H.: On the evolution of social structure in mammals. In: Advances in the study of mammalian behavior (J. F. Eisenberg & D. G. Kleiman, eds.), Amer. Soc. Mamm. Spec. Publ. 7, pp. 738—750 (1983)

Hendrichs, H.: Lebensprozesse und wissenschaftliches Denken. Zur Logik der Lebendigkeit und ihrer Erstarrung in den Wissenschaften. Freiburg — München: Alber 1988

Henry, J. P. & Stephens, P. M.: Stress, health, and the social environment. A sociobiologic approach to medicine. New York — Heidelberg — Berlin: Springer 1977

Korz, V. & Hendrichs, H.: Einflüsse der sozialen und räumlichen Eingebundenheit auf Aktivierungs-fähigkeiten bei mittelamerikanischen Agutis, Dasyprocta punctata (Gray, 1842). Zool. Beitr. N. F. 32, 151 — 172 (1989)

Leyhausen, P.: Über die Funktion der Relativen Stimmungshierarchie. Dargestellt am Beispiel der phylogenetischen und ontogenetischen Entwicklung des Beutefangs von Raubtieren. Z. Tierpsychol. 22, 412 — 494 (1965)

Lorenz, K.: Vergleichende Verhaltensforschung. Grundlagen der Ethologie. Wien — New York: Springer 1978

Sachser, N.: Different forms of social organization at high and low population densities in guinea pigs. Behav. 97, 253 — 272 (1986)

Stadler, S. G. & Hendrichs, H.: Zum Lautrepertoire eines ursprünglichen Cerviden, Muntiacus reevesi micrurus (Sclater, 1875). Z. Säugetierkunde 52, 372 — 382 (1987)

Stahnke, A. & Hendrichs, H.: Social variability in male guinea pigs: different dominance quality resulting from early social experience. Zool. Beitr. N. F. 29, 413 — 435 (1986)

Stefanski, V., Hendrichs, H. & Ruppel, H. G.: Social stress and activity of the immune system in guinea pigs. Naturwiss. 76, 225 — 226 (1989)

Tembrock, G.: Grundriß der Verhaltenswissenschaft. Eine Einführung in die allgemeine Biologie des Verhaltens. Stuttgart — New York: G. Fischer [3]1980

Ein trikompartimentales Hirnmodell

D.B. Linke und A. Hirschelmann
Klinische Neurophysiologie-
Neurochirurgische Rehabilitation
Neurochirurgische Universitätsklinik
Sigmund-Freud-Str. 25
und
Institut für Informatik, Abt. I, der Universität
Römerstraße 164
5300 Bonn 1

"Der Begriff von Spiel siedelt sich jenseits dieser Opposition (von philosophisch-logischem und empirisch-logischem Diskurs) an, er kündigt in der Nachtwache vor der Philosophie und jenseits von ihr die Einheit des Zufalls und der Notwendigkeit an in einem Kalkül ohne Ende".
J. Derrida

I. Konnektionismus oder Modularismus?

Die rechnerisch-kombinatorischen Möglichkeiten des Nervensytems sind gewaltig. Unter diesem Eindruck liegt es nahe, die Kombinationsmannigfaltigkeit nicht einfach als Limitation der Beschreibbarkeit des Nervensystems, sondern vielmehr als dessen Prinzip zu sehen, das als Erkanntes helfen kann, Sackgassen traditioneller Ansätze der KI-Forschung zu vermeiden. Der Konnektionismus (Smolensky 1988) sieht die Prozesse des Nervensystems nicht als in Programmschritten beschreibbar an, die einer Symbolsprache eindeutig zugeordnet werden könnte. Auch wird das System als selbst-organisierend in dem Sinne verstanden, daß sich die Einführung eines allgemeinen Supervisors, eines *"Homunkulus"* oder *"Dämons"*, erübrigt. Dieser soll kein Baustein des Systems sein, sondern wird im Sinne des Emergentismus als Kunst- oder Nebenprodukt des Verhaltens dieses Systems gedeutet. Wie soll man nun entscheiden, ob Begriffe, die sich bei der Beschreibung der Verhaltensdimension eines Systems als dienlich erweisen, auch ein Korrelat in den inneren Systemstrukturen haben sollten? Hier fehlt es nicht nur an einer Epistemologie des metaphorischen Gebrauchs von Begriffen (die nicht endgültig sein kann, da sie selber Tropismen unterworfen bleibt), sondern auch an der Erfahrung mit verschiedenen System-Implementationen. Die Struktur des Geistes wird anders als in vermögenspsychologischen Ansätzen nicht als modular gedeutet, dennoch schließt dies nicht aus, Teilmomente zumindest kategorial herauszuarbeiten. Zur Zeit kann die Frage schwer entschieden werden, ob solche Teilmomente eher als emergente Eigenschaften eines vielleicht ganz anders gearteten Systems zu deuten sind, oder ob eine schwache Isomorphie zum inneren Aufbau eines Prozessors stets konstatiert werden kann. Die Lösung der Problematik wird von einigen in einer Hermeneutik gesehen, die den Rechner vom In-der-Weltsein her deutet (Lischka 1987) und so die Entgegensetzung von Innen und Außen von vornherein vermeidet. Ein derartiger Ansatz scheint für das menschliche Gehirn, das ein durch Kultur und Umwelt geformtes System ist, ebenfalls in vieler Hinsicht angemessen. Mit einer derartigen Grenzauflösung können allerdings ethische Prinzipien, welche den Umgang mit defizienten Gehirnen oder die Frage der Herstellung von Hirn-Computer-Hybriden regeln sollen, nicht mehr deutlich gegen die Beliebigkeit des Umgangs mit solchen Systemen formuliert werden, da die Faktizität von Artefakten auch mit Hybrid-Charakter unvermittelt zur letzten Orientierung geraten kann.

Aber auch im engeren KI-Kontext hilft eine derartige Hermeneutik zumindest nicht weiter, wenn entschieden werden soll, ob eine Verhaltensentität eines Systems eine bestimmbare Korrespondenz in den inneren Strukturen des Systems aufweist. Die genannte Hermeneutik hat den Computer als Gesprächspartner eingeführt und räumt ihm interpretatorisch Rechte ein, die er in einer objektivierenden Deskription nicht ohne weiteres erlangen könnte. Ist dies nun ein Mangel der objektivierenden Deskription oder des Rechnersystems? Wir wollen hier, statt die engere epistemologische Perspektive zu verfolgen, dafür plädieren, nach Grundstrukturen zu suchen und deren Entfaltungsverhalten zu prüfen. Aus dem Umgang mit diesen können wir in eine reichere Bewegung zwischen Erkenntnistheorie, Ontologie und Hermeneutik geraten.

II. Die Setzung der Modulzahl

Die grundlegende Frage bei der Konstruktion eines Rechnersystems lautet, welche Grundstruktur anzusetzen ist, um zur optimalen Entfaltung zu gelangen. Vor der gleichen Grundfrage steht man bei der Analyse des menschlichen Gehirns und bei der Prüfung der Erkenntnismittel, die man einsetzen will, ja, auch bei der Frage nach dem Subjekt, das sich nicht nur der Mittel bedient, sondern sich in seiner Struktur und in der Struktur des Sich-Bedienens als stets hirnbezogen erweist. Was wir Subjekt, Erkennungsmittel und Gehirn nennen, könnten jeweils schon Entfaltungen einer Struktur sein, die es zu heben gilt, die in diesem Hebeprozeß aber auch erst deutlicher hervortreten mag. Will man sich nicht der Mannigfaltigkeit der Konnektivitäten überantworten, so läge es nahe, Module einzuführen, welche vom Konnektionismus her gesehen als Restriktionen zu deuten wären, die aber geeignet sein könnten, die Potenz des Systems zu erhöhen. Wieviele Module sollte man ansetzen? Ginge man von einem sensualistischen Modell aus, so ließen sich gemäß der Zahl der Sinne entsprechend viele enkapsulierte Verarbeitungsdomänen postulieren (Fodor 1983)). Die Zahl der Module muß jedoch nicht mit der Zahl inhaltlicher Verarbeitungsthemen, insbesondere nicht nur mit denen der Rezeptivität übereinstimmen. Es liegt also nahe, bei der Wahl der Anzahl von Modulen zwischen $n = 1$, was eine Deckungsgleichheit mit dem Konnektionismus bedeutet und einen sehr hohen n zunächst eine der niedrigsten Zahlen auf die daraus folgenden Struktureigenschaften zu untersuchen.

III. Modelle mit Grund-Modulen

Die von anatomisch-physiologischer Seite vorgetragenen Modul-Modelle weisen zumeist um 10^5 Neurone auf. Die Module sind dabei lokalisatorisch insbesondere für den somatosensorischen Cortex angenommen worden (Mountcastle 1957, Szentagothai et al. 1975), wiewohl von anderen Forschern das corticale Modulkonzept zugunsten der laminären Struktur des Cortex in Frage gestellt wurde (Creutzfeldt 1983).

Die Annahme von 3 modularen Grundkompartimenten kann hingegen in Übereinstimmung mit den offenkundigsten Gegebenheiten der Gehirnanatomie formuliert werden. Hinsichtlich der funktionellen Bedeutung der Aufgliederung des Gehirns in Stammhirn und die rechte und linke Großhirnhemisphäre finden sich allerdings sehr divergierende Konzeptionen. Zum Teil ist die Tendenz feststellbar, eine Reduktion auf eine Dualität durchzuführen, wie das bei Modellen der Cortex-Subcortex-Relationen oder Rechts-Links- Beziehung der Fall ist. Es sind allerdings auch Vorschläge für eine triadische Strukturierung gemacht worden, bei denen die Dreigliederung anders gestaltet ist und Großhirn, limbisches System und Stammhirn als Einheiten aufweist (McLean, 1970).

IV. Zerebral-Darwinismus

Die evolutionistischen Modelle Darwins und Haeckels haben schon früh in die Neurologie Eingang gefunden. Hughlings Jackson (1931) deutete viele Funktionsstörungen des Nervensystems als Abbau höherer Ebenen mit Rückfall in niedere und ältere Verhaltensmuster. Den neueren Hirnstrukturen kam in diesem Sinne die Funktion zu, ältere Funktionskreise zu supprimieren. So können frühangelegte Reflexsysteme wie der Saugreflex des Säuglings im Alter bei Abbau des Frontalhirns wieder freigesetzt werden. Die Haeckelsche These von der Replikation der Phylogenese in der Ontogenese fand eine Erweiterung in dem Konzept der Würzburger Psychologen-Schule von der Aktualgenese, welche die aktuelle Entstehung eines Gedankens bezeichnen soll und später als Replikation der Ontogenese und damit mittelbar der Phylogenese genommen wurde. Demzufolge wiederholt nicht nur unsere Kindheitsentwicklung, sondern auch jede Gedankenentfaltung die gesamte Evolutionsgeschichte der Menschheit. Diese Deutung der Aktualgenese als Replikation von Ontogenese und Phylogenese wurde von Jason Brown (1988), der die Aktualgenese in Anlehnung an Heinz Werner 1963 Mikrogenese nannte, dann neurologisch interpretiert. In Umkehrung des Jacksonschen Ebenenmodells, demzufolge die höchsten initiierenden Prozesse im Cortex zu suchen sind, lokalisierte er den Ursprung gedanklicher Vorgänge in den stammesgeschichtlich älteren Hirnabschnitten, im Stammhirn. In diesem Modell führen Läsionen der Großhirnrinde nicht zu einem Freisetzen niederer Reflexsysteme, sondern zum Abbruch der Entfaltung eines kognitiven Prozesses.
Wir wollen im Folgenden ein Modell vorschlagen, in welchem ein modularer Ansatz (von 3 Grund-Modulen) mit einem evolutionären Konzept verknüpft wird, derart, daß die Eigenschaften des Systems aus dem Zusammenspiel von Modulzahl und Stochastik heraus charakterisiert werden können. Damit wird ein bestimmter Evolutionsweg nicht festgelegt, sondern in seinen Möglichkeiten beschreibbar gemacht.

V. Modul-Evolutionismus

Die Grundprinzipien von Notwendigkeit und Zufall sollen sich hier im Sinne eines methodischen Modularismus gemeinsam wie abwechselnd in Grundkompartimenten des Gehirns abspielen, für welche sich die 3 als Mindestanzahl in natürlicher Weise anbietet.
Das Zusammenspiel der beiden Prinzipien ergibt sich zudem durch Verallgemeinerung und anschließende Reduktion der verschiedenenartigen Spiele von M. Eigen (1985) zu zwei wesentlichen Spielen, deren Elemente aus N Kugeln in N Urnen bestehen.
Zur einwandfreien Wahl mögen die Kugeln bzw. Urnen Ziffern von 1 bis n tragen:

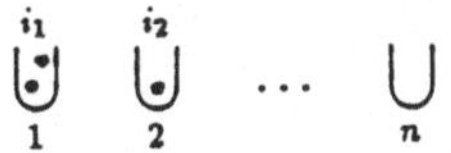

Die Regeln bestimmen jeweils zwei Wahlvorgänge für einen Spielschritt: stets wird zuerst eine Kugel gewählt, die entweder zu einer weiter gewählten Kugel (es kann zufällig dieselbe sein) in die zugehörige Urne oder in eine direkt gewählte Urne gelegt wird. Je nachdem ist definiert der Spielschritt der <u>Selektion</u> oder <u>Entropie</u>.

Selektion: $1K \rightarrow 2K$ bzw. *Entropie:* $1K \rightarrow 2U$. Es gilt ferner die Vereinbarung, nach jedem Spielschritt die Urnen ihrem Kugelinhalt gemäß zu ordnen, was eine Permutation der Urnen bedeutet, aber auch einen Identitätsverlust. Gleichartige Spielschritte führen zu den Spielen Selektion oder Entropie.

Wichtig ist die Beobachtung, daß die übrigen analogen Spiele $1U \rightarrow 2K$ und $1U \rightarrow 2U$ wieder äquivalent zu Selektion bzw. Entropie sind, wodurch deren Universalität bewiesen wird. Über den Spielverlauf geben Methoden der Wahrscheinlichkeitstheorie Aufschluß. So hat M. Dahr (1988) genaue Markov-Formeln berechnet, die dem Computer anvertraut werden können.
Interessant ist, daß die Kugelverteilung in den Urnen genau einer Partition von n im Sinne der Zahlentheorie entspricht, d.h. einer Zerlegung von n in Summanden. Die Zustände obiger Spiele bewegen sich innerhalb des Wahrscheinlichkeitsraums der Partitionen mit der Anzahl $p(n)$, einer Zahl, die sehr stark mit n anwächst und Gegenstand vieler tiefgehender Untersuchungen geworden ist.
Somit sind beide Spiele mit der kombinatorischen Algebra assoziiert, insbesondere mit der Permutationsgruppe S_n. Für die natürliche Verfolgung der Spielzustände werden die Partitionen auf eine neue Weise in <u>Graphen</u> angeordnet, die bis $n = 6$ planar sind, ab $n = 7$ nicht mehr. Alle Graphen zeichnen sich durch eine ausgeprägte Symmetrie aus.
Stochastische Berechnungen ergeben für beide Spiele klare Vorzugsrichtungen: die Selektion strebt der Partition $(n, 0, \ldots, 0)$ zu, während die Entropie (annähernd) dem Gleichgewicht einer Kugel in einer Urne entgegenläuft. Beide Spiele sind fast komplementär zueinander, jedoch nicht streng symmetrisch, da sie sich durch unterschiedliche Wahrscheinlichkeiten auszeichnen.
Als Sonderfälle dynamischer Systeme eignen sich die Spiele hervorragend zur Simulation von Naturvorgängen, wobei es entscheidend auf ihr <u>Zusammenspiel</u> ankommt.
Dieses Problem der Selbstorganisation ist nicht allgemein gelöst (lösbar vielleicht); es läßt sich lediglich ein spezielles Gleichgewichtssystem finden, das recht typisch ist.

Seien also S und E die Anzahlen der Spielschritte der Selektion bzw. Entropie in der Zeiteinheit, so wird mit einem Parameter μ deren zeitliche Änderung durch das Differentialgleichungssystem definiert:

$$\dot{S} = 1 - (\mu + 1)S + S^2 E$$
$$\dot{E} = \mu S - S^2 E.$$

Die Motivation lag im linearen Differentialgleichungssystem

$$\dot{S'} = 1 - (\mu + 1)S'$$

als Ursache und mit der Lösung

$$S' = 1 - \frac{1}{\mu + 1} e^{-(\mu+1)t}$$

als Wirkung. Zur weiteren mathematischen Analyse vgl. A. Hirschelmann (1988). Für $\mu = \frac{1}{2}$ liefert jede Einzelbetrachtung eine gedämpfte Schwingung, während für beide Spiele zusammen als stabile Lage ein Strudel entsteht. Die Stabilität erfordert doppelt soviel Selektion wie Entropie und wird durch die nichtlinearen Terme ermöglicht.

Das ist der allgemeine theoretische Rahmen für neuronale Erregung. Moduln aus Neuronenverbänden werden jetzt durch Urnen dargestellt und die Häufigkeit ihrer Erregung durch Kugeln in der Urne. Es wird vorgeschlagen, daß die Erregung von einem Neuronenmodul ausgehend ungezielt verbreitet wird, was gerade mit der Umsortierung der Urnen harmoniert. Eine Refraktärregel besagt außerdem, daß dieselbe Urne nicht zweimal hintereinander getroffen werden darf. Das läßt sich einrichten, indem das Spiel gegebenenfalls wirkungslos weitergehen muß.

Die Frage lautet nun, wann alle Neuronenmoduln bis zu einer bestimmten Grenze mindestens einmal erregt sind? Wird ein sehr einfaches Gehirnmodell angenommen, in dem zwei Kompartimente (Hemisphären) abwechselnd tätig sind und über das Stammhirn gesteuert werden, so stellt sich vorige Frage z.B. für eine Hälfte. Nach Erregung einer Hälfte leitet folglich das Stammhirn die Aktion über in die andere Hälfte.

Es sei das Stammhirn dargestellt durch eine voll mit Kugeln gefüllte Urne, während <u>ein</u> Kompartiment anfangs aus $n - 1$ leeren Urnen bestehen soll und die zunächst weniger aktivierte Hemisphäre aus den Urnen $n + 1$ bis etwa $2n$. Wird nun ausschließlich <u>Entropie</u> gespielt, so füllen sich die Kompartiments-Urnen allmählich.
Der Kurvenverlauf der sich füllenden Urnen, bis die letzte Urne im 1. Kompartiment gerade eine Kugel enthält, läßt sich folgendermaßen einsehen, vgl Abb. 1. Wirft man $\frac{n}{2}$ Kugeln auf die Urnen, was als eine Spielschrittfolge auseinander gezogen werden kann, dann ergibt sich sowohl für das Treffen einer Urne als auch das Nichttreffen die Wahrscheinlichkeit $\frac{1}{2}$. Sodann werden wieder $\frac{n}{2}$ Kugeln über die Urnen verteilt, wobei die Hälfte der Kugeln jetzt auf bereits besetzte Urnen und die andere Hälfte aber auf noch unbesetzte Urnen fallen wird. Also sind nun $\frac{1}{4}$ der Urnen nach n Kugelwürfen nicht besetzt. Offenbar läßt sich der Prozeß entsprechend fortsetzen, bis nach r Folgen (Kugelwürfe von jeweils $\frac{n}{2}$) aufgrund der Formel

$$m = n \sum_{k=1}^{r} \frac{1}{2^k}$$

alle n Urnen mindestens einmal getroffen wurden, d.h.

$$\frac{n}{2^r} \geq 1.$$

Damit ist über $n \geq 2^r$ schließlich $log_2(n) \geq r$. Für die Anzahl verbrauchter Kugeln ergibt sich eine untere Abschätzung, vgl. Abb. 2.

$$m = r\frac{n}{2} = nlog_2(n)/2.$$

Für die Beteiligung der 3 Kompartimente können unterschiedliche Bedingungen über die Spielschritte formuliert werden. Auf diese Weise kann die steuernde Funktion des Stammhirns durch die Spielschritte hervorgehoben werden. Das Selektionsspiel muß nicht mit dem Füllungsschwellwert n beginnen, sondern kann auch für andere Werte angesetzt werden. So bekommt man ein Modell für eine gleichmäßigere Aktivierung der Kompartimente.

Brown, J.W.:
The Life of the Mind. Hillsdale, New Jersey 1988.

Creutzfeldt, O.D.:
Cortex Cerebri. Berlin, Heidelberg 1983.

Dahr, M.:
Modellierung dynamischer Systeme im Fall der synaptischen Transmission.
Diplomarbeit. Institut für Informatik, Universität Bonn, Bonn 1988.

Derrida, J.:
Randgänge der Philosopie. Wien 1988.

Eigen, M., Winkler, R.:
Das Spiel. München 1985.

Fodor, J.:
The Modularity of Mind. Cambridge, Mass. 1983.

Hirschelmann, A.:
Gehirn- und Bewußtseinsforschung. Symposium, Bonn 1988.

Jackson, H.:
Selected Writings. London 1931.

Lischka, C.:
Über die Blindheit des Wissensingenieurs, die Geworfenheit kognitiver Systeme
und anderes ... . KI 4 (1987), 15-19.

McLean, P.D.:
The Triune Brain, Emotion, and Scientific Bias.
In: Schmitt, F.O. et al. (eds.) The Neurosciences Third Study Program
Cambridge, Mass, 336-349, 1974.

Mountcastle, V.B.:
Modularity and topographic properties of single neurones of cat's somatic sensory cortex.
J. of Neurophysiology 20 (1957), 408-434.

Smolensky, P.:
On the proper treatment of connectionism.
Behavioral and Brain Sciences 11 (1988), 1-74.

Szentágothai, J., Arbib, M.A.:
The "module-concept" in cerebral cortex architecture.
Brain Research 95 (1975) 475-496.

Werner, H., Kaplan, B.:
Symbol formation. New York 1963.

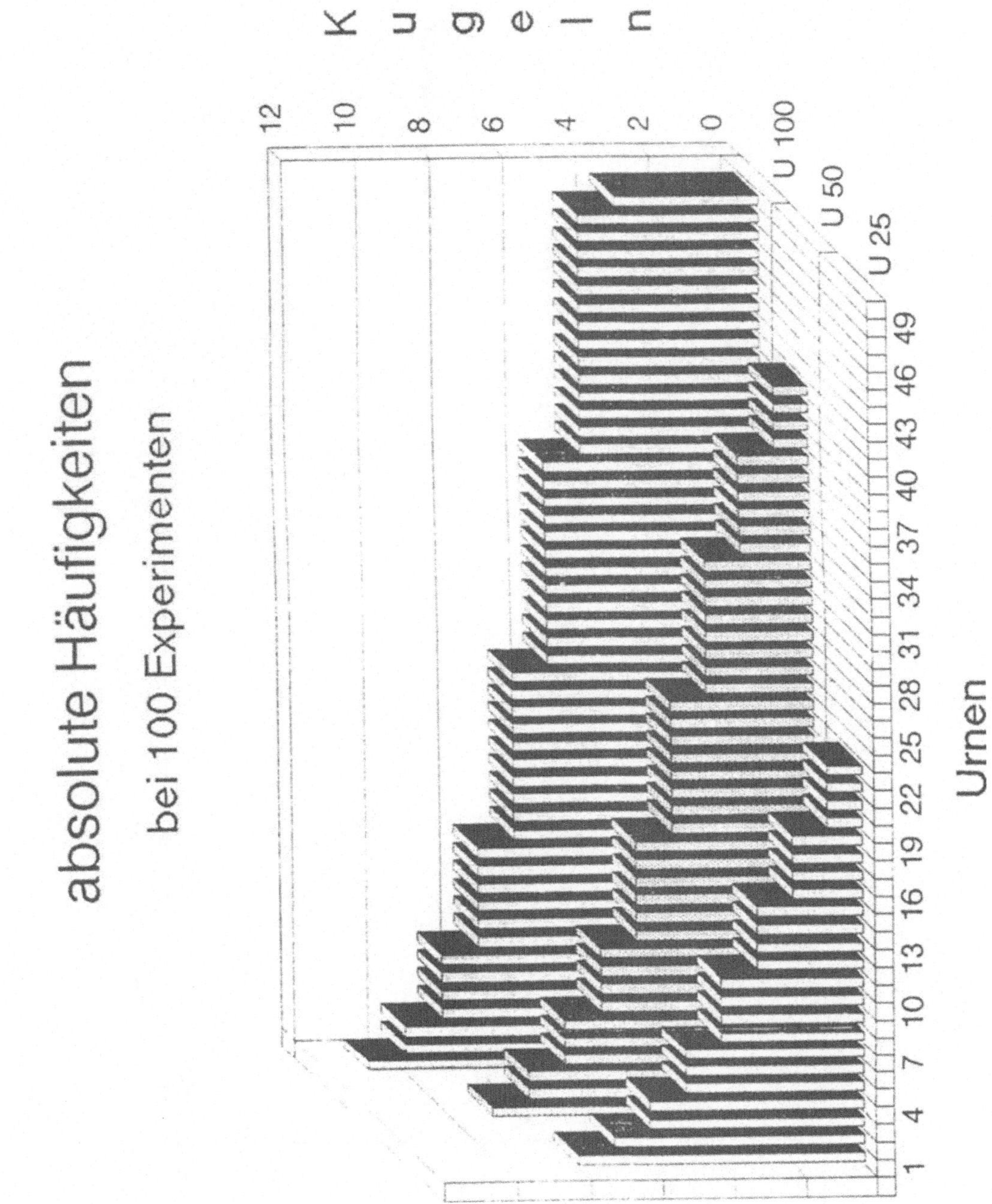

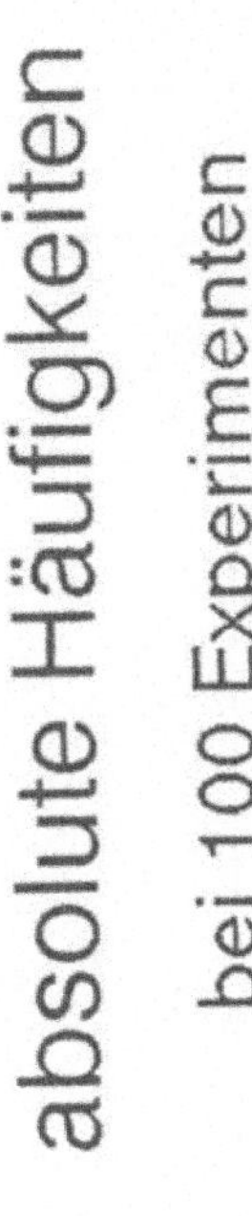

absolute Häufigkeiten
bei 100 Experimenten
Kugeln
12
10
8
6
4
2
0
U 100
U 50
U 25
1 4 7 10 13 16 19 22 25 28 31 34 37 40 43 46 49
Urnen

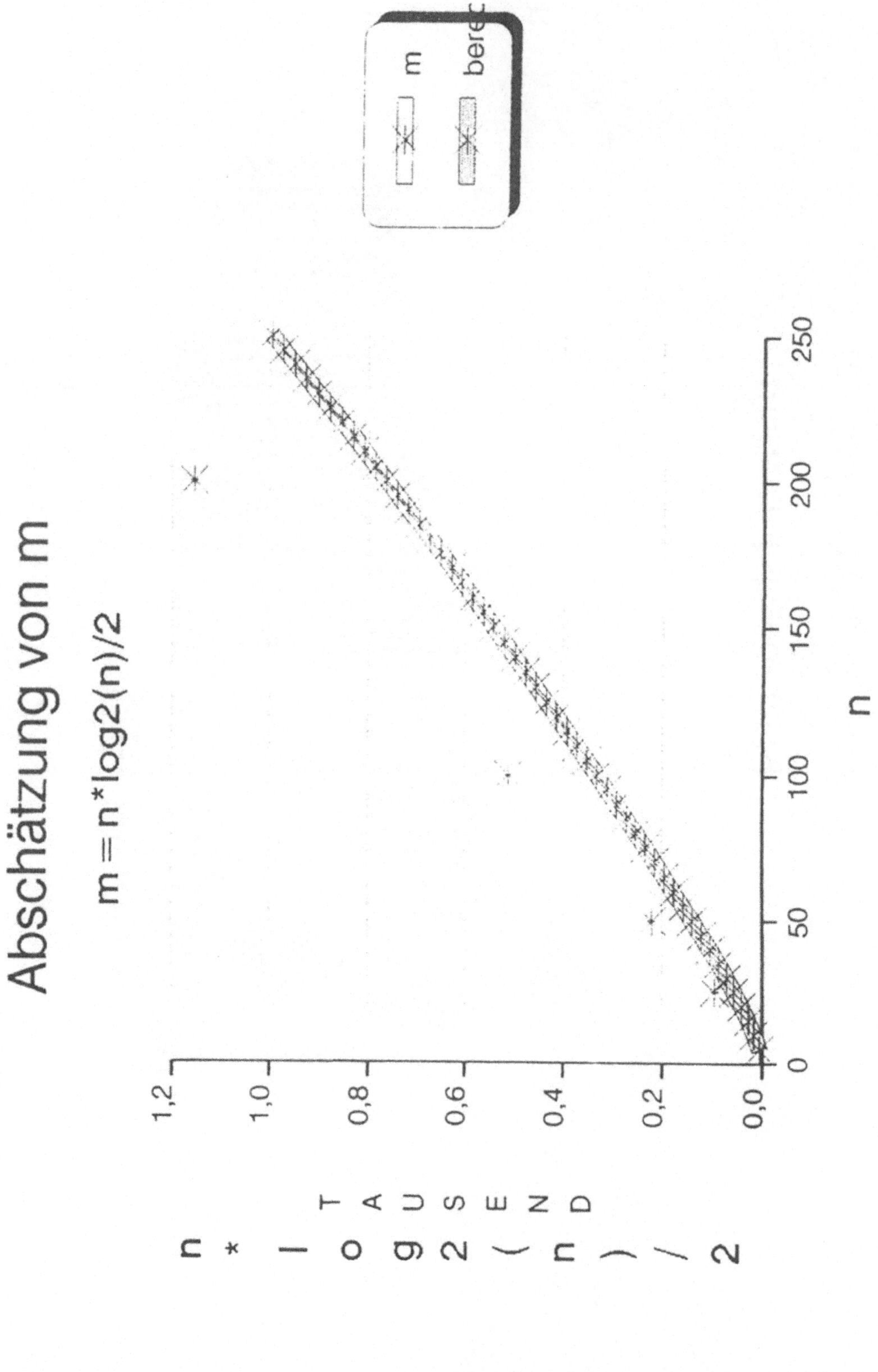

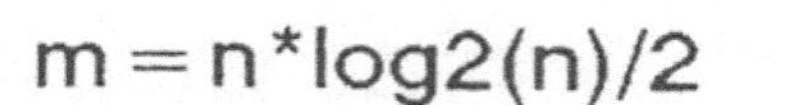

Abschätzung von m
m = n*log2(n)/2
n * log2(n)/2
TAUSEND
n
m
berec
1,2
1,0
0,8
0,6
0,4
0,2
0,0
0
50
100
150
200
250

Selbstorganisation in sozialen Systemen

Peter M. Hejl

Einleitung

Die Sozialwissenschaften entstanden, als der Glaube an die Problemlösungs‐kapazität der Wissenschaft sozial etabliert war und als soziale Veränderungsprozesse, etwa verschiedene Demokratisierungsschübe im Zusammenhang mit der Französischen Revolution, ebenso aber auch die Industrialisierung des 18. und besonders 19. Jahrhunderts und ihre Folgen, eine wissenschaftliche Beschäftigung mit diesen Veränderungen nahelegten. Vor diesem Hintergrund kann die Behauptung nicht überraschen, die Sozialwissenschaften hätten sich faktisch schon immer mit den Problemen beschäftigt, die heute diskutiert werden unter Überschriften wie Selbstregelung, Selbstreferenz, Autonomie oder eben auch Selbstorganisation. Traditionellerweise wurde diese Thematik als die "Eigendynamik" eines Gegenstandes oder Systems bezeichnet. Noch älter und allgemeiner ist die schlichte Bezeichnung "Natur", bezeichnete sie doch den Sachverhalt, daß es eine Klasse von Gegenständen gibt, die sich selbst bewegen und die ihre Ziele in sich selbst enthalten.[1]

Beispiele dieser Beschäftigung mit selbstregelnden und selbstorganisierenden Systemen sind die Kreislaufmodelle von den Physiokraten bis zu gegenwärtigen Wirtschaftstheorien, die Marxsche These, der Kapitalismus führe zum Klassenkampf und dieser zur Abschaffung des Kapitalismus, die noch genauer zu betrachtende Durkheimsche Differenzierungstheorie, nach der die Bildung differenzierter Gesellschaften Individualisierungsprozesse fördere, was umgekehrt die Differenzierung wieder vorantreibe, die Parsonsche These vom Zusammenhang zwischen Industrialisation und Ausbildung von Kleinfamilien, das Elias'sche Modell des Königsmechanismus, mit dem er die Staatsbildung am Beispiel Frankreichs aus den dynamischen Interaktionen unterschiedlicher Interessengruppen erklärt. Schließlich gehört hierher auch der Modezyklus, nach dem sozialer Originalitäts‐druck sowohl Innovation als auch ihre Nachahmung begünstige, was zum Verlust der Originalität der Innovation führe und weitere Innovationen stimuliere.[2]

Das gegenwärtige verstärkte Interesse an Fragen der Selbstorganisation hat dabei verschiedene aktuelle Anlässe. Einerseits reagieren die Sozialwissenschaften von ihrem Gegenstand her in besonderem Maße auf soziale Probleme. Mit dem Daten – und Umweltschutze, einem Wirtschaftsboom bei hoher Arbeitslosigkeit, den Problemen der Kranken – und Rentenversicherungen etc., gibt es jedoch nicht nur genügend Problemfelder, sondern sind jeweils große systemartig institutionalisierte Zusammenhänge problematisch geworden unter dem Aspekt ihrer Eigendynamik und entsprechend schwieriger Beeinflußbarkeit, etwa mit Hilfe des traditionellen Steuerungsmediums Recht.[3] Selbstorganisation und Fremdorganisation wurden also als konkrete Probleme erfahrbar.

Sieht man sich jedoch die aktuelle Diskussion an, so ergibt sich ein für Phasen des paradigmatischen Umbruchs wohl wenig überraschender Befund: "Selbstorganisation" ist faktisch ein Sammelbegriff für ganz unterschiedliche Phänomene in verschiedenen Wissenschaften geworden. So bleibt nicht nur sehr im Nebel, welches "selbst" organisiert wird, bzw. sich organisiert, vielmehr ist auch der Organisationsbegriff selber sehr unklar.

Diesem Befund entsprechend möchte ich vom Problem wissenschaftlicher Erklärungen ausgehend skizzieren, was ich unter einem Sozialsystem verstehe, insbesondere was seine Komponenten sind und was als seine Organisation angesehen werden kann. Dann möchte ich ein Konzept der Selbstorganisation sozialer Systeme präsentieren und es schließlich am Beispiel des Durkheimschen Modells der Ausbildung von Gesellschaft und damit einhergehender Individualisierungsprozesse beispielhaft erläutern.

Wissenschaftliche Erklärung als Systemanalyse

Die Prämisse jeder wissenschaftlichen Erklärbarkeit ist die Annahme, zu erklärende Phänomene seien bewirkt, es gebe also eine oder mehrere Ursachen, deren Wirkung sie seien. Eine wissenschaftliche Erklärung besteht demnach im Vorschlag und in der Überprüfung eines Ursachenzusammenhanges, der das problematische Phänomen erzeugen kann. Dieser Ursachenzusammenhang wird dabei letztlich als ein aktives System verstanden, das durch die Interaktion seiner

Komponenten das zu erklärende Verhalten oder Phänomen erzeugt. Von diesen aktiven Systemen lassen sich passive Systeme unterscheiden. Als passiv kann man für den hier interessierenden Zweck alle die Systeme bezeichnen, zwischen deren Komponenten es keine Interaktionen gibt. Beispiele sind etwa Klassifikationssy‐ steme, wie man sie in Bibliotheken oder in Wissensbasen oder zu anderen Zwecken findet. Sie dienen der Orientierung aktiver Systeme, d.h. von Systemen, zwischen deren Komponenten Interaktionsbeziehungen bestehen. In der weiteren Diskussion werden lediglich solche aktiven Systeme betrachtet.

In erklärungstheoretischer Hinsicht läßt sich die hier vertretene Position als "Neomechanismus" oder als "nichtreduktionistischer Physikalismus" bezeichnen. Sie unterscheidet sich von ihren Vorläufern im 17./18. Jahrhundert vor allem dadurch, daß Themen wie Selbsterhaltung bzw. Selbstreferenz, Selbstorganisation und Selbstregelung im Mittelpunkt stehen. Damit trägt der Neomechanismus der Ent‐ wicklung etwa auch in der Biologie Rechnung, in der, auch wenn das vielen Biologen noch nicht bewußt ist, heute funktionalistische Erklärungen von Ansätzen abgelöst werden, die Organismen als Maschinen sehen, freilich als Maschinen ei‐ ner besonderen Art.

Die Verwendung des Systemkonzepts ist freilich begleitet von dem seit lan‐ gem und immer wieder aufgenommenen Problem des Verhältnisses Teil – Ganzes. Es kann charakterisiert werden durch Fragen wie: Was macht eine zusammenge‐ setzte Einheit aus? Was charakterisiert ihre Teile? Wie sind die Beziehungen zwischen den Teilen? Wie sind die Beziehungen zwischen den Teilen und dem Ganzen? Woher kommt die Aktivität eines Systems? Wie wird die Aktivität ge‐ regelt? Hierher gehört schließlich auch die Reduktionismus/Holismus – Problema‐ tik. Geht man jedoch von der skizzierten Erklärungssituation aus, so ist es mög‐ lich, das Teil – Ganzes Problem zu lösen. Bevor darauf jedoch eingegangen werden kann, ist zu klären, was hier unter einem Sozialsystem verstanden wird.

Mit "Sozialsystem" sei eine Menge von Individuen bezeichnet, die

a)   eine gemeinsame Realitätsdefinition (zusammen mit einer Menge ihr zu‐ geordneter Handlungsweisen) ausgebildet oder übernommen haben und

b)   mit Bezug auf diese Realitätsdefinitionen interagieren.

Für diese Definition[4] ist es wichtig, daß Individuen nur soweit Systemmit‐ glieder, d.h. "Komponenten", sind, als sie die Bedingung erfüllen. Es ist also zwi‐ schen konkreten Individuen aus Fleisch und Blut, Individuen im wissenschaftlichen Sinne (s.u.) und Komponenten sozialer Systeme als analytischen Einheiten zu un‐

terscheiden. Der Bezug auf die gemeinsame Realitätsdefinition der Systemmit —
glieder in der Definition ergibt sich aus der verwendeten kognitionstheoretischen
Position des Konstruktivismus.[5] Da Realitätskonstrukte ausgebildet werden in In —
teraktionen zwischen den Systemmitgliedern und in ihrer Auseinandersetzung mit
dem Gegenstandsbereich des jeweiligen Systems während dessen Ausbildung, bzw.
während der Sozialisationsphasen, in denen Aspiranten zu Mitgliedern werden,
gehen diese Realitätskonstrukte mit "Handlungsprogrammen" einher, die von den
Systemmitgliedern als der systemrelativen Wirklichkeit angemessen verstanden
werden. Gleichzeitig dient die soziale Wirklichkeitskonstruktion als Bezug für die
sinnvolle Interpretation von Handlungen und Kommunikationen. Damit werden
Sozialsysteme zu synreferentiellen Systemen, d.h. zu Systemen, in denen das
Handeln und die Kommunikationen der Komponenten auf sozial ausgebildete und
von allen geteilte Wirklichkeitskonstrukte referiert. Beispiele dafür sind Forscher —
gruppen, Firmen, Fußballmannschaften, die Justiz, Parteien etc.

Betrachtet sei nunmehr das Verhältnisses zwischen dem System bzw. dem
Systemverhalten und den Mitgliedern bzw. Komponenten (beide Termini werden
synonym verwendet) und ihren Interaktionen. Das Schaubild nimmt auf, was be —

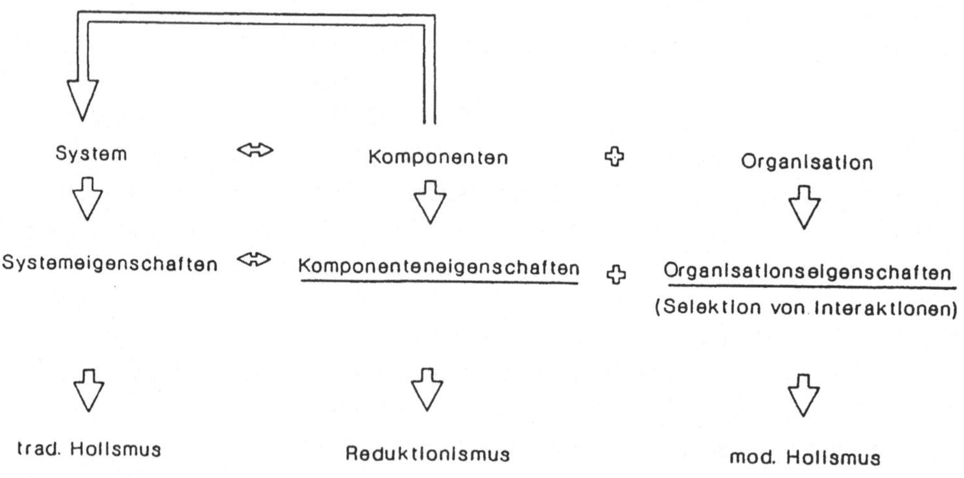

Schaubild: Schema der Systemanalyse

reits über Erklärungen durch Systeme gesagt wurde. Wie der Doppelpfeil zwischen "System" und "Komponenten + Organisation" deutlich machen soll, ist der aus Erklärungsnotwendigkeiten folgende Übergang auf die je interagierenden Komponenten nur eine *Reformulierung des Sachverhaltes*, den die Beschreibung der zusammengesetzten Einheit (des Systems) gleichsam zu kompakt formuliert. In methodologischer Hinsicht wird erst damit die Operationalisierbarkeit theoretisch ermöglicht. Es ist in dieser Disposition nun offenbar unsinnig zu fragen, ob die eine Beschreibungsvariante ("System" bzw. "Komponente + Organisation") etwas bezeichnet, was materiell und kausal dem vorangeht, was die jeweils andere Beschreibungsvariante bezeichnet. Fragt man vor diesem Schema nach der Erklärung von Systemverhalten, so ergibt sich die Notwendigkeit, sowohl die Rolle der Komponenten als auch die der Organisation genauer zu betrachten.

Da *Komponenten* nur unter dem Gesichtspunkt ihres Beitrages zur Erzeugung des Systemverhaltens interessieren, seien sie *ausschließlich definiert durch die Eigenschaften, die in den Interaktionen mit anderen Komponenten wirksam sind*. Entgegen dem ersten Anschein ist diese Definition keineswegs trivial. 1956 veröffentlichten A. D. Hall und R. E. Fagen erstmals ihren eher tentativ gemeinten Aufsatz "Definition of Systems". Die in ihm enthaltene Definition von Systemen wurde faktisch zur Standarddefinition. Sie lautet:

"A System is a set of objects together with relationships between the objects and between their attributes" Hall/Fagen, 1969:81

Diese Bestimmung ist jedoch irreführend und demnach als Definition unbrauchbar. Der Grund dafür ist, daß Hall und Fagen zwischen "Eigenschaften" von Komponenten und "Beziehungen" zwischen Komponenten unterscheiden. Sie legen damit eine Trennung von Eigenschaften und Beziehungen nahe, die auf den ersten Blick zwar plausibel zu sein scheint, genauerer Überlegung aber nicht standhält. Ihre Definition hat zur Folge, daß eine Komponente die Eigenschaften a, b und c haben *und außerdem* in den Interaktionsbeziehungen x, y und z stehen kann. Komponenten sind so jedoch nicht von anderen Einheiten unterscheidbar, insbesondere nicht von Systemen. Wenn dieser Unterschied aber unklar wird, dann macht es keinen Sinn, von "Komponenten" zu sprechen. Als beliebige Entitäten sind sie durch alle nur feststellbaren Eigenschaften gekennzeichnet. Es bleibt jedoch offen, was sie zu Komponenten macht und wie sich die für die Komponentenrolle charakteristischen Eigenschaften zu anderen Eigenschaften verhalten.

Die Eigenschaften von Komponenten, von denen die traditionelle Systemtheorie im Sinne der Hall/Fagen-Definition spricht, sind analog zu den Eigenschaften der Systeme gedacht, die aus diesen Komponenten bestehen. Damit werden Komponenten definitorisch Systemen gleichgestellt. Es wird vergessen, daß Komponenten die Einheiten sind, aus deren Zusammenwirken das Systemverhalten erklärt werden soll, das ja auf der Systemebene als eine Menge von Eigenschaften beschrieben werden muß.[6]

Komponenten sind jedoch, und das darf nicht vergessen werden, ebenso wie die Einheiten, zu denen sie gehören, im Rahmen einer wissenschaftlichen Behandlung *analytische* Einheiten. Diese umfassenderen Einheiten (etwa konkrete Menschen) sind definiert durch *alle* Eigenschaften, die ein Beobachter in Interaktionen der Einheiten mit *beliebigen* anderen Einheiten (einschließlich ihm selber) feststellen kann. Daraus folgt, daß die Eigenschaften, die eine Komponenten charakterisieren, eine Teilmenge der Eigenschaften sind, die insgesamt an einer Einheit beobachtet werden können. Im Umkehrschluß gilt: ausreichend komplexe Einheiten können aufgrund unterschiedlicher Eigenschaftsmengen gleichzeitig Komponenten in mehreren Systemen sein. Das für uns hier wichtigste Beispiel sind moderne Individuen, die gleichzeitig Mitglieder mehrerer Sozialsysteme sind, etwa als Mitglied einer Familie, Computerfachmann in einer Forschergruppe, aktiver Angehöriger einer Bürgerinitiative und Parteimitglied. Versteht man nun die Mitglieder von Sozialsystemen als spontan aktive Systemkomponenten und damit als Grund für die Systemaktivität, so ergeben sich drei Quellen für die Modulation der Dynamik des Komponenten – und damit auch des Systemverhaltens:

a)   das System, zu dem eine Komponente gehört,

b)   der Einfluß anderer Systeme, mit denen eine Komponente als Komponente interagiert (etwa die Serviceabteilung einer Firma, die bei ihren Interaktionen die Firmeninteressen berücksichtigen muß)

c)   die Dynamik der Einheit, die über eine Teilmenge ihrer Eigenschaften als Komponente an einem spezifischen System beteiligt ist (so können etwa berufliche Interessen dazu führen, daß die Parteiaktivitäten verringert oder anders orientiert werden, private Veränderungen können berufliche Konsequenzen haben etc.)

Wendet man sich nun der *Organisation* als dem zweiten Faktor für die Erklärung der Systemdynamik zu, so läßt sich entsprechend der Komponentendefinition und dem, was über die Rolle des Beobachters im Erklärungsprozeß gesagt wurde, definieren: *Organisation heiße ein in einem Beobachtungsintervall relativ stabiles Muster der Interaktionen zwischen den Komponenten.* Die fundamentale

Eigenschaft jeder Organisation besteht darin, daß sie die *Komponenten eines Systems selektiv miteinander verknüpft.* Diese Selektivität kann durch die Umwelt vorgege – ben sein, etwa wenn eine Firma eine Tochterfirma gründet und zumindest ihre formelle Organisation bei der Gründung festlegt, oder spontan ausgebildet werden. Die Ausbildung einer spezifischen Selektivität kann beeinflußt werden von der Größe des Systems, von Inkompatibilitäten zwischen unterschiedlichen Inputs, zeitlichen Differenzen im Prozeß der Ausbildung von Interaktionsbeziehungen, partiellen Überlastungen etc. Die Folge und die Funktion (d.h. die Wirkung) von Organisation besteht darin, daß sie Komponentenverhalten *selektiv* auslöst. Dabei können unterschiedliche Organisationstypen unterschieden werden, von denen hierarchische und heterarchische[7] die wichtigsten sein dürften. Die Organisation eines Systems besitzt eine relative Unabhängigkeit gegenüber einzelnen Kompo – nenten, obwohl sie aus nichts als Komponentenverhalten besteht. Gerade weil die Organisation aus den Interaktionen *aller* Komponenten und nur aus diesen Interaktionen besteht, bleiben Veränderungen einzelner oder weniger Komponen – ten ohne Wirkung oder werden durch das Verhalten anderer Komponenten aus – geglichen.[8] Diese Autonomisierung rechtfertigt auch, die Organisation als spezielle Ebene der Erklärung des Systemverhaltens zu berücksichtigen, eine Ebene auf die sich etwa die Organisationssoziologie oder die Managementlehre besonders spezialisiert haben.[9]

Kehrt man vor dem Hintergrund dieser Diskussion zum Schema der Sy – stemanalyse zurück, so läßt sich die Reduktionismus/Holismus – Problematik deutlich machen. Reduktionistische Argumentationen ignorieren "vertikal" die Systemorganisation und damit die durch ihre Selektivität und Autonomisierung "emergierenden" Phänomene. Weiter unterscheidet der Reduktionismus "horizontal" nicht zwischen Komponenten und den Einheiten, von denen diese nur analytische Abgrenzungen sind. Damit werden die Komponenteneigenschaften zu systemun – spezifischen Eigenschaften von Systemmitgliedern, die ihrerseits zu konkret gefaßt werden. Der Holismus vernachlässigt demgegenüber die Komponentenebene. Die Aktivität von Systemen wird dabei letztlich nicht erklärt sondern nur beschrieben. Insbesondere wird der dynamische Beitrag der Komponenten ignoriert. Im mo – dernen Holismus, wie ihn etwa die Luhmann – Schule vertritt, wird gegenüber diesem älteren Holismus im Anschluß an die Arbeiten von H. R. Maturana und F. J. Varela die Organisation zwar unter dem Aspekt der operationalen Ge – schlossenheit berücksichtigt, letztlich aber weder erklärt noch mit den Kompo – nenten in Beziehung gesetzt.

<u>Selbstorganisation</u>

Auf der Grundlage der Explikation von Komponenten und Organisation kann nunmehr Selbstorganisation in einer Weise aufgefaßt und erklärt werden, die die eingangs festgestellten Defizite nicht aufweist, wobei ich willkürlich mit den Komponenten beginne.

In einem ersten Schritt gehe ich, ohne weiter nach den Ursachen dafür zu fragen, davon aus, daß sich die Mitglieder eines gegebenen Sozialsystems verän‑ dert haben. Wie bereits diskutiert, können solche Veränderungen aus der Dynamik des Systems selber, aus Interaktionen mit anderen Systemen, oder aus Einflüssen stammen, denen Mitglieder als Teile anderer Sozialsysteme oder auch aufgrund psychischer Bedürfnisse unterliegen. Wenn derartige Veränderungen der Kompo‑ nenten nicht nur mehr oder weniger stochastisch um das bereits ausgebildete Verhaltensmittel schwanken, sondern eine gewisse Stetigkeit zeigen, die nicht lokal oder zeitlich isoliert oder anders kompensiert werden kann, so verändert sich damit auch die Systemorganisation, ist sie doch als relativ stabiles Interaktionsmuster bestimmt.

Derartige Organisationsveränderungen treten meistens nicht als generelle und uniforme Modifikation von Komponenten auf. Vielmehr ereignen sie sich in der Regel in Teilsystemen. Damit lösen sie häufig lokal mehr oder weniger eingrenz‑ bare Adaptationsprozesse aus, die insgesamt das Systemverhalten verändern. Je nach vorherigem Systemzustand können bekannterweise solche Kaskaden von (auch Rückkopplungen enthaltenden) Modifikationen bereits durch verhältnismäßig ge‑ ringe Veränderungen ausgelöst werden, wie es umgekehrt auch möglich ist, daß erst erhebliche Verhaltensänderungen aufgetreten sein müssen, bevor Auswirkun‑ gen auf der Systemebene feststellbar sind. Was sich in solchen Veränderungen der Organisation mitverändert, das ist natürlich die Selektivität der jeweiligen Organi‑ sation. Bisher nicht interagierende Systemmitglieder beginnen zu kommunizieren, zu kooperieren, gemeinsame Ziele zu verfolgen etc., während früher bestehende Verbindungen gelöst oder modifiziert werden.

Da Systemmitglieder als analytische Teile eigenaktiver Einheiten (konkreter Menschen) gefaßt sind, bewirken veränderte Inputs, die die Mitglie‑ der/Komponenten als Ergebnis der Organisationsveränderungen erhalten, daß in ihnen andere – aber natürlich innerhalb ihrer Eigendynamik liegende – Verar‑

beitungs - und Verhaltenssequenzen ausgelöst werden. Organisationsveränderungen führen also zu Komponentenveränderungen.

Damit läßt sich als allgemeines *Theorem der Selbstorganisation* formulieren: *Systeme sind selbstorganisierend, wenn Veränderungen ihrer Komponenten Veränderungen in der Selektivität der Systemorganisation bewirken und das wiederum zu Veränderungen im Spontanverhalten der Komponenten beiträgt oder solche Veränderungen auslöst.*

Die Ausbildung intern differenzierter Gesellschaften als Beispiel sozialer Selbstorganisation

Das bisher eher abstrakt entwickelte Konzept sozialer Systeme und die aus ihm gefolgerte Konzeption von Selbstorganisation soll nunmehr am Beispiel der Ausbildung intern differenzierter Gesellschaften und damit an einem Grundmodell soziologischer Theoriebildung verdeutlicht werden.[10] Dabei ist freilich sofort darauf zu verweisen, daß das wesentlich auf F. Tönnies zurückgehende zentrale Gegensatzpaar Gemeinschaft – Gesellschaft insbesondere von dem Mitbegründer der Soziologie, É. Durkheim, als idealtypisches Konstrukt verwendet wurde. Die damit verbundene Überbetonung spezifischer Merkmale wird in der Zusammenraffung sogar noch verschärft. Angesichts ihrer modellhaften Verwendung mag die damit verbundene theoretische und empirische Ungenauigkeit jedoch akzeptabel sein.

Die Grundvorstellung dieses evolutionären Modells sozialer Veränderung ist schnell skizziert. Die Basisannahme ist, daß unsere Vorfahren ursprünglich in Gemeinschaften lebten, d.h. in eher kleinen aber stark integrierten Gruppen. Diese Gemeinschaften wandelten sich dann im Zuge von Wachstumsprozessen und mit ihnen einhergehenden internen Differenzierungen zu einem anderen "modernen" Sozialtyp, dem der "Gesellschaft" und den mit ihr entstehenden modernen Individuen.

Schematisch lassen sich die Charakteristika von Gemeinschaften im systemtheoretischen Rahmen wie folgt skizzieren:

Auf der Ebene der *Systemorganisation*, d.h. der Interaktionen zwischen den Komponenten, haben wir beim Idealtypus der Gemeinschaften eine nahezu vollständige Vernetzung aller Komponenten, d.h. eine nur minimale Selektivität der Organisation: Alle Gemeinschaftsmitglieder interagieren direkt und aufgrund der geringen Größe, die für diesen Gesellschaftstyp zu unterstellen ist, auch häufig miteinander. Fast alle Erfahrungen der Gesellschaftsmitglieder sind somit mehr oder weniger geteilt.

Es kommt deshalb zu:
- Geringer interner Differenzierung (primär nach biologischen Kriterien wie Alter und, in geringerem Maße, Geschlecht),
- weitgehender faktischer Gleichheit der Mitglieder.

Betrachtet man die Ebene der von den *Systemmitgliedern* in diesem Zusammenhang erzeugten Vorstellungssysteme und ihres Eigenverhaltens, so ergibt sich die Situation, die Durkheim als "conscience collective" charakterisiert hatte:
- Aufgrund des dichten Interaktionsnetzes erzeugen die Gesellschaftsmitglieder ein (und nur ein) von allen geteiltes Vorstellungssystem als Beschreibung der Welt und der Gemeinschaft,
- Wegen dieser Gleichheit der Vorstellungen sozialen Ursprungs über das, was als die Wirklichkeit der Gesellschaft gilt und über die angemessenen Weisen der Auseinandersetzung mit ihr, zeigt das Eigenverhalten der Gemeinschaftsmitglieder (der Komponenten) nur geringe Unterschiede und ist geregelt bzw. charakterisiert durch:
  - eine dominierende Rolle von Religion und Tradition,
  - die Integration aller Lebens- und Erfahrungsbereiche sowie der Normen individuellen und sozialen Handelns,
  - geringes internes Konfliktpotential,
  - keine oder nur geringe Individualität der Mitglieder im Denken und Handeln.
- Mit den geteilten Erfahrungen sind gleichzeitig auch gute Voraussetzungen für erfolgreiche Kommunikation gegeben.

"Gemeinschaft" bezeichnet also einen Idealtypus, der aufgrund seiner Organisation nur relativ klein sein kann, seinen Mitgliedern ein hohes Maß an Konformität abverlangt und insgesamt außerordentlich konservativ im Sinne ständiger Selbsterhaltung des sozialen Miteinanders ist.

Aufgrund der dadurch bedingten *geringen Individualität* der Mitglieder von Gemeinschaften, d.h. ihrer hohen (kognitiven und emotionalen) Ähnlichkeit, unterscheiden sie sich kaum in der Wahrnehmung von Ereignissen, der Lösung von Problemen, oder der Erwartungen an Streitschlichtungen. Aufgrund dieser Gleichheit der Gemeinschaftsmitglieder kommt es zu einer spezifischen Art sozialen Zusammenhalts, die Durkheim bekanntlich als "mechanische Solidarität" bezeichnete.

Gesellschaft bezeichnet demgegenüber das zum Idealtypus der 'Gemeinschaft' konträr organisierte Sozialsystem mit entsprechenden Folgen für die Komponenten und ihr Eigenverhalten.

Auf der Ebene der *Systemorganisation* sind Gesellschaften vor allem durch eine hoch selektive Vernetzung der Komponenten gekennzeichnet. Dieser selekti- ven Vernetzung entspricht, daß:
- Interaktionen nur zwischen wenigen Systemmitgliedern stattfinden (wenn man von der Menge aller Mitglieder ausgeht),
- Komponenten in sehr unterschiedlichen Interaktionszusammenhängen stehen, was zu einer starken interne Differenzierung (die prinzipiell nach allen denkbaren Kriterien möglich ist) und weitgehender faktischer Ungleichheit der Mitglieder führt.

Betrachtet man nun die von den *Komponenten* (d.h. den Gesellschaftsmit- gliedern) ausgebildeten Realitätsdefinitionen und das durch diese Vorstellungssy- steme bedingte Eigenverhalten, so entsprechen beide der Situation, die die Sy - stemorganisation erwarten läßt:
- Es gibt eine deutliche Tendenz zum Verschwinden (bzw. zur Entleerung durch Verallgemeinerung) generell gültiger und konkreter Beschreibungen der Welt und der Gemeinschaft. An ihre Stelle tritt eine Vielzahl partikularer Welt- und Selbstbeschreibungen, die nur noch von ausdifferenzierten Gruppen geteilt werden oder die gar individuenspezifisch sind: das vormals weitgehend uniforme und gesellschaftsweit geteilte System gesellschaftlicher Selbst- und Umweltbeschreibungen erfährt in diesem Prozeß eine der Differenzierung der sozialen Systeme teilweise entsprechende Differenzierung.
- Das Eigenverhalten der Komponenten zeigt deshalb starke Unterschiede und ist geregelt bzw. charakterisiert durch
- - den Rückgang der dominierenden Rolle von Religion und Tradition,
- - die Auflösung der Integration aller Lebens- und Erfahrungsbereiche, sowie der Normen individuellen und sozialen Handelns,
- - die Zunahme des internen Konfliktpotentials,
- - eine große Individualität der Mitglieder in Denken und Handeln.

– Schließlich sind gute Voraussetzungen für erfolgreiche Kommunikation aufgrund geteilter Erfahrungen nur noch in ausdifferenzierten Subsystemen gegeben. Gesellschaftsweit wird es schwieriger, erfolgreich zu kommunizieren, weil dafür die Voraussetzungen zwischen ausdifferenzierten Subsystemen immer weniger erfüllt sind.

In Analogie zum Idealtypus der "Gemeinschaft" kann man sagen: "Gesellschaft" bezeichnet einen Idealtypus, der aufgrund seiner Organisation fast unbeschränkt viele Mitglieder haben kann, denen er nur ein geringes Maß an Konformität abverlangt (dem durchaus statistisches Gleichverhalten entsprechen kann). Bezüglich seiner Selbsterhaltung ist auch dieser Typus wie alle Sozialsysteme konservativ, d.h. er reproduziert (und verstärkt zumindest tendenziell) das ihn charakterisierende soziale Nebeneinander. Aufgrund der Individualität der Mitglieder von Gesellschaften, d.h. ihrer hohen (kognitiven und emotionalen) Unterschiedlichkeit, nehmen sie Ereignisse verschieden wahr und lösen Probleme auf vielerlei unterschiedliche Weisen.

Fragt man nun nach der Mechanik des Überganges von Gemeinschaften zu Gesellschaften, die Durkheim angibt, so wird man theoriegeschichtlich auf die Darwinsche Evolutionstheorie verwiesen, zumindest was Grundannahmen angeht. Durkheim argumentiert nämlich mit dem Konkurrenzprinzip, aus dem sich das "Prinzip der Divergenz" ableiten läßt.[11] Es besagt, daß Konkurrenzdruck zwischen Arten zu ihrer Differenzierung führt. Daraus wiederum folgt, daß aufgrund der Differenzierung die somit unterschiedlichen Arten auch unterschiedliche Lebensgrundlagen benötigen, was zur Folge hat, daß insgesamt mehr Individuen auf dem gleichen Arreal überleben können. Demnach fördern Bevölkerungswachstum und –verdichtung Differenzierungsprozesse.

Obwohl jedoch Durkheim mit einer biologischen Analogie argumentiert, verwendet er sie lediglich als Heuristikum, wie bereits die wenigen Hinweise (s.o. die Skizze von Gesellschaften) zur Analyse des sozialen Prozesses zeigen, in dem aufgrund sozialer Veränderungen das individuelle Wahrnehmen und Denken der Gesellschaftsmitglieder modifiziert wird, was wiederum auf die Fortsetzung dieser sozialen Prozesse zurückwirkt. Die Beschreibung dieses Wechselverhältnisses enthält faktisch das hier interessierende Modell sozialer Selbstorganisation.

Wie oben dargestellt, hatte Durkheim den Idealtypus der Gemeinschaft gekennzeichnet durch den Grenzfall von Organisation, in dem fast alle Gesellschaftsmitglieder interagieren und deshalb die Selektivität der Organisation nur minimal ist. Trotzdem ist auch in diesem Fall die Organisation nicht unwichtig, erklärt ihre geringe Differenzierung doch gerade sowohl die Uniformität des Handelns und die Abwesenheit einer über biologische Unterschiede hinausgehenden Individualisierung als auch die Annahme eines zwar *als Ensemble von Vorstellungen* differenzierten Bereiches (die "conscience collective" als das Vorstellungssystem von Gemeinschaften), der aber nicht in dem Sinne differenziert ist, daß es *sozial* unterschiedlich verteilte Wissensbestände und Zugänge zu ihnen gibt. Die schwierige Frage ist nun, wie die konservative – und d.h. Individualisierungen verhindernde – Wirkung der conscience collective so verringert wird, daß Differenzierungsprozesse stattfinden können. Durkheim geht hier, ganz Malthusianer bzw. Darwinist, vom Faktum des Konkurrenz erzeugenden Bevölkerungswachstums aus. Er ergänzt es jedoch durch die Annahme, daß Gesellschaften gleichzeitig immer größere Territorien besiedeln.[12] Damit entsteht aus dem Zusammenwirken der beiden Ursachen "räumliche Mobilität" und "Bevölkerungswachstum" eine doppelte Wirkung: 1. Weil nicht mehr alle Gesellschaftsmitglieder interagieren können, werden die Interaktionen mit den wichtigsten Bezugspersonen seltener und/oder weniger intensiv. Dadurch wird die soziale Kontrolle geschwächt, die den Konservatismus von Gemeinschaften begründet. 2. Gleichzeitig müssen von den Gesellschaftsmitgliedern selber die im Zuge der Gesellschaftsausweitung generalisierten Konzepte und Vorstellungen respezifiziert werden, eine Leistung die früher im Rahmen der conscience collective sozial erbracht wurde. Das Ergebnis dieser zunehmenden Verlagerung der konkreten Handlungssteuerung auf die einzelnen Gesellschaftsmitglieder führt zu ihrer (sozial erzeugten) Individualisierung. Gleichzeitig führt es aber auch zu sozialer Differenzierung, da das Überschreiten der Grenze, von der an nicht mehr alle interagieren können, den Übergang zu selektiven Interaktionen kennzeichnet.

Ist auf diese Weise aus Bevölkerungswachstum/–verdichtung und räumlicher Mobilität ein Beginn sozial bedingter Individualisierung entstanden, so kommt es zu den bereits angesprochenen selektiven Interaktionen und ihrer relativen Stabilisierung, d.h. zur Ausbildung einer gegenüber Gemeinschaften zumindest minimal veränderten Organisation. Die wichtigsten Merkmale dieser Veränderungen sind die Zunahme der Selektivität der Interaktionsmuster, aus denen die Organisation besteht, und deren ebenfalls größer werdende Autonomisierung gegenüber Einzelhandlungen. Berücksichtigt man nun die Eigendynamik der Systemmitglieder, so folgt, daß jede Interaktion in ihnen die Kognitionen und Handlungen auslöst, die ihnen eben möglich sind. Aufgrund der in Gesellschaften organisatorisch bedingten Selektivität von Interaktionen wird die Dynamik der Komponenten jedoch entsprechend ungleichmäßig durch Interaktionsereignisse moduliert. Damit wird der Differenzierungsprozeß zwischen den Komponenten, ihre sozial bedingte Individualisierung, weiter vorangetrieben. Gleichzeitig haben diese Veränderungen aber auch Folgen für die Systemorganisation. Die Modulation der Komponenten‐dynamik, d.h. die aus sozialen Erfahrungen resultierenden Veränderungen von Sichtweisen und von in ihrem Licht als angemessen erscheinenden Handlungen, bleibt für die Systemorganisation unbedeutend, solange nicht Auffälligkeitsniveaus überschritten werden, die je nach System unterschiedlich festgelegt sind. Eben dies führt zum Phänomen der Autonomisierung der Organisation gegenüber dem Ein‐zelhandeln der Komponenten. Werden diese Schwellen aber überschritten, ohne daß dies zum Ausschluß der betreffenden Systemmitglieder führt, so kommt es zu Reorganisationsprozessen. Sie können aus einer einfachen Veränderung von In‐teraktionsbeziehungen bestehen, aber auch zu einer mehr oder weniger umfas‐senden Neustrukturierung der internen Interaktionsbeziehungen führen, etwa durch die Schaffung neuer Forschungsgebiete und damit einhergehender Ausbildungs‐gänge, Prüfungen etc. Als Folge solcher Prozesse werden größere Anzahlen von Komponenten in den Veränderungsprozeß einbezogen, erhalten veränderte Inputs, die in ebenfalls veränderter Weise auf die Komponentendynamik wirken und so auch weitere neue Verhaltensweisen entstehen lassen, die wiederum auf die Or‐ganisation wirken.

Zusammenfassend kann man sagen, die von Durkheim skizzierte Mechanik der Selbstorganisation sozialer Systeme besteht darin, daß Veränderungen des Verhaltens von Gesellschaftsmitgliedern zu Veränderungen der sozialen Organisa‐tion führen, was wiederum Veränderungen des Mitgliederverhaltens auslöst. Das läßt sich auch umgekehrt formulieren: Veränderungen der Sozialorganisation füh‐ren zu Veränderungen der Gesellschaftsmitglieder, was weitere Veränderungen der Organisation erzeugt. Damit ist eine Mechanik skizziert, die, je größer und diffe‐renzierter die Systeme desto mehr, erklärt, warum intern differenzierte Sozialsy‐steme die Dynamik entwickeln können, die in traditionalen Gemeinschaften nicht vorhanden war und die für die ständige Selbsttransformation von Gesellschaften sorgt, die einmal diesen Pfad der Selbstorganisation eingeschlagen haben.

63

Anmerkungen

[1] Vgl. dazu HAGER, 1978 und zur Beschäftigung mit der Selbstorganisationsproblematik im 19. Jahrhundert HEIDELBERGER, 1987 und 1988.

[2] Vgl. dazu MAYNTZ/NEDELMANN, 1987.

[3] Vgl. dazu die Beiträge in VOIGT (Hg.), 1983; 1986; 1989; sowie in GÖRLITZ (Hg.), 1989; vgl. aus juristischer Sicht auch TEUBNER, 1989.

[4] Vgl. dazu ausführlich HEJL, 1987.

[5] Vgl. dazu GLASERSFELD, 1987 und aus interdisziplinäre Sicht SCHMIDT (Hg.), 1987.

[6] Freilich besteht eine Parallelität in dem Sinne, daß ein Beobachter natürlich Komponenten als (Sub–) Systeme auffassen kann. Was letztlich als Komponente und was als System durch einen Beobachter festgelegt wird, ist abhängig von sehr kontingenten Bedingungen. Wie diese Grenzziehung aber auch vollzogen wird, immer bleibt die Notwendigkeit bestehen, die System– bzw. Komponentenspezifik zu erhalten, da sonst Ursachen und Wirkungen vermischt werden.

[7] Ohne dies hier im Detail diskutieren zu können, wird damit eine Organisation bezeichnet, die die Systemkomponenten nicht von Interaktionen ausschließt oder sie durch Sequentialisierung (wie bei Hierarchien) in selektiver Weise aktiviert. Bezeichnung und Konzept gehen auf den Mitbegründer der Kybernetik W.S. McCULLOCH zurück. Vgl. Ders., 1965.

[8] Dabei wird hier nicht darauf eingegangen, daß es in komplexeren Sozialsystemen vom Gesellschaftstyp spezifische Subsysteme gibt, deren Aktivität gerade in der Erhaltung der Organisation besteht, zumindest aber in der Verhinderung ihrer unkontrollierten Veränderung. Das wichtigste Beispiel dafür ist das Justizsystem mit dem Polizeiapparat.

[9] Vgl. dazu KNYPHAUSEN, 1988 und PROBST, 1987.

[10] Vgl. dazu ausführlich HEJL, 1988.

[11] Vgl. dazu ausführlich die Darstellung bei RIEPPEL, 1989: 135ff, auf die ich mich hier stütze.

[12] Theoriegeschichtlich interessant ist, daß Darwin von einer räumlicher Beschränkung ausging, durch die erst der Konkurrenzdruck steigen kann, wenn man von einer Gleichverteilung der Ressourcen auf einem Territorium ausgeht. Durkheim geht faktisch von der gleichen Annahme aus, "erzeugt" den für seine Argumentation aber benötigten Konkurrenzdruck vor allem durch die Annahme einer Bevölkerungsverdichtung. Dadurch hat er die benötigte Wirkung, zunehmende Konkurrenz, bei gleichzeitigem Wegfall natürlicher Mobilitätsschranken (etwa solche der Topologie, wie Gebirgsketten oder Wüsten) und kann geographische Mobilität als einen Faktor in sein Modell einbauen. Vgl. DURKHEIM 1988:319ff. Siehe dazu auch CARNEIRO, 1973, der auf historische Beispiele dafür verweist, daß es aufgrund kriegerischer Auseinandersetzungen zu Situationen kommen kann, in denen in Abwesenheit natürlicher Mobilitätsschranken soziale Verdichtung und Differenzierung entstehen.

Literatur

CARNEIRO, R. L.: "Eine Theorie zur Entstehung des Staates". In: Eder, K. (Hg.) 1973. *Seminar: Die Entstehung von Klassengesellschaften.* S. 153 – 174. Frankfurt a. M. 1973.

DURKHEIM, É.: *Über soziale Arbeitsteilung.* Studie über die Organisation höherer Gesellschaften. Mit einer Einleitung von N. Luhmann und einem Nachwort von H. – P. Müller und M. Schmid. Frankfurt a. M.: Suhrkamp 1988.

GLASERSFELD, E. v.: *Wissen, Sprache und Wirklichkeit.* Arbeiten zum radikalen Konstruktivismus. Braunschweig, Wiesbaden: Vieweg 1987.

GÖRLITZ, A. (Hg.): *Politische Selbststeuerung.* Mediales Recht als politisches Steuerungskonzept. (Rechtspolitologische Schriften Bd. 2) Pfaffenweiler: Centaurus – Verlagsgesellsch. 1989.

HAGER, F. P.: "Natur (I. Antike)". *Historisches Wörterbuch der Philosophie.* Bd. 6, S. 421 – 441. Darmstadt: Wissenschaftliche Buchgesellschaft 1978.

HALL, A.D. / FAGEN, R.E.: "Definition of System". In: BUCKLEY, W. (Ed.) 1969. *Modern Systems Research for the Behavioral Scientist.* A Sourcebook. S. 81 – 92. Chicago: Aldine. 1969. Zuerst veröffentl. in: General Systems I (1956), 18 – 28.

HEIDELBERGER, M.: *Ordnung aus dem Chaos: Selbstorganisation im 19. Jahrhundert.* Typoskript. Vortrag gehalten auf der Jahrestagung d. Gesellschaft für Wissenschafts – und Technikforschung. Bielefeld 1987.

Ders.: *Concepts of Self – Organization in the 19th Century.* Typoskript. Vortrag gehalten während des Symposiums "Selforganization – A New Approach to the Dynamics of Science. Bielefeld, 7. – 10. Sept 1988.

HEJL, Peter M.: "Konstruktion der sozialen Konstruktion: Grundlinien einer konstruktivistischen Sozialtheorie". In: SCHMIDT, S. J. (Hg.) *Der Diskurs der Radikalen Konstruktivismus.* S. 303 – 339. Frankfurt a.M.: Suhrkamp 1987.

Ders.: *DURKHEIM und das Thema der Selbstorganisation.* (LUMIS – Schriften 18)

Siegen: Institut für empirische Literatur – und Medienforschung, Universität GHS Siegen 1988.

KNYPHAUSEN, D. zu: *Unternehmungen als evolutionsfähige Systeme. Über*-legungen zu einem evolutionären Konzept für die Organisationstheorie. München: Verl. B. Kirsch 1988.

MAYNTZ, R. / NEDELMANN, B.: "Eigendynamische soziale Prozesse. Anmer-kungen zu einem analytischen Paradigma". *Kölner Zeitschrift für Soziologie und Sozialpsychologie* 39 (1987), S. 648 – 668.

McCULLOCH, W. S. "A Heterarchy of Values Determinied by the Topology of Nervous Nets". In: Ders.: *Embodiments of Mind.* S. 40 – 45. Cambridge, Mass.: M.I.T. Press 1965.

PROBST, G.J.B.: *Selbst – Organisation.* Organisation in sozialen Systemen aus ganzheitlicher Sicht. Berlin, Hamburg: Parey 1987.

RIEPPEL, O.: *Unterwegs zum Anfang.* Geschichte und Konsequenzen der Evolu-tionstheorie. Zürich, München: Artemis 1989.

SCHMIDT, S.J. (Hg.): *Der Diskurs des Radikalen Konstruktivismus.* Frankfurt a.M.: Suhrkamp 1987.

TEUBNER, G.: *Die Autopoiese des Rechts.* Frankfurt a. M.: Suhrkamp 1989.

VOIGT, R. (Hg.): *Abschied vom Recht?* Frankfurt a. M.: Suhrkamp 1983.

Ders. (Hg.): *Law and Legal Science. Das Recht und seine Wissenschaft.* Siegen: Forschungsschwerpunkt Historische Mobilität und Normenwandel. Siegen: Univ. Siegen 1986.

Ders. (Hg.): *Limits of Legal Regulation – Grenzen rechtlicher Steuerung.* (Rechtspolitologische Schriften Bd. 1) Pfaffenweiler: Centaurus – Verlagsgesellsch 1989.

Selbstorganisation von Unternehmen

Friedrich Weltz

I.

Unter Selbstorganisation von Unternehmen wollen wir deren Aktivitäten zur Mobilisierung der verfügbaren bzw. zugänglichen Ressourcen bezeichnen, durch die sie in die Lage gesetzt werden, auf die sich verändernden Anforderungen und Bedingungen möglichst gut, d.h. den Unternehmenszielen entsprechend zu agieren.

Für die weitere Betrachtung erscheint die Zusammenstellung von Merkmalen, die nach Beer (M. Beer, 1980) Organisationen charakterisieren, hilfreich:

1.   Organisationen sind aus Einzeleinheiten zusammengesetzt, die miteinander agieren, zugleich aber Teil eines identifizierbaren, d.h. eindeutig abgrenzbaren Ganzen sind.

2.   Organisationen stehen in einer wechselseitigen Beziehung mit ihrer Umwelt, aus der sie als Input Impulse, Energie und Informationen beziehen und an die sie ihrerseits Produkte oder Dienstleistungen abgeben.

3.   Organisationen sind Netzwerke aus Menschen, Strukturen und technischen Operationen, die Rohmaterialien wie Energie und Arbeitskraft in Produkte und Dienstleistungen umwandeln.

4.   Organisationen haben Feedback-Mechanismen, die es den einzelnen Teileinheiten erlauben, sich den anderen Teileinheiten anzupassen. Ähnlich besteht ein Informationsaustausch zwischen der Organisation und ihrer Umwelt, der ihr erlaubt, auf diese zu reagieren und diese zu beeinflussen.

5.   Eine Degeneration von Organisationen wird in dem Maße eintreten, in dem Impulse von Außen nicht aufgenommen und umgesetzt werden in eine Weiterentwicklung des Systems.

Bezogen auf diese Merkmale von Organisationen lassen sich nun die besonderen Funktionen der Selbstorganisation von Unternehmen bestimmen.

1. Selbstorganisation von Unternehmen bezieht sich immer auf die Gestaltung des Verhältnisses des Ganzen zu Einzeleinheiten bzw. auch der Einzeleinheiten untereinander.

    Selbstorganisation im Unternehmen vollzieht sich auf mehreren Ebenen: der Gesamtorganisation (Konzern, Unternehmen), der von Teileinheiten (Tochterfirmen, Bereichen, Abteilungen) bis hinab zu der einzelner Individuen.

    Aus diesem Ineinanderwirken dieser unterschiedlichen Ebenen von Selbstorganisation ergeben sich die besonderen Anforderungen und Probleme von Selbstorganisation in Unternehmen.

2. Selbstorganisation von Unternehmen vollzieht sich in einem Umfeld, das von ihnen nur begrenzt oder gar nicht beeinflußbar ist, das aber seinerseits u.U. in das Unternehmen selbst hineinwirkt und damit Bedingungen für die Selbstorganisation schaffen kann: Absatzmarkt, Konkurrenzsituation, Arbeitsmarkt, gesetzliche oder tarifvertragliche Regelungen, Bildungsangebot etc.

    Selbstorganisation von Unternehmen heißt, die "inneren" Voraussetzungen zu schaffen:

    -   daß die Aktionsfähigkeit des Unternehmens in diesem Umfeld und die Erreichung der Unternehmensziele sichergestellt ist;

    -   daß die in das Unternehmen hineinwirkenden Faktoren "verarbeitet" werden.

    Selbstorganisation von Unternehmen beinhaltet damit immer die Fähigkeit, rasch und flexibel auf die sich verändernden Bedingungen und Anforderungen der "Umwelt" zu reagieren, das heißt eine institutionelle Lernfähigkeit zu gewährleisten.

3. Selbstorganisation in Unternehmen heißt die institutionellen und organisatorischen Strukturen und Abläufe festzulegen, durch die die ökonomische Nutzung der verfügbaren Ressourcen Arbeitskraft und Technik sichergestellt ist.

4. Selbstorganisation von Unternehmen muß die Funktionsfähigkeit von Feedback-Mechanismen gewährleisten, durch die die Verarbeitung von Impulsen, Erfahrungen und Anforderungen sowohl von Außen wie innerhalb des Systems geleistet wird.

5. Diese institutionelle Lernfähigkeit stellt eine zentrale Voraussetzung für den Erfolg bzw. das Überleben von Unternehmen dar. Selbstorganisation heißt damit immer vor allem auch Sicherstellung dieser institutionellen Lernfähigkeit.

II.

Sind damit Funktionen der Selbstorganisation von Unternehmen auf einer sehr allgemeinen Ebene umschrieben, so gilt es nun, die besonderen Bedingungen, unter denen sich Selbstorganisation von Unternehmen vollzieht, herauszuarbeiten.

Primärer Bezugspunkt der Selbstorganisation in Unternehmen ist die Arbeitsteiligkeit der Produktionsprozesse. Durch diese werden die Bedingungen von Selbstorganisation wesentlich bestimmt, zugleich ist sie ihr zentraler Gestaltungsgegenstand. Aus dieser Arbeitsteiligkeit ergibt sich - insbesondere in Großunternehmen - für den Vollzug von Selbstorganisation die Notwendigkeit einer gewissen Formalisierung und vor allem einer eigenständigen institutionellen und organisatorischen Verankerung: Organisation als eigenständige, gesondert ausgewiesene Aufgabe; Organisation festgeschrieben in Regeln.

In Kleinbetrieben mit geringer Arbeitsteilung - etwa einer Arztpraxis, einem Handwerksbetrieb, einer Steuerkanzlei - ist eine "naturwüchsige" Selbstorganisation möglich: d.h. die unmittelbare Umsetzung von Erfahrungen, Impulsen und Anforderungen in die Gestaltung des Arbeitsgeschehens. Dies geschieht teilweise durch ausgewiesene oder stillschweigend eingespielte Regeln, durch Anweisungen des Chefs oder einfach durch individuelle Arbeitsdisziplin.

Naturwüchsige Selbstorganisation ist tragfähig, solange prinzipielle Fragen der Arbeitsteilung und der Koordination der Aktionen der Beteiligten im unmittelbaren Kontakt zwischen diesen geregelt werden können und dazu ihr Know-How ausreicht. Dies kann autoritär - durch einen "Chef" - oder egalitär - innerhalb des Teams - geschehen.

Wie gut oder schlecht naturwüchsige Selbstorganisation funktioniert, ist wesentlich eine Frage persönlicher Eigenschaften: Qualifikation, Motivation, Bereitschaft zur Kooperation.

Bei "organisierter" Selbstorganisation besagt dagegen die Summe der verfügbaren Qualifikationen und Motivationen wenig über die Produktivität des Systems: Sie können durchaus so eingesetzt werden, daß sie nicht zum Tragen kommen - diese wundersame Brotverminderung gelingt in vielen Großunternehmen.

Naturwüchsige Selbstorganisation ist nur bis zu einer gewissen Größe möglich. Für Unternehmen, die in eine neue Größenordnung hineinwachsen, ergibt sich daraus nicht selten eine Gefährdung ihrer Überlebensfähigkeit. Gerade die besondere Leistungsfähigkeit und Produktivität "naturwüchsiger", pragmatischer Selbstorganisation kann sich als Hindernis im Übergang zu neuen Formen der Organisation erweisen.

Ergibt sich "naturwüchsige" Selbstorganisation sozusagen als mehr oder weniger selbstverständlicher Teil der laufenden Arbeit, ist ihr Gelingen oder Mißlingen wesentliche Qualität dieser Arbeit, so ist "organisierte", formalisierte Selbstorganisation von Unternehmen eine gesonderte Aktivität, die ihrerseits der Organisation einer institutionellen Verankerung bedarf.

Zugleich sind aber auf der Ebene der Teileinheiten bzw. der Individuen bestimmte Handlungs- und Gestaltungsspielräume erforderlich: die innovatorische Potenz des Systems, die Mobilisierung und Nutzung der Qualifikation und Motivation der einzelnen Arbeitskräfte etc., um Reagibilität auf unvorhergesehene Anforderungen zu ermöglichen.

Es gibt also in Großorganisationen ein strukturelles - und u.U. durchaus funktionales - Spannungsverhältnis zwischen der Selbstorganisation des Ganzen und der seiner Teileinheiten. Auf eine Formel gebracht: Selbstorganisation von Unternehmen und Selbstorganisation im Unternehmen stehen in einem Spannungsverhältnis. Jede steht vor spezifischen Anforderungen. Was auf der einen Ebene sich als Sachzwang und Notwendigkeit darstellen mag, kann auf der anderen Ebene als dysfunktionale Einschränkung wirken.

So können auf verschiedenen Ebenen unterschiedliche Zielaspekte im Vordergrund stehen. Auf Unternehmensebene mag die Organisation der Vertriebsaktivitäten Koordination und Einheitlichkeit wesentlicher Zielaspekt sein, auf der Ebene der einzelnen Vertriebseinheit dagegen die möglichst uneingeschränkte, flexible Nutzung von Marktchancen.

Dies macht auch deutlich, daß die populäre und scheinbar so plausible Analogie der Selbstorganisation von Unternehmen zu der von "Organismen" wenig hilfreich ist. Sie verdeckt gerade die spezifische Problematik der Selbstorganisation von Großunternehmen: dieses Spannungsverhältnis zwischen Selbstorganisation des Ganzen und seiner Teile.

Für die Lösung dieses strukturellen Widerspruchs finden sich in den verschiedenen Unternehmen recht unterschiedliche Modelle: sehr zentralisierte Ansätze, in denen der "organisierten", zentral gesteuerten Selbstorganisation des Unternehmens eindeutige Dominanz zugewiesen wird, und dezentrale Ansätze, in denen der Selbstorganisation von Teileinheiten größerer Spielraum eingeräumt wird.

Die Einschätzung der Vor- und Nachteile der unterschiedlichen Lösungsansätze ist dabei stärkeren Schwankungen ausgesetzt. Erkennbar sind in manchen Unternehmen periodische Bewegungen zwischen den beiden Polen. Grundsätzlich gilt es, das jeweilige Optimum zwischen den widersprüchlichen Anforderungen zu finden, wobei dieses je nach den internen und externen Gegebenheiten unterschiedlich sein kann.

III.

Selbstorganisation von Unternehmen heißt Schaffung von Regeln und Strukturen, durch die der Beitrag der Einzelheiten, der einzelnen Arbeitskräfte zum Ganzen festgelegt wird. Durch solche Festlegung der Strukturen und Abläufe soll Berechenbarkeit, Steuerbarkeit und Aktionssicherheit geschaffen werden. Sie sind wesentliche Voraussetzung für Arbeitsteiligkeit.

Auf der anderen Seite steht die Anforderung an die Reaktions- und Anpassungsfähigkeit, die unmittelbare ad-hoc-Lösung oder Nutzung durch interne oder externe Vorfälle sich ergebender Chancen, Probleme, Aktionsnotwendigkeiten. Diese Anforderungen stellen sich an das Ganze, das Unternehmen, aber auch an die Teileinheiten. Sie sind häufig innerhalb des Regelwerkes nicht zu "beantworten" bzw. ihre Lösung ist nicht durch Regeln vorgebbar. Sie erfordern Aktions- und Gestaltungsfreiräume für die einzelnen Teileinheiten.

Auch hier begegnen wir also einem Spannungsverhältnis sich widersprechender Anforderungen, auch hier gilt es, das in der jeweiligen Situation angemessene Optimum zu finden.

IV.

Besondere Anforderungen stellen sich auch an die Gestaltung der Feedback-Mechanismen, der vor allem in Großunternehmen zentrale Bedeutung zukommt. Feedback als unmittelbare Verarbeitung von Erfahrungen, wie es in naturwüchsigen Selbstorganisationen möglich ist, kann nur in begrenzten Bereichen tragfähig sein. In größeren Zusammenhängen ist eine Formalisierung und Organisation der Verfahren notwendig.

Solch organisierte Verfahren - Berichtswesen, Controlling etc. - bergen jedoch nicht nur die Gefahr einer Formalisierung und damit Entleerung, sondern auch der systematischen Verfälschung der übermittelten Inhalte.

Diese Gefahr erwächst schon aus den verwandten Methoden, die notwendigerweise die Vielfalt und Besonderheiten des betrieblichen Geschehens in das Prokrustesbett der vorgegebenen Kategorien, Indizes, Kennziffern etc. zwängen. Diese Gefahr ergibt sich insbesondere auch aus der engen Verknüpfung von Feedback-Mechanismen mit Legitimationsaspekten. Nichts beeinträchtigt die Wirksamkeit stärker als ein starker Legitimationsdruck. Je ausgeprägter die Legitimationsanforderungen, umso stärker auch die Tendenz zur Verfälschung der Inhalte des Feedback.

Daraus resultiert eine Gefährdung der institutionellen Lernfähigkeit des Unternehmens.

V.

Jedes Unternehmen ist ein System von Teileinheiten mit divergierenden, z.T. konfligierenden Partialinteressen. Selbstorganisation vollzieht sich in diesem Feld, wird durch dieses beeinflußt und hat zugleich die Funktion, es seinerseits so zu strukturieren, daß die Überlebensfähigkeit des Ganzen gewährleistet wird.

Selbstorganisation von Unternehmen ist somit ein politischer Prozeß, d.h. ein Prozeß, in den immer die Interessen einzelner Teileinheiten bzw. einzelner Handlungsträger eingehen. Sie ist immer machtbestimmt: Sie wird durch die im Unternehmen bestehenden Macht- und Interessenskonstellationen bestimmt und wirkt ihrerseits auf diese ein.

Selbstorganisation ist somit nie ein rein "sachlicher", neutraler Prozeß, der sozusagen ohne Brechung an den Unternehmenszielen ausgerichtet wäre (die ihrerseits wiederum auch "politisch" bestimmt sind). Jede organisatorische Veränderung in einem Unternehmen ist - zumindest potentiell - machtrelevant, und damit ein Politikum. Sie kann das bestehende Kräfteverhältnis der Teileinheiten verändern. Sie ist auch insofern ein Politikum, als ihre Durchsetzung von bestimmten Machtvoraussetzungen abhängt.

Diese "politische" Qualität von Selbstorganisation von Unternehmen stellt einen wichtigen Motor, immer zugleich auch eine potentielle Gefährdung der Funktionalität des Prozesses der Selbstorganisation dar.

VI.

Unternehmen, insbesondere Großunternehmen, sind somit immer der Gefahr der "Fossilisierung" ausgesetzt, d.h. bürokratischer Verkrustung von Verfahren und Strukturen, einer systembedingten Einschränkung ihrer institutionellen Lernfähigkeit und damit ihrer Reaktions- und Innovationskraft. Diese Gefahr erscheint paradoxerweise umso größer, je straffer und "perfekter" ein Unternehmen durchorganisiert ist, je perfekter auch die Feedback-Mechanismen formal organisiert und geregelt sind.

Nun sind in Unternehmen gewisse Mechanismen zu beobachten, die solcher Fossilisierung zwar nicht entgegenwirken, aber zumindest ihre Wirksamkeit relativieren. So findet auf der Basis einer naturwüchsigen Selbstorganisation eine Anpassung des Arbeitsgeschehens an die Anforderungen der jeweiligen Aufgaben, Handlungssituationen oder auch Interessen- und Machtkonstellationen statt, umständliche Verfahren, Dienstwege, hierarchische Umwege werden umgangen, Vorschriften und Zuständigkeiten ignoriert.

Diese Selbstorganisation durch die Beschäftigten kann sich durchaus funktionell in einer größeren Reaktions- und Leistungsfähigkeit des Systems auswirken. Sie kann als Korrektiv der formalen Selbstorganisation des Unternehmens betrachtet werden. Ohne ihren Beitrag wäre kaum eine Großorganisation funktionsfähig. Ein Dienst nach Vorschrift würde die meisten Großorganisationen ebenso wirksam lahmlegen wie ein Streik.

Andererseits birgt solche naturwüchsige Selbstorganisation für das Unternehmen die Gefahr, daß das Arbeitsgeschehen nur mehr begrenzt transparent und steuerbar ist, die Wirksamkeit "offizieller" Feedback-Mechanismen eingeschränkt und damit auch die Reaktionsfähigkeit und der Anpassungsdruck reduziert wird, dem das Unternehmen ausgesetzt ist. Folge dieser faktischen Selbstorganisation durch die Beschäftigten ist ein Phänomen, das man als die Doppelwirklichkeit der Unternehmen bezeichnen könnte. Auf der einen Seite die "offizielle" Wirklichkeit der ausgewiesenen Regeln, Zuständigkeiten, Verfahren, Organisationsstrukturen, sozusagen den geronnen Niederschlag der Selbstorganisation der Unternehmen. Auf der anderen Seite die praktizierte Wirklichkeit, d.h. der reale Arbeitsvollzug, wie er sich quer durch die offiziellen Strukturen und Verfahren tatsächlich abspielt.

Allgemein kann gelten, daß die Unternehmen Schwierigkeiten haben, mit dieser naturwüchsigen Selbstorganisation umzugehen, d.h. ihr produktives und innovatives Potential zu nutzen bzw. zu verhindern, daß es zu einer "Schattenwirtschaft" kommt, die nur noch begrenzt offiziell steuerbar ist. Die zahlreichen Ansätze der Einbeziehung der Beschäftigten - von der Organisationsentwicklung bis zu den Qualitätsgruppen, von der "partizipativen Softwareentwicklung" bis zur GWA - sind letztlich als Versuche zu verstehen, diese naturwüchsige Selbstorganisation für das Unternehmen nutzbar zu machen, "in den Griff" zu bekommen.

VII.

Die Wirksamkeit dieser "Doppelwirklichkeit", wie die "politische" Qualität der Selbstorganisation von Unternehmen, erklärt unter anderem das Phänomen, daß einerseits in Unternehmen sich ständig, sozusagen unter der Hand, Wandel vollzieht - eine Vielzahl kleiner Änderungen, zum großen Teil ad-hoc, ohne formale Prozedur, andererseits notwendige tiefgreifendere Änderungen, die strukturelle Verschiebungen beinhalten, oft erstaunlich lange auf sich warten lassen.

Viele Unternehmen gleichen damit Californien, wo sich unmerklich - höchstens durch kleine Erschütterungen signalisiert - im Untergrund Verschiebungen vollziehen, die eines Tages sich dann mit einem Schlag im großen Erdbeben entladen. Die Geschichte vieler Großunternehmen ist gekennzeichnet durch solche periodischen Erdbeben.

Diese Unfähigkeit der Unternehmen zur kontinuierlichen Evolution kommt sie teuer zu stehen. Jedes dieser Erdbeben bedeutet nicht nur Vernichtung von vorhandenen Erfahrungen, bewährter informeller Verfahren, eingespielter Kooperations- und Kommunikationsnetze, sondern vor allem auch Verunsicherung und Motivationsverlust, was häufig langfristig keineswegs Impulse freisetzt, sondern eher lähmend wirkt.

Dabei ist der politische Charakter der Selbstorganisation sehr wichtig, seine Wirkung kann allerdings ambivalent sein: Bestehende Machtstrukturen können sowohl auf die Beibehaltung verkrusteter, dys-funktionaler Strukturen und Verfahren hinwirken als auch die Impulse und Voraussetzungen liefern für deren Veränderung.

VIII.

Selbstorganisation in Unternehmen ist also ein Prozeß, der durch Spannungen und Widersprüche gekennzeichnet ist. Dies gilt für die Bedingungen, unter denen er sich vollzieht, und für die Anforderungen, mit denen sie konfrontiert ist:

- Dies gilt für die Organisation des Prozesses der Selbstorganisation, wo sich die Anforderung nach zentraler Bestimmung und dezentraler Freiräume, nach Selbstorganisation des Unternehmens und Selbstorganisation im Unternehmen gegenüberstehen;

- dies gilt für die Notwendigkeit zu Festlegung und formaler Regelungen einerseits, zu Flexibilität, Offenheit, Anpassungs- und Reaktionsfähigkeit andererseits;

- dies gilt für die Wirksamkeit von Feedback-Mechanismen einerseits, die Ansprüche an Legitimierung und Kontrolle andererseits;

- diese Widersprüche werden durch die politische Qualität des betrieblichen Geschehens verschärft, akzentuiert, die ihrerseits wesentliche Bedingung und zugleich Gegenstand von Selbstorganisation ist;

- widersprüchlich ist schließlich auch die Wirkung der Doppelwirklichkeit, die - ihrerseits Ergebnis der beschriebenen Spannungen - sowohl funktionales wie dysfunktionales Potential enthält.

Selbstorganisation in Unternehmen stellt sich dar als der Prozeß, zwischen diesen Spannungen und Widersprüchen ein Gleichgewicht zwischen widersprüchlichen Anforderungen zu finden, wobei sich Aktionsbedingungen wie Anforderungen ständig ändern. Es kann also kein dauerhaftes, stabiles Optimum geben. Das Optimum von gestern mag heute dysfunktional sein. Dies läßt die institutionelle Lernfähigkeit so wichtig für den Erfolg und das Überleben erscheinen, d.h. die Fähigkeit, Impulse, Anforderungen, Erfahrungen aufzunehmen, zu verarbeiten und in Aktionen umzusetzen.

All diese Widersprüche und Spannungen verschärfen sich mit der Größe des Unternehmens. Mögen auch die institutionellen und personellen Ressourcen zur Selbstorganisation wachsen, es wachsen auch die Restriktionen, Behinderungen und Widersprüche, die ihrer Wirksamkeit entgegenstehen. Hier liegt unter anderem eine Erklärung für das erstaunliche Maß an Ineffizienz und Leerlauf, an Innovationskraft und Reagibilität, den Mangel an institutioneller Lernfähigkeit, der sich in manchen Großunternehmen findet.

IX.

Welche Bedeutung haben nun die neuen Informations- und Kommunikationstechniken für die Selbstorganisation von Unternehmen? Grundsätzlich könnte man erwarten, daß die Informations- und Kommunikationstechniken dazu beitragen, die beschriebenen Spannungen abzubauen:

- Die Kommunikation und Kooperation zwischen Teilbereichen und damit die Koordination ihrer Aktivitäten könnte erleichtert werden;

- Feedback-Mechanismen könnten verstärkt und beschleunigt werden;

- sie könnten dazu beitragen, daß die bestehenden Spannungen und Widersprüche sich auflösen: etwa den Widerspruch zwischen formalisierter Festlegung und Anpassungsfähigkeit abzubauen. Vernetzung, Integration einerseits, flexible Nutzungsmöglichkeiten durch den einzelnen Nutzer andererseits scheinen dafür die Voraussetzung zu bieten;

- sie könnten zu größerer Transparenz des Gesamtsystems führen und damit den Prozeß der Selbstorganisation unterstützen und versachlichen.

Die Utopie von der umfassenden "systemischen" Rationalisierung, von der perfekten, automatisierten Selbststeuerung, von der Auflösung der Widersprüche und Spannungen, die diesen Prozeß immer wieder gefährden und behindern, scheint dank des Potentials der neuen Informations- und Kommunikationstechnik realisierbar. Es ist diese Utopie, die die Konzepte der Integration über den Computer - CIM, CIB, CIO, CIE etc. - so attraktiv macht.

Die abstrakte Schönheit dieses Ideals von der vollkommenen Integration und der automatischen Selbstorganisation ist verführerisch wie die des perpetuums mobiles. Und es fragt sich, ob auch ihre schreckliche Plausibilität von der Vernachlässigung einiger unauffälliger, wenn auch fundamentaler Gegebenheiten lebt: der Tatsache, daß die Überwindung der Widersprüche und Spannungen durch die perfekte Integration die Ausschaltung der Wirksamkeit eben jener Widersprüche und Spannungen voraussetzt. Die "systemischen" Konzepte der Computerintegration zielen nicht nur auf eine Ausschaltung der "politischen" Qualität des betrieblichen Geschehens, der Doppelwirklichkeit und letztlich auch der Selbstorganisation der Teileinheiten, sie setzen zugleich die Ausschaltung von deren Wirksamkeit voraus.

Aus der Sicht der technik- und planungsgläubigen Protagonisten der Computerintegration spricht wenig dagegen, daß dies gelingt; hält man sich allerdings an die bisherigen realen betrieblichen Erfahrungen, so ist eher Skepsis angebracht. Gerade die Kombination von Vernetzung und flexiblen Nutzungsmöglichkeiten birgt einen hohen Bedarf an formaler Regelung von Modalitäten, die bislang pragmatisch, im Rahmen der Doppelwirklichkeit "verarbeitet" wurden. Damit ist eine unvermeidliche - wenn auch durchaus ungewollte - Politisierung der Prozesse der Selbstorganisation verbunden, so daß zunächst eher eine Verschärfung bestehender Widersprüche und Spannungen zu erwarten ist. Daß ein solcher Effekt unter Umständen zu begrüßen ist, steht auf einem anderen Blatt.

LITERATURLISTE

ALTMANN, Norbert; BECHTLE, Günter; LUTZ, Burkart: Betrieb - Technik - Arbeit. Elemente einer soziologischen Analytik technisch-organisatorischer Veränderungen. Frankfurt, New York (Campus), 1978.

AZUMI, Koya; HAGE, Jerald (ed.): Organizational Systems. A Text-Reader in the Sociology of Organizations. Lexington u.a. (Heath), 1972.

BAETHGE, Martin; OBERBECK, Herbert: Zukunft der Angestellten - Neue Technologien und berufliche Perspektiven in Büro und Verwaltung. Frankfurt, New York (Campus), 1986.

BEER, Michael: A Social Systems Model for Organizational Development. In: Cummings, Th. (ed.): Systems Theory for Organizational Development. Chichester, 1980.

BECHTLE, Günter: Betrieb als Strategie. Theoretische Vorarbeiten zu einem industriesoziologischen Konzept. Frankfurt, New York (Campus), 1980.

BLEICHER, Knut: Strukturen und Kulturen im Umbruch: Herausforderung für den Organisator. In: zfo - Zeitschrift Führung + Organisation, 2/1986, S. 97 - 108.

BOSETZKY, Horst: Die bewußte Schaffung von Unklarheit als innerorganisatorisches Problem. In: zfo - Zeitschrift Führung + Organisation, 2/1979, S. 63 - 70.

FRITSCHER, Wolfgang: Differenzierung, Verdinglichung und Abstraktion. Über einige Beiträge, die eine autopoietische Systemtheorie zu einer kritischen Theorie moderner Rationalität leisten kann. Frankfurt, Bern u.a. (Lang), 1989.

HARARY, Frank; BATELL, Mark F.: What is a System? In: Social Networks, 3/1981, S. 29 - 40.

KIESER, Alfred; KUBICEK, Herbert: Organisation. Berlin, New York (de Gruyter), 1976.

LAMMERS, Cornelis J.: Self-Management and Participation: Two Concepts of Democratization in Organizations. In: OAS, Winter 74/75, S. 17 - 33.

LAMMERS, Cornelis: Contributions of Organizational Sociology: Part I: Contributions to Sociology - A Liberal View. In: Organization Studies, 3/1981, S. 267 - 286.

LAMMERS, Cornelis: Contributions of Organizational Sociology: Part II: Contributions to Organizational Theory and Practice - A Liberal View. In: Organization Studies, 4/1981, S. 361 - 376.

MAYNTZ, Renate; ZIEGLER, Rolf: Soziologie der Organisation. In: KÖNIG, René (Hrsg.): Handbuch der empirischen Sozialforschung, Band 9, Stuttgart (Enke), 1977.

NAISBITT, John; ABURDENE, Patricia: Megatrends Arbeitsplatz. Von Infrastrukturen zur Lebensqualität. München (Heyne), 1989.

PREWO, Rainer; RITSERT, Jürgen; STRACKE, Elmar: Systemtheoretische Ansätze in der Soziologie. Eine kritische Analyse. Reinbek (Rowohlt), 1973.

PRIGOGINE, Ilya; STENGERS, Isabelle: Dialog mit der Natur. Neue Wege naturwissenschaftlichen Denkens. München, Zürich (Piper), 1981.

RANSON, Stewart; HININGS; Bob; GREENWOOD, Royston: The Structuring of Organizational Structures. In: ASQ - Administrative Science Quarterly, March 1980, S. 1 - 17.

RUSCH, Gebhard: Erkenntnis, Wissenschaft, Geschichte: Von einem konstruktivistischen Standpunkt. Frankfurt (Suhrkamp), 1987.

SCHMIDT, Jochen: Von der Organisationsentwicklung zur Selbstorganisation: Prozessbeschreibung und pragmatische Konsequenzen. In: Organisationsentwicklung - Zeitschrift der Gesellschaft für Organisationsentwicklung, 4/1987, S. 43 - 61.

TEUBNER, Gunther: Hyperzyklus in Recht und Organisation. Zum Verhältnis von Selbstbeobachtung, Selbstkonstitution und Autopoise. In: HAFERKAMP, Hans; SCHMID, Michael (Hrsg.): Sinn, Kommunikation und soziale Differenzierung. Frankfurt (Suhrkamp), 1987, S. 89 - 128.

TÜRK, Klaus: Soziologie der Organisation. Stuttgart (Enke), 1978.

VOGEL, Hans-Christoph: Organisationsentwicklung als Begleitung selbstorganisierter Lernprozesse: Konstruktivistische Anmerkungen zur Planbarkeit von Veränderungsprozessen. In: Organisationsentwicklung - Zeitschrift der Gesellschaft für Organisationsentwicklung, 3/1988, S. 23 - 38.

WELTZ, Friedrich: Veränderung der Leitungsfunktion durch neue Technik. Zuständigkeits- und Abstimmungsstrukturen werden vereinfacht - Chancen zur Verhinderung bürokratischen Wachstums. In: Office Management, 5/1985, S. 468 - 470.

WELTZ, Friedrich: Zellstruktur oder Infrastruktur? Zur Ursache der Fettleibigkeit von Großverwaltungen. In: Office Management, 9/1985, S. 822 - 827.

WELTZ, Friedrich: Wer wird Herr der Systeme? Der Einsatz neuer Bürotechnologie und die innerbetriebliche Handlungskonstellation. In: SELTZ, Rüdiger; MILL, Ulrich; HILDEBRANDT, Eckart (Hrsg.): Organisation als soziales System. Kontrolle und Kommunikationstechnologie in Arbeitsorganisationen. Berlin (edition sigma rainer bohm verlag), 1986.

WELTZ, Friedrich: Aus Schaden dumm werden. Zur Lernschwäche von Verwaltungen. In: Office Management, 5/1986, S. 532 - 534.

WELTZ, Friedrich: Die doppelte Wirklichkeit der Unternehmen und ihre Konsequenzen für die Industriesoziologie. In: Soziale Welt, 1/1988, S. 97 - 103.

WELTZ, Friedrich; BOLLINGER, Heinrich: Dezentralisierung und Integration: Zauberformel der Büroarbeit. In: Office Management, 3/1987, S. 52 - 56.

WELTZ, Friedrich; BOLLINGER, Heinrich; ORTMANN, Rolf G.: Qualitätsförderung im Büro. Konzepte und Praxisbeispiele. Frankfurt, New York (Campus), 1989.

WELTZ, Friedrich; LULLIES, Veronika: Innovation im Büro. Frankfurt, New York (Campus), 1983.

WELTZ, Friedrich; LULLIES, Veronika: Menschenbilder der Betriebsorganisatoren. In: Technik und Gesellschaft, Jahrbuch 2, Frankfurt, New York (Campus), 1983, S. 109 - 128.

WILLMOTT, Hugh: The Structuring of Organizational Structure: A Note. ASQ - Administative Science Quarterly, September 1981, S. 470 - 474.

Gibt es ein selbstregulatives psychisches System?

Michael Kastner
Universität Dortmund

1. Einleitung

Bedingt durch die Komplexität in unserer Umwelt steigen Unbehagen und Einsicht in die Notwendigkeit der Entwicklung von Systemtheorien.
In diesem Beitrag sollen die Systemtheorien von Maturana, Varela und Roth mit eigenen Vorstellungen zur Handlungsregulation zu einer einheitlichen Sicht verknüpft werden.

2. Autopoiese und Kognition

Das faszinierende an der Theorie Maturanas ist, daß er ein neurophysiologisches Modell der Organisation von Lebewesen mit einer Theorie der Kognition, also der Wahrnehmung und des Erkennens, zu einer eigenen Theorie verknüpft.
Lebende Systeme sind autopoietisch organisiert, d. h. die eigenen Konstituenten werden von ihnen selbst generiert. Sie entwickeln ihre Bausteine selbst, produzieren diese laufend, und vernetzen diese Bausteine wieder zu einem System.
Ein System ist in diesem Zusammenhang ein Ganzes aus mehreren Elementen, aus Beziehungen zwischen diesen Elementen und aus Beziehungen zwischen diesen Elementen und der Außenwelt.
"Autopoietisch" (griechisch: selbst machen) beschreibt also einen Lebensvorgang der Erhaltung der Art. Das lebende System produziert seine eigenen Komponenten und erhält damit sich selbst. In ihm gilt: Jedes einzelne Element erhält sich selbst am besten, indem es den anderen Komponenten hilft und damit das System erhält. Das System kann sich dabei nur in den Bahnen bewegen, die seine Organisation vorschreibt. So ist z. B.die menschliche Wahrnehmung durch die Organisation des Nervensystems bestimmt. Der Mensch kann nur so fühlen, denken oder kognitiv erfassen, wie es ihm sein Nervensystem vorschreibt.
Neue Varianten im Sinne von Mutationen müssen den Erhalt des Systems garantieren.
Autopoietisch organisierte Systeme sind auf die Erhaltung der Art und des Individuums ausgerichtet, ihre "Bahnen" dienen der zyklischen Eigenproduktion.
Ein lebendes System ist bezüglich der energetischen Prozesse und der Umwelt offen (Nahrungsaufnahme, Sauerstoffaufnahme). Hinsichtlich der Selbstorganisation ist es jedoch geschlossen, denn es bestimmt die inneren Zustände und die Abfolge der Zustände selbst aufgrund seiner Organisation und seiner inneren Strukturen.
Die Begriffe Struktur und Organisation sind streng zu unterscheiden. Der Begriff der Organisation wird hier im funktionalen Sinne und nicht im institutionalen Sinne verwendet. Organisation beschreibt die Beziehungen zwischen Systemelementen, die das System zum Mitglied einer bestimmten Klasse machen. Gleichartige Organisationsformen lassen unterschiedliche Strukturen zu; so bleibt zum Beispiel die Organisation des Gehirns eines Menschen über das gesamte Leben gleich, lediglich die Struktur wird durch Lernprozesse verändert.
Autopoietische Systeme, als autonome Systeme, können von außen nur perturbiert, d. h. nur angeregt oder gestört, nicht aber in ihren Zustandsänderungen bestimmt oder determiniert werden. Sie bilden ja bezüglich der inneren Zustandsfolgen ein geschlossenes System. Autopoietische Systeme zeigen deshalb kein Input-Output-Verhalten wie eine Maschine.

Nach Maturana ist das Nervensystem autopoietisch organisiert, d. h. das Nervensystem wird nur angeregt und die Folgen dieser Erregung erfährt das Nervensystem in selbstreferentieller Weise an sich selbst; nämlich in Form von relativen Veränderungen neuronaler Zustände. Auf der Basis dieser relativen Veränderungen wird diesen selbstreferentiell Bedeutung zugewiesen, woraus sich das Gehirn die Bilder, die wir "sehen", selbst produziert.

Man kann auch auf die Perturbation durch die Umwelt verzichten und aufgrund geplanter, innerer Zustandsänderungen physiologische Reaktionen erzeugen; so kommt es zum Beispiel, daß aufgrund von Vorstellungen sexuelle Phantasien zu physiologischer Erregung führen. Denn ob ein Wahrnehmungsimpuls von außen kommt, wie beim Anblick eines nackten Mädchens, oder ob er in der Hirnrinde selbst entsteht durch Erinnerung oder durch eine entsprechende Vorstellung, ist dabei prinzipiell gleichgültig. Die durch die Vorstellung ausgelösten Impulse nehmen den gleichen Weg wie bei Reizen von außen. Das Nervensystem bemerkt die Interaktion des eigenen Organismus mit der Umwelt anhand von Strukturveränderungen seiner selbst. In diesem Sinne ist Lernen eine Strukturveränderung durch Kopplung des Organismus mit der Umwelt.

Die ontogenetische Strukturkopplung des Individuums verläuft selektiv, da es durch sein Nervensystem in der Lage ist zu planen. Diese Planung wiederum bewirkt strukturelle Veränderungen im Nervensystem. Koppeln nun verschiedene Organismen reziprok, entsteht Konsens - es resultiert Kommunikation.

Im Gegensatz zu Maturana ist Roth der Auffassung, das System sei als kognitives System nur verstehbar, wenn man davon ausgeht, daß es nicht autopoietisch organisiert ist. Autopoiese und die selbstreferentielle Erzeugung neuronaler Erregung im Nervensystem sind völlig verschieden. Ein Organismus steht mit seiner Umwelt energetisch und materiell in Verbindung. Der Organismus funktioniert hier wie eine Art "Durchlauferhitzer"; so nehmen wir zum Beispiel Sauerstoff auf und geben Kohlendioxyd ab. Die Organisation dieser Vorgänge ist vorgeschrieben und von uns nicht veränderbar.

Die nähere Betrachtung dieser Organisationsprozesse zeigt, daß nur bestimmte Stoffe aufgenommen werden, ähnlich wie beim Vorgang der selektiven Wahrnehmung. Die Auswahl der Stoffe erfolgt nach dem Kriterium der Systemverträglichkeit. Aus der Vielfalt der dargebotenen Stoffe wählt der Organismus deshalb diejenigen aus, die er für sein Weiterleben benötigt. Der Organismus bestimmt nun durch die Art seiner Organisation, was, wieviel und in welchen Zeitabschnitten er welche Stoffe aufnimmt bzw. abgibt.

Organismen sind gegenüber der Umwelt pufferfähig (Temperatur, pH-Wert), da kleinste Abweichungen vom Soll den Tod bedeuten können. Diese Pufferfähigkeit kann bei ein und demselben Organismus im Laufe des Lebens unterschiedlich sein. So besitzen Babies hinsichtlich des pH-Wertes eine größere Pufferfähigkeit als Erwachsene.

Die Pufferfähigkeit ist extrem wichtig, denn nur ein konstantes internes Milieu gewährleistet ein reibungsloses Funktionieren der stark vernetzten, höchst komplexen biochemischen Regelkreise. Dies bedeutet, daß die Freiheitsgrade des Individuums hinsichtlich möglicher Zustandsänderungen ohne Störung der Autopoiese sehr beschränkt sind. Besonders die Stoffwechselprozesse verdeutlichen, daß diese Variabilität sinkt, je direkter die Zustandsänderungen die Autopoiese des Individuums betreffen. Diesen mangelnden Freiheitsgrade des Organismus stehen unendlich viele Freiheitsgrade des Nerven-systems gegenüber. Hierin sieht Roth die Begründung, daß das Nervensystem nicht autopoietisch organisiert ist. Es ist vielmehr dadurch gekennzeichnet, daß es zwischen minimaler und maximaler Erregung unendlich viele Zustände annehmen kann.

Bei Nervenzellen dient Zellaktivität dem Schaffen von Freiheitsgraden und nicht notwendigerweise der Selbsterhaltung, wie dies bei allen anderen Zellen des Organismus der Fall ist.

Nervenzellen sind weitestgehend nicht regenerationsfähig; darüber hinaus müßten alle Komponenten eines autopoietischen Systems auf Arterhaltung ausgerichtet sein. Einige Erzeugnisse des menschlichen Verstandes widersprechen dieser Forderung jedoch (z. B. Kriege, Selbstmord).

Nur relativ wenige Gehirnzellen sind mit den organismischen Prozessen wie z. B. "Atmung" oder der "Erhaltung des Milieus" beschäftigt, wohingegen der Kognition (erfassen, denken, wahrnehmen) der größte Teil des Nervensystems zur Verfügung steht.

Die Variabilität des Nervensystems ist auch deshalb so hoch, weil die einzelne Nervenzelle in verschiedenen Vernetzungen unterschiedliche Rollen annehmen kann. Hierin liegt die Ursache dafür, daß beschädigte Hirnteile zwar nicht vollständig, jedoch nahezu durch andere Hirnteile in ihrer Funktion ersetzt werden können. Zudem ist der Mensch gegenüber internen Zustandsänderungen um den Faktor 10^5 empfindlicher als gegenüber externen Zustandsänderungen in der Umwelt.

3. Handlungsregulation

Was bedeuten diese Erkenntnisse für die Psychologie?
Einerseits ist unser Handeln weit weniger von externen Einflüssen abhängig als bisher vermutet (Reiz-Reaktionsmechanismus). In der Vergangenheit wurden in Experimenten äußere Einflußgrößen variiert und diese in einen direkten Zusammenhang zu internen Veränderungen des Organismus gebracht.
Andererseits bedeutet es, daß wir in allen autopoietischen Prozessen der Selbstorganisation zur Erhaltung der Art und des Individuums sehr wenig Freiheitsgrade haben. Nur die "Gedanken sind (weitgehend) frei".
Die Bipolarität von autopoietischer Organisation des Organismus einerseits und nicht autopoietischer Organisation des Nervensystems andererseits kann zur Zerstörung der Autopoiese durch Dominanz der nicht autopoietischen Systemteile führen. Unser abstraktes Denken kann via Technik unsere Lebensvorgänge zerstören.
Bisher postulierte Reiz-Reaktionsmuster versagten beispielsweise in der Streßforschung. Es stellte sich heraus, daß es verschiedene Arten von Streß gibt, abhängig von beteiligten Personen, Situationen und Interaktionen zwischen beiden. Darüber hinaus ist Streß in unterschiedlichen Interaktionen nur mit unterschiedlichen Parametern und unterschiedlichen mathematischen Verknüpfungen zwischen diesen Parametern erfaßbar.
Handlungsprognosen werden in unterschiedlichen Richtungen der Psychologie, wie z. B. Personalismus, Situationismus oder Interaktionalismus aufgrund unterschiedlicher Erklärungsgrundlagen aufgestellt. Der Transaktionismus bezieht sich dabei auf die dynamischen Wechselwirkungen.
Ein Individuum mit relativ stabilen Merkmalen, die unter anderem genetisch bedingt sind, begibt sich in eine Situation und verändert durch seinen Verhaltensprozeß ständig sich selbst und die Situation. Die Erfassung dieser Merkmale ist schwierig, da es nicht d i e Beanspruchung gibt, sondern sich Beanspruchung in vielen Aspekten darstellt.
In der folgenden Grafik ist beispielsweise der Einfluß der Aspekte Intensität, Dauer und Kontrollierbarkeit der Beanspruchung auf das Streßempfinden dargestellt.

<u>Ergebnisse einer Streßuntersuchung</u>

<u>Abb. 1:</u> Anordnung von 8 Situationen, die im Feld aufgesucht wurden, im dreifaktoriellen Design.
Nummern in den Zellen geben die chronologische Reihenfolge im Untersuchungsprozeß von Kastner und Guillot (1981)

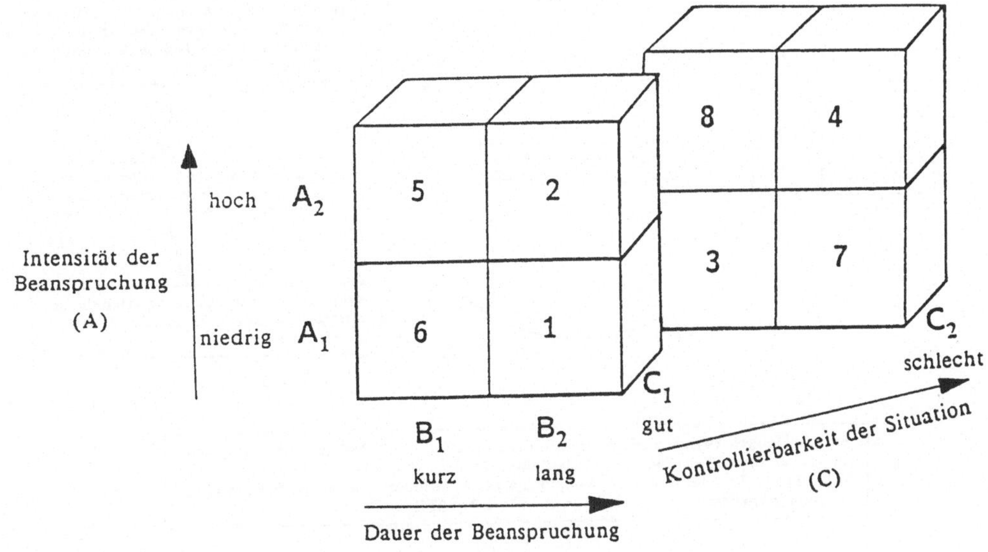

Die stressigste vorstellbare Situation zeigt Merkmale einer hohen Intensität, langen Dauer und schlechten Kontrollierbarkeit (4). Mit Kontrollierbarkeit ist in diesem Sinne die Möglichkeit zur Bewältigung der Situation gemeint.
Mit Hilfe dieses Designs können unterschiedliche Situationen klassifiziert werden.

Das Handeln von Personen ist aber nicht nur von der Situation abhängig, sondern auch von der Person selbst und deren Einstellung zur Situation. Das Handeln kann unterteilt werden in unterschiedliche Handlungsgeschehen, z. B. eine Reise, den Flug eines Piloten etc., die in unterschiedlichsten Handlungsbereichen wie Freizeit, Familie oder Beruf stattfinden. Diese Handlungsbereiche können kompensatorische Funktion haben, d. h. der Streß, der durch die Eigenschaften des einen Handlungsbereiches hervorgerufen wurden, kann durch die Eigenschaften des anderen Handlungsbereiches abgebaut oder neutralisiert werden.
Die einzelnen Handlungsgeschehen lassen sich wiederum in einzelne Handlungen unterteilen.
Der Vorgang des Zustandekommens einer Handlung soll anhand des Beanspruchungshandlungskreises näher erläutert werden.

<u>Abb. 2:</u> Ein Beanspruchungshandlungskreis

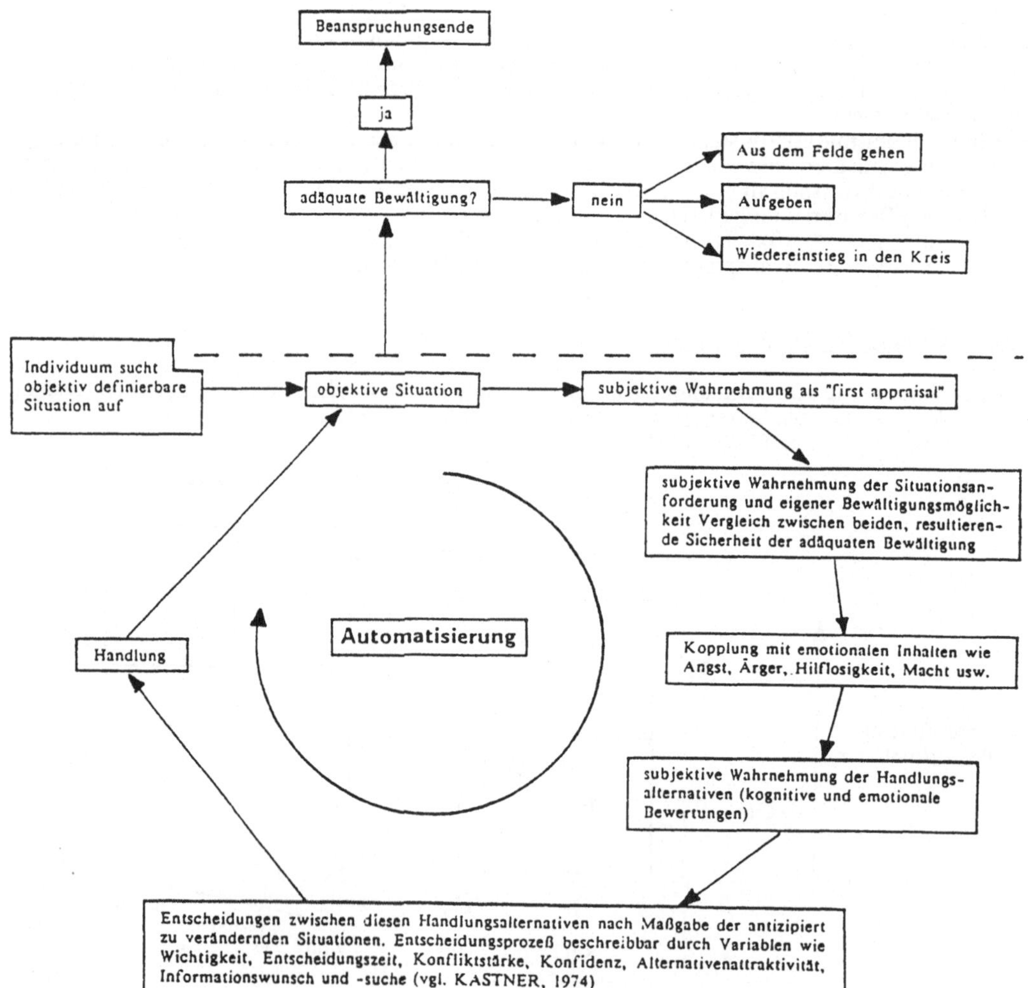

Ausgehend von einer objektiven Situation, in der das Individuum eine niedrige Erwartungshaltung hat, erfolgt auf einen dominanten neuen Reiz eine Orientierungssituation. Diese veränderte Situation kann unter Umständen lebensbedrohend sein und macht somit eine Handlungsregulation nötig.

Als nächster Schritt erfolgt der Vergleich zwischen subjektiver Wahrnehmung der Situationsanforderung und den eigenen - ebenfalls subjektiv eingeschätzten - Bewältigungsmöglichkeiten. Die sich ergebende Differenz ist direkt proportional zum auftretenden Streß. Hier findet ein selbstorganisatorischer Bezug auf die inneren Zustände statt. Dieser Vergleich ist losgelöst von objektiven Gegebenheiten, d. h. er erfolgt gemäß der internen Zustandsveränderungen im Nervensystem.

Nachfolgend wird die subjektive Situationsbewertung mit emotionalen Inhalten wie Angst, Ärger, Hilfslosigkeit oder Macht als Verhaltensregulative gekoppelt.

Zu diesem Zeitpunkt beginnt die Entwicklung von wiederum subjektiv eingeschätzten Handlungsalternativen, deren Anzahl vom pathologischen Zustand des Individuums abhängt. So neigen beispielsweise Depressive dazu, nur eine Handlungsalternative zu entwickeln, während kreative, belastbare Menschen in kürzester Zeit eine Vielzahl von Handlungsalternativen entwickeln können.

Nach verschiedenen Kriterien wird sodann eine Handlungsalternative ausgewählt und in eine Handlung abgeleitet.

Diese Handlung beeinflußt die objektive Situation.

Hier schließt sich der Beanspruchungshandlungskreis. Er kann in einem quasi-automatisierten Kreisprozeß durchlaufen werden. Die durch die eigene Handlung modifizierte Situation wird auf adäquate Bewältigung überprüft.

Kann diese Frage bejaht werden, so wird der Beanspruchungshandlungskreis endgültig verlassen. Ist dies nicht der Fall, so stehen dem Individuum grundsätzlich drei Möglichkeiten zur Verfügung. Der eher depressiv Veranlagte wird meist aufgeben. Bessere Methoden der Streßbewältigung sind jedoch ein Verlassen der Situation bzw. der beste Fall: ein Wiedereinstieg in den Kreis mit erhöhter Energie.

Nun stellt sich die Handlung als ein extrem gut organisierter Vorgang dar, bei dem der Grad der Automatisierung mit steigender Komplexität abnimmt. Auf unterster Ebene laufen vollautomatisierte Vorgänge wie angeborene Auslösemechanismen oder Instinkthandlungen, darüber extrem gelernte Vorgänge stark automatisiert ab. Diese Automatisierungen entsprechen als genetische Programme dem autopoietischen Anteil des Nervensystems, der ohne Freiheitsgrade abläuft. Bei Angst beispielsweise ergeben sich Automatismen, für die man kaum verantwortlich gemacht werden kann. Angst macht "dumm". Der Depressive hat Angst gelernt, auch in Situationen, die für Gesunde eher herausfordernden Charakter haben. Diese Muster, die übrigens über ebenfalls autopoietische biochemische Muster ablaufen (siehe Katecholaminausschüttungen), sind für die Erhaltung des Individuums auch sinnvoll. So kann es sich nicht den Herausforderungen stellen, die es überfordern würden.

Automatismen sind praktisch, sie entlasten. Aber sie kosten Flexibilität.

Es stellt sich die Frage, ob sowohl die Behauptung Maturanas, das Nervensystem sei autopoietisch, als auch die Meinung Roths, es sei nicht-autopoietisch, nicht beide stimmen können. Es handelt sich wie bei der oben beschriebenen Automatisierung um ein Kontinuum von autopoietisch bis nicht-autopoietisch. Die Zustände im Nervensystem, die angeboren für das unmittelbare Überleben, d. h. die bio-chemische Regulation des Organismus relevant sind, laufen automatisch und autopoietisch. Die Vorgänge der (Selbst-) Reflexion erfolgen nicht-autopoietisch. Dazwischen liegen alle möglichen Zustände der teil-autopoietischen Organisation, etwa gelernte Automatismen, die momentan auch keine Freiheitsgrade des Handelns zulassen, aber - wenn auch mühsam - verlernt werden können. Mithin erfolgen die Regulationen im Organismus um so stärker selbstorganisiert, je autopoietischer sie sind. Sie sind in ihrer Organisation um so weniger vorherbestimmt, z. B. durch genetische Programme verdrahtet, je weniger autopoietisch organisiert sie sind. Hier dürfte das Phänomen begründet sein, daß Menschen durch die Beeinflussung ihrer Umwelt am Ast der eigenen Existenz sägen.

Doch zurück zum Handlungs- bzw. Verhaltensmodell.

Zwischen den Automatismen und der höchsten Ebene, den Prüf- und Planprozessen, existieren alle Zwischenzustände.

Einzelhandlungen, die nach dem Beanspruchungshandlungskreis zustande gekommen sind, können nun nicht einfach sequentiell aneinandergekoppelt werden, da dies der Wirklichkeit nicht gerecht wird. Vielmehr laufen verschiedene Handlungen mit unterschiedlichem Automatisierungsgrad gleichzeitig ab. Die Möglichkeiten, verschiedene Handlungen zu koppeln, sind begrenzt, können aber durch Lernen erweitert werden. So ist es möglich, durch sogenanntes Chunking (englisch: Klumpen bilden), d.h. Verdichtung von Informationen, eine größere Informationsmenge aufzunehmen.

Es ist schwierig, die Kopplungen zwischen Handlungen in ihrer Komplexität zu verfolgen und somit den gesamten Prozeß der Handlungsregulation zu erfassen. Ziel einer idealen Handlungsregulation wäre, sich in einer realitätsorientierten Weise zu verhalten, die aber dennoch Raum läßt, die Wünsche des Individuums zu erfüllen.

Folgendes Schema hat sich für die Klassifizierung von unterschiedlichen Handlungsvariablen bewährt:

<u>Abb. 3:</u> Klassifikation des Handlungsgeschehens

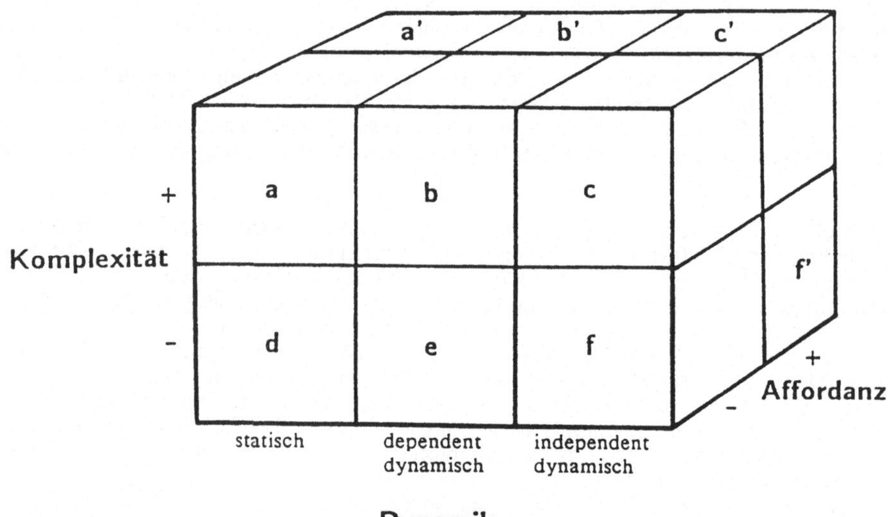

Affordanz = Situationsbestimmtheit des Verhaltens; geringer Handlungsspielraum

Hiermit wird Handlungsgeschehen hinsichtlich der drei Variablen Komplexität, Dynamik und Affordanz klassifiziert.

Komplexität wird abhängig von der Anzahl der Elemente und von den qualitativen Unterschieden, den Wechselwirkungen und dem Grad der Vernetzung zwischen den Elementen. Komplexität kann beispielsweise reduziert werden durch Filtern (Spreu vom Weizen trennen) oder Kategorisieren (Vorurteile). Die im System existierenden Vernetzungen dürfen jedoch nicht reduziert werden. Vielmehr sollten mehr Informationen über sie gesammelt werden, um zu einem besseren Verständnis des Systems zu gelangen.

Dynamik beschreibt Zustandsänderungen über die Zeit. Man unterscheidet hier zwischen statischen Systemen (keine Zustandsänderungen) sowie dependent dynamischen Systemen (Individuum ist im System involviert) und independent dynamischen Systemen (Zustandsänderungen werden nicht durch das Individuum ausgelöst).

Der Grad der Beanspruchung steigt mit dem Grad des Involviertseins in die Situation.

Affordanz beschreibt den subjektiv empfundenen Handlungsspielraum in der jeweiligen Situation. Je größer dieser Handlungsspielraum erscheint, desto geringer ist für einen "Freiheitsliebenden" die Beanspruchung. Dieser Vorgang stellt eine subjektive Interpretation der internen, selbst erzeugten Zustände dar. Mithin kann Handlungsspielraum für jemanden, der Anweisungen und Regeln bevorzugt, zum Stressor werden.

Was bedeutet dies für die Handlungssteuerung?

Die Handlungssteuerung kann um so mehr von den kognitiven Anteilen des Nervensystems übernommen werden, je weiter sie nicht-autopoietische Komponenten betrifft.

Das autonome Nervensystem steuert unbewußte Vorgänge wie Atmung oder Herzrhythmus. Es ist aufgrund seines starken Beitrags zur Selbsterhaltung autopoietisch organisiert.

Einige pathologische Fälle von Handlungssteuerung verdeutlichen den Bezug zur Handlungsregulation.

o Schizophrenen fehlt der Bezug zur Realität, sie konstruieren sich ihre eigene Realität (Halluzinationen).

o Depression ist eine Spirale des sich Fortorganisierens von dem Vertrauen in eigene Bewältigungsmöglichkeiten und einer optimistischen Sicht der Zukunft und des Selbst. Interessanterweise scheint diese optimistische Sicht zum Überleben zu gehören, denn Depressive nehmen die Realität "realistischer" wahr als Gesunde.

o Neurosen fixieren auf eine bestimmte Handlung und engen dadurch den Handlungsspielraum ein.

4. Von der deskriptiven Systemtheorie zur präskriptiven Verhaltenshilfe

Das Problem der Systemmodelle besteht darin, daß sie nur deskriptiv sind. Aus diesen Systemtheorien sollen Erkenntnisse gewonnen werden, die im Idealfall helfen, das tägliche Verhalten zu verbessern.

Beispielsweise wird das Phänomen der selektiven Wahrnehmung dahingehend ausgenutzt, die Informationsvielfalt und damit die Komplexität bewußt zu reduzieren. Bei der Entwicklung von Handlungsalternativen wird Komplexität insofern angestrebt, daß im Sinne einer divergenten Denkweise mehrere Lösungsmöglichkeiten entworfen werden (Kreativität). So können wir mit Hilfe unseres nicht-auto-poietischen Nervensystemanteils kreativ die verschiedensten Handlungsgeschehen entwerfen (Handlungspläne) und vor allem auch antizipieren und in der Konsequenz präventiv handeln.

Reparaturverhalten wäre somit möglicherweise nur für den Moment selbstregulatives Handeln als Korrigieren von falsch laufenden Prozessen. Prävention kann die Erfordernis der Reparatur verhindern. Die dazu erforderlichen Antizipationen laufen aber als Reflexionsvorgänge nicht autopoietisch. Mithin könnte, so wie unser Neocortex uns die Zerstörung unserer eigenen Umwelt erlaubt, eben dieses auch präventiv vor Zerstörung und dann erforderlicher Reparatur bewahren.

Dies würde aber gemeinsames, präventives Verhalten und Denken in Systemen verlangen. Ökologie bedeutet letztlich "Systemverträglichkeit". Konsens zwischen verschiedenen Menschen kann nur über gemeinsame Strukturveränderungen, also Lernprozesse, erzeugt werden. Die Organisation ist bei allen gleich.

Die Antwort auf die Frage des Titels "Gibt es ein selbstregulatives psychisches System?" müßte also folgendermaßen lauten:

Es ist um so selbstregulativer, je mehr es sich auf das eine Extrem des Kontinuums der Autopoiese zubewegt, je autopoietischer um so selbstregulativer. Im Extrem wäre das Tier das "bessere" System. Es kann sich als Art nicht selbst zerstören. Ein hungriger Hund muß das ihm vorgeworfene Steak fressen.

Ein hungriger Mensch könnte - zumindest in Grenzen - selbstreflexiv sagen: "Oh, schau mal, wie hungrig ich bin, ich leiste mir den Luxus, nicht zu essen."

Auf diese Nicht-Autopoiese, diesen nicht selbstregulativen Anteil unseres Nervensystems, bilden wir uns viel ein, obwohl wir damit nicht unbedingt das "bessere" System repräsentieren.

Dies gilt natürlich nur, wenn man in der Ökologie, der Systemverträglichkeit der Natur, eine normative Kraft sieht.

Literaturverzeichnis

KASTNER, M.: Zusammenhänge zwischen Entscheidungsvariablen bei der Berufswahl. Dissertation med., Rheinisch-Westfälisch Technische Hochschule Aachen 1974.

KASTNER, M. & GUILLOT, G.: Beanspruchung von Kraftfahrern im kontrollierten Feld. Forschungsbericht an die Bundesanstalt für Straßenwesen Köln. Institut für Psychologie der RWTH Aachen 1981

MATURANA, H.R.: Erkennen: Die Organisation und Verkörperung von Wirklichkeit. Braunschweig: Vieweg 1985.

MATURANA, H.R. & VARELA, F.: Der Baum der Erkenntnis. Bern-München-Wien: Scherz 1987.

ROTH, G.: Selbstorganisation-Selbsterhaltung-Selbstrefentialität: Prinzipien der Organisation der Lebewesen und ihre Folgen für die Selbstorganisation. In: A. Dress et al. (Hrsg.): Selbstorganisation - Die Entstehung von Ordnung in der Natur, S. 149-180. München-Zürich: Piper 1986.

ROTH, G.: Autopoiese und Kognition: Die Theorie H.R. Maturanas und die Notwendigkeit ihrer Weiterentwicklung. In: A. Dress et al. (Hrsg.): Systeme erkennen Systeme, S. 50-74. München-Weinheim: Psychologie-Verlags-Union 1987a.

ROTH, G.: Die Entwicklung menschlicher Selbstreferentialität im menschlichen Gehirn. In: D. Baecker et al. (Hrsg.): Theorie als Passion, S. 394-422. Frankfurt: Suhrkamp 1987b.

<u>Selbstorganisation in sozialen Systemen.</u>

<u>Eine Theorie und ihre Anwendung auf Wirtschaftssysteme</u>

Michael Hutter

Universität Witten/Herdecke

<u>I. Die Theorie</u>

Das Denkmodell der Selbstorganisation wird z.Zt. in vielen Forschungsbereichen erprobt. Ganz unterschiedlich sind die Fachdiskurse, in denen das neue Konzept in die vorhandenen Theorien eingebaut wird. Nach heutigem Wissen ereignet sich Selbstorganisation in vier Arten von Systemen: Im physischen System, in organischen Systemen, in psychischen Systemen und in sozialen Systemen.

Die Selbstorganisation des <u>physischen Systems</u> hat (zumindest) einmal stattgefunden. Seit dem "Big Bang" laufen Prozesse ab, die unweigerlich eines Tages in einer Energiegleichverteilung enden werden. Während dieser Zeitspanne ordnet und zerstreut sich alle physische Materie nach den ihr eigenen Gesetzmäßigkeiten. Zustände instabiler Stabilität fern vom Gleichgewicht (<u>dissipative Strukturen</u>) sind von PRIGOGINE (1980) untersucht worden. Selbstorganisation durch Symmetriebrüche ist von HAKEN (1988) mittels des Konzepts der Synergetik erklärt worden.

Innerhalb des physischen Systems sind, über Formen chemischer Selbstorganisation in Makromolekülen hinaus, <u>organische Systeme</u> ausdifferenziert worden. An ihnen sind die Prinzipien der Selbstorganisation bisher am genauesten untersucht. In der Kontinuität biologischer Arten spielt, wegen der kurzen Zeitspanne, in der der Selbstorganisationsprozess "Leben" aufrecht erhalten werden kann, der Vorgang der Reproduktion eine entscheidende Rolle. VARELA und MATURANA und URIBE (1974) konnten zeigen, daß die Reproduktion von Organismen ein in sich geschlos-

sener Prozess sein muß. Die Systemelemente (Zellen) - und
<u>nur</u> sie - reproduzieren ständig neue Systemelemente. Um
diese Eigenschaft der Neuschaffung, der nichtautomati-
schen Reproduktion, zu betonen, werden selbstreproduzie-
rende Systeme "autopoietisch", d.h.: sich - selbst -
schaffend, genannt (AN DER HEIDEN/ROTH/SCHWEGLER (1985).

Die Prinzipien der Selbstorganisation organischer Systeme
wurden auch auf die Selbstorganisation <u>psychischer</u>
<u>Systeme</u> übertragen. Dabei versucht man, den Umstand zu
berücksichtigen, daß jeder Leser, jeder von uns, sein
eigenes psychisches System als "Bewußtsein" empfindet.
Psychische Systeme werden innerhalb organischer Systeme
ausdifferenziert. Von außen beobachtet man das Entstehen
von "Kognition". Innerhalb eines psychischen Systems
erscheint Kognition als ein Gefühl von Bewußtsein. Das
Gefühl von Bewußtsein wird, wenn es von außen erkannt
oder vermutet wird, "Geist" genannt. Die Erwartung der
Unsterblichkeit des Geistes, im Sinne der Endlosigkeit
der Autopoiese psychischer Systeme, wird "Seele" genannt.

Die Begriffsvieldeutigkeit bei der Untersuchung psychischer Systeme ist wegen der Vielfältigkeit der Erkundun-
gen, über die die Geistesgeschichte berichtet, besonders
groß. Zweifellos ist unser Wissen darüber dennoch nach-
wievor gering. Die Beschränktheit des Beobachterbewußt-
seins ist zwar heute deutlich erkannt. Undeutlich ist
aber bei den meisten Autoren noch die Trennung zwischen
bewußtem Erkennen und semantischer Bedeutung. Im Gegensatz zum Bewußtsein, das wir zwar schwer erfassen, aber
leicht empfinden können, fehlt hier die unmittelbare
Erfahrung. Es wird zu zeigen sein, daß sich auch semantische Elemente, also Kommunikationshandlungen, verketten
und reproduzieren können. Solche Sprachsysteme haben sich
aus psychischen Systemen ausdifferenziert, so, wie sich
die psychischen aus den organischen Systemen vor Jahrtausenden erstmals ausdifferenzierten.

Ich werde im Folgenden kurz skizzieren, wie man heute den
Prozess der Selbstorganisation oder Autopoiese sozialer
Systeme rekonstruieren kann. Ich knüpfe unmittelbar an
die Arbeiten von LUHMANN (1984;1988) an, setze aber
eigene Schwerpunkte.

Die Elemente sozialer Systeme sind Kommunikationsereig-
nisse oder <u>Mitteilungen</u>. Mitteilungen werden nicht verstanden als Signale oder Informationen im Sinne SHANNONs.
Mitteilung ist ein Prozess, bei dem eine Black Box A den
Eindruck gewinnt, daß die Reaktion einer Black Box B auf

eine Handlung von A bedeutet, daß B A "verstanden" hat. Die Mitteilung bedeutet also für A und B Unterschiedliches. Gleichwohl sind beide in der Lage, daran anschließende Mitteilungen zu initiieren und damit die Autopoiese des Systems fortzusetzen. "Information ist ein Unterschied der irgendwo und für irgendwen einen Unterschied macht" formulierte BATESON (1979). Oder in den Worten Alexander KLUGEs: "Ein Satz braucht zwei Motoren, er entsteht ja überhaupt nur aus der Antwort." Dieses "nur aus der Antwort Entstehen" konstituiert die unabhängige Existenz von Kommunikationsereignissen. Sie sind weder einem A noch einem B zuordenbar. Sie sind eigen-artig.

Wie ist nun Selbstorganisation in einer semantischen Struktur, in einem Universum der Mitteilungen denkbar? Am Anfang einer Antwort stehen die bahnbrechenden Erkenntnisse, die RUSSELLs Theorie der logischen Typen ausgelöst hat. Der Theorie zufolge besteht das semantische Universum aus drei logischen Typen: Namen, Klassen von Namen und antinomischen Klassen. Jedes einzelne Mitteilungsereignis besteht aus genau diesen drei Typen. Betrachten wir die Differenzierungen etwas genauer:

- Mitteilungen erfolgen nach Regeln. Die Regeln ordnen Mitteilungen, aber die Ordnungsklasse selbst ist keine Mitteilung. Die Gesamtheit dieser Klassen macht den Sprachcode aus, nach dem eine Mitteilung gebaut sein muß, um verständlich zu sein. Wichtiger Bestandteil des Codes ist das <u>Medium</u>, dessen sich die Mitteilungen bedienen.

- Die Gesamtheit der Regeln folgt einer Meta-Regel, die selbst keine Regel ist. Solche Sprachformen werden Antinomien oder, genauer, Circulus-Vitiosus-Paradoxien genannt (KRIPPENDORF 1984). RUSSELL identifizierte sie als die "Klasse aller Klassen, die sich nicht selbst als Elemente enthalten", um vor ihrer Verwendung in logisch konsistenter Argumentation zu warnen. Heute erkennen wir, daß Circulus-Vitiosus-Paradoxien die Eigenschaft haben, semantische Strukturen zu schließen, d.h., ihre fortwährende Unterscheidung vom Rest der Sprache zu sichern. Dieser Punkt ist wichtig genug, um ihn in einiger Ausführlichkeit zu erläutern.

Die Unterscheidung eines Sprachsystems von seiner Umwelt ist notwendigerweise eine semantische Unterscheidung. Im Universum der Sprache kommt nur Sprache vor. Irgendein Begriff, ein Ritual, eine Geste bedeutet also den Unterschied zwischen Sprachsystem und Nicht-Sprachsystem.

Versucht man nun, die Selbstunterscheidung innerhalb des Spiels zu verwenden, so stößt man auf einen Widerspruch: Die selbe Unterscheidung, die von außen das ganze System bedeutet, bedeutet von innen einen Teil des Systems. "Wenn ein System eine Leitdifferenz als Code der Gesamtheit seiner Operationen einsetzt, muß diese Selbstanwendung des Codes auf den Code ausgeschlossen werden" (LUHMANN 1985:6). Der, der die Unterscheidung verwenden will, stößt unweigerlich auf die Unentscheidbarkeit der "richtigen" Bedeutung. Die Aussage führt auf ihr Komplement, die Antwort führt ihrerseits auf ihr Komplement, und damit zurück zur Aussage: Wenn P, dann P, wenn P, dann P, wenn P... usw. Derartige Antinomien kommen nicht nur in unserer Kommunikation vor, sie spielen sogar eine entscheidende Rolle in ihrer Entwicklung. Trotzdem gibt es in der Geschichte der Philosophie nur eine Handvoll von semantischen Konstruktionen, mit denen sich paradoxe Antworten künstlich herstellen lassen. Das älteste und bekannteste ist das Kreter-Paradoxon des EPIMENIDES. Ein zweites Beispiel ist RUSSELLs "Klasse aller Klassen, die sich nicht selbst als Element enthalten". Enthält sie sich als Element, dann ist sie nicht Element ihrer Klasse. Enthält sie sich nicht als Element, dann ist sie Element ihrer Klasse. Ausgehend von diesem Musterbeispiel einer Antinomie hat KRIPPENDORF gezeigt, daß der Informationsgehalt eines Paradoxons unendlich ist. Der endlose Wechsel zwischen den beiden Zuständen der Antwort bedeutet endlose Information (HUTTER 1989:31). Die Antwort ist erst vollständig, wenn ihre Folge in der nächsten Periode erfolgt ist, und die Folge verweist auf ihr Komplement, das erst in der darauffolgenden Periode erfolgen wird. KRIPPENDORF schließt daraus: "...Paradoxien paralysieren den Beobachter und können entweder zu einem Zusammenbruch der Konstruktion seiner oder ihrer Welt führen, oder zu einem Wachstum in der Komplexität seiner oder ihrer Repräsentation der Welt. Der letztere Fall sollte als Morphogenese charakterisiert werden." (KRIPPENDORF 1984:52. Meine Übersetzung).

Morphogenese, also Formschaffung in Sprachsystemen, ist das Resultat einer Paradoxon-Verwendung in der natürlichen Konversation, die dazu führt, daß eine eigene, neue Form ausdifferenziert wird. Wir können folgern: Wenn innerhalb eines bestehenden Kommunikationssystems eine Mitteilung selektiert wird, die die Eigenschaft der Paradoxie hat, dann kann aus dieser <u>Leitunterscheidung</u> ein eigenes Kommunikationssystem entstehen, das die Quelle seiner Autopoiese in sich trägt (HUTTER 1989:31). Eine (im wörtlichen Sinn) Quelle endloser Information ist verfügbar geworden. Das System ist fähig zu überleben, weil es die endlosen Veränderungen seiner Umwelt angemessen in seiner internen Kommunikation abbilden kann. Andere Systeme in seiner Umwelt werden ihrerseits dieses neue System als eine der Quellen für die endlose Veränderung, oder Unsicherheit, in ihrer eigenen Umwelt erkennen.

Derartige Formen der semantischen Selbstorganisation nennen wir "Spiel". Damit ist nichts über die Ernsthaftigkeit dieser Vorgänge ausgesagt. Genausowenig handelt es sich um Spiele (Games) mit vorgegebenen Alternativen, wie sie in spieltheoretischen Modellen entwickelt werden. Genauer trifft der Begriff der WITTGENSTEIN'schen Sprachspiele, deren Grenzen wir nicht kennen, weil keine gezogen sind. Jedes soziale System lebt von der gegenseitigen Unterstellung der Spielidentität in seinen Mitteilungen und vom Wissen der Teilnehmer, daß sie sich auch anders verhalten könnten. Die Bedeutung von Spielen in der Entwicklung von Kulturen haben HUIZINGA (1988) und BATESON (1972)in ausführlichen Studien dargelegt.

Unter welchen Umständen, in welcher Form sind Paradoxa in der Geschichte unserer Gesellschaft gelungen? In den ältesten Formen wie Clans und Familien bedeutete die biologische Unterscheidung bereits die soziale Unterscheidung. Die soziale Leitunterscheidung war damit hinreichend externalisiert. Komplizierter liegen die Dinge bei den jüngsten Ausdifferenzierungen, den funktionalen Teilsystemen der modernen Gesellschaft. In ihrem Zentrum und gleichzeitig sie begrenzend werden Begriffe gesetzt, deren Anfang oder Ursprung die vermutete Doppeldeutigkeit hat . Dazu gehören die Begriffe Wahrheit, Schönheit, Macht, Wert und Gerechtigkeit. In jedem Fall wird gespielt, daß ein entsprechendes Ideal wirklich, d.h. außerhalb seiner Bedeutung, ist, obwohl gleichzeitig bewußt wird, daß das Ideal nur subjektiv, psychisch gewußt werden kann. Die Externalisierung aus dem jeweiligen sozialen System in die psychischen Systeme wird im Erziehungsprozeß (der kein eigenes, durch eine eigene Leitunterscheidung autonomisiertes System ist) sorgsam gepflegt und entwickelt. Von der psychisch-kognitiven Kompetenz, sich dieser Ideale bewußt zu sein, hängt ab, wie erfolgreich neue semantische Formen zur Morphogenese von Gesellschaft gestaltend eingesetzt werden können.

II. Die Anwendung

Eine Anwendung der Theorie selbstreferentieller sozialer Systeme auf die Wirtschaft erfordert eine Rekonstruktion der Wirtschaft in den Kategorien der Theorie. Dann erst läßt sich erproben, ob mit Hilfe eines so beschaffenen Modells unsere Beobachtungen in der Wirtschaft besser erklärt werden können als mit herkömmlichen Modellen.

Basiselemente selbstreferentieller Systeme sind Mitteilungsereignisse. Mitteilungsereignisse sind ihrerseits selbstreferentiell. Die Mitteilungen erfolgen in einem Sprachcode. Sie unterscheiden sich vom Rest der Gesellschaft durch eine Leitunterscheidung. Die Leitunterscheidung gibt dem System, das sich da abspielt, seine Eigenart, und bleibt gleichzeitig im Sprachcode des Spiels verborgen.

Es gibt frühere Versuche, derartige Elementarereignisse innerhalb von Wirtschaften zu identifizieren. COMMONS (1924) hat schon in den 20er Jahren darauf hingewiesen, daß nicht der Tausch, sondern die zwei Akteure verknüpfende <u>Transaktion</u> der elementare Wirtschaftsvorgang ist. In jüngster Zeit hat insbesondere WILLIAMSON (1985) Transaktionen als kontraktartige Ereignisse begriffen und darauf eine differenzierte Theorie des Verhaltens in Organisationen aufgebaut.

Sehen wir uns Transaktionen zwischen Wirtschaftsakteuren - der Kauf einer Tomate oder auch der einer Tomatenplantage - genauer an. In jedem Fall handelt es sich

1. um eine Verknüpfung von Black Box A und Black Box B,

2. um eine Verknüpfung von Vergangenheit - der Anstoß zur intendierten Mitteilung - und Zukunft - der Auslöser einer Folgemitteilung,

3. um eine Verknüpfung zwischen wirtschaftlicher Mitteilung und in der Wirtschaft Mitgeteiltem. Das "Mitgeteilte" ist immer eine Übertragung des An spruchs auf Leistungen, über deren genaue Spezifikation sich die beiden Black Boxes verständigt haben.

Diese Leistungen, ihre Anfertigung ebenso wie ihr Verbrauch, sind die Außenereignisse der Transaktionen. Produktion und Konsumtion sind damit eindeutig außerhalb des Sprachspiels Wirtschaft. Aber wir dürfen nicht vergessen, daß jedes selbstreferentielle System überhaupt nur an der Differenz zwischen System und Umwelt zu erkennen ist. Daraus erklärt sich, wie Produktion und Konsumtion einer Wirtschaft Form geben, ohne selbst Wirtschaftsereignis sein zu können.

Die Mitteilungen selbst, die Innenereignisse der Transaktionen, sind immer Zahlungen (LUHMANN 1988). Eine Zahlung ist reines Kommunikationsereignis. Sie gewinnt ihre Anschlußfähigkeit durch einen Sprachcode, der mit dem Begriff "Geld" umschrieben wird, und durch eine Leitunterscheidung, die man hilfsweise mit "Knappheit", genauer aber mit " Wert" umschreiben kann.

Alle drei Begriffe - Geld, Knappheit und Wert - sind Thema jahrhundertelanger wissenschaftlicher Erörterung. An dieser Stelle kann nur angedeutet werden, wie sich diese Diskurse an die hier entwickelte Theorie ankoppeln lassen.

Die kontrakthafte Verständigung zwischen zwei Black Boxes braucht eine angemessene Form der Darstellung und Erinnerung. Das hierfür entwickelte Medium wird Geld genannt. Geld ist nur als Recheneinheit einfach; als Verständigungsmittel der Transaktion bildet es in seinen Formen - Banknote, Schuldschein, Wandelanleihe, Vorzugsaktie etc. - die Vielfalt der Zeitperioden, Personen und Gegenstände ab, die in den komplexen Transaktionen moderner Volkswirtschaften verhandelt werden.

Die Entwicklung neuer Geldformen ist ein langsamer, von zahlreichen Voraussetzungen abhängiger Prozess. Damit eine Finanzinnovation gelingt, muß sie nämlich verstanden werden. Ist eine neue Form gelungen, dann ermöglicht sie eine bisher undurchführbare Klasse von Transaktionen. Das Vermögen, d.h. der Finanzkapitalbestand der Wirtschaft kann dann entsprechend wachsen.

Die Leitunterscheidung wirtschaftlicher Mitteilungsereignisse ist besonders schwierig festzumachen. Im Recht und in der Wissenschaft besteht ein leidlicher Konsens darüber, daß Gerechtigkeit bzw. Wahrheit die Begriffe sind, die in ihrer Ambiguität von vorgefundener Objektivität und empfundener Subjektivität diese Funktion erfüllen. Beobachter der Wirtschaft, die vordergründig Güter und Waren als Elemente der Wirtschaft begriffen, suchten nach einer Eigenschaft dieser Objekte, um ihre Wirtschaftsbezogenheit zu charakterisieren. Knappheit – also eine zumindest kurzfristig vorgefundene Objektivität der Relation zwischen vorhandener und nachgefragter Menge, erfüllte die Anforderungen. Aber Knappheit täuscht Fremdreferenz vor, wo Selbstreferenz stattfindet. Die Selbstreferenz wird in die Subjektivität der elementaren Individuen verbannt, ihre soziale Genese bleibt verborgen.

In der Theorie selbstreferentieller sozialer Systeme werden dagegen Transaktionen als Elemente begriffen. Transaktionen verknüpfen Leistungen mit Zahlungsmitteilungen. Wir suchen nach dem Selbstverständnis der Zahlung. Dabei stoßen wir auf nichts Spezifischeres als die Idee des Wertes. Einer Transaktion wird Wert zugemessen – ein Tauschwert auf der inneren, semantischen Seite, ein Gebrauchswert auf der äußeren, nicht-semantischen, "realen" Seite der antinomischen Aussage. Der Wert selbst bleibt dabei der "blinde Fleck", die Bezugsgröße, von der aus zwischen Alternativen selektiert wird.

"Die Werthaftigkeit des Wertes ist die Position, von der aus man beobachtet, fordert, sich engagiert und sich zum Handeln bereitfindet..."
"Werte werden in der Kommunikation gewissermaßen versteckt, während man die Kommunikation direkt auf etwas richtet, was Widerspruch finden könnte und noch zu verhandeln ist. Sie reproduzieren sich und kompensieren durch die indirekte Kommunikation." (LUHMANN 1987:168, 169).

Die kognitive Kompetenz der Zahlungsbewertung wurde seit dem 12. Jahrhundert auf alle möglichen anderen, psychischen ebenso wie sozialen, Systeme übertragen. Hinter der Vielfalt der Werte verschwand der wirtschaftliche Wert als spezifisch erkennbare Form.

Damit ist die Rekonstruktion der Wirtschaft als sozialem System zumindest in einer ersten Skizze abgeschlossen. Die folgende graphische Darstellung soll den Gedankengang vertiefen.

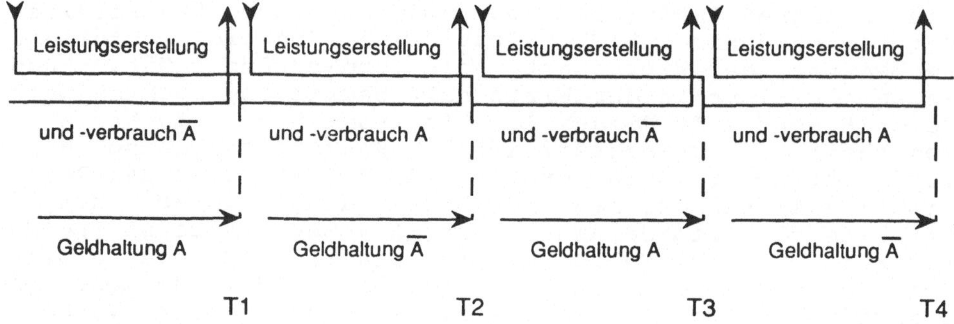

Abb. 1

In Abb. 1 ist die Abfolge von Transaktionen durch eine
Verkettung von Geldhaltung und Leistungserstellung, bzw.
von Zahlung und Leistungstransfer dargestellt. A hält
Geldsymbole während der Periode T 1. In T 1 transformiert
A irgendwelche Bestandteile des physischen, der organischen, psychischen oder sozialen Systemen in etwas, das
schließlich die Bedeutung einer Ware oder Leistung bekommt – etwas, das dann wertvoll ist. Mit der Übertragung
der Leistung auf A (Transfer) und der Übertragung der
Symbole auf A (Zahlung) beginnt die Periode T 2. In ihrem
Verlauf verbraucht A die übertragene Leistung und
erstellt eine neue Leistung, die in der Periode T 3 von A
verbraucht wird usw. Die Darstellung zeigt die Rekursivi-
tät jeder Transaktion: Die Symbolübertragung der Zahlung
in den Regeln der Geldwirtschaft wird verstanden, weil
eine zukünftige Übertragung erfolgen wird. Sie wird
erfolgen, weil sie in der Vergangenheit erfolgt ist.
Transaktion 2 wird Transaktion 1 vorgezogen, weil Transaktion 3 der Transaktion 2 vorzuziehen sein wird. Der
Vorgang hat keinen Anfang. Der Anfang wird erst im
nachhinein, durch Fremdreferenz, gesetzt. Der Vorgang hat
kein Ende. Allein der Verdacht des Endes genügt, um die
Kette der Kommunikation zusammenbrechen zu lassen.

Abb. 1 gibt einen winzigen, mikroskopischen Ausschnitt
einer Transaktionenkette wieder. Abb. 2 schematisiert den
makroskopischen Gesamtverlauf: Das in sich geschlossene
Spiel der wirtschaftlichen Bewertung, vorangetrieben
durch die Anknüpfung an jeweils zukünftige Zahlungen,
treibt seinerseits die dauernde Umwandlung von Fremdsy-
stemen die zur Verwertung in wirtschaftlichen Leistungen.

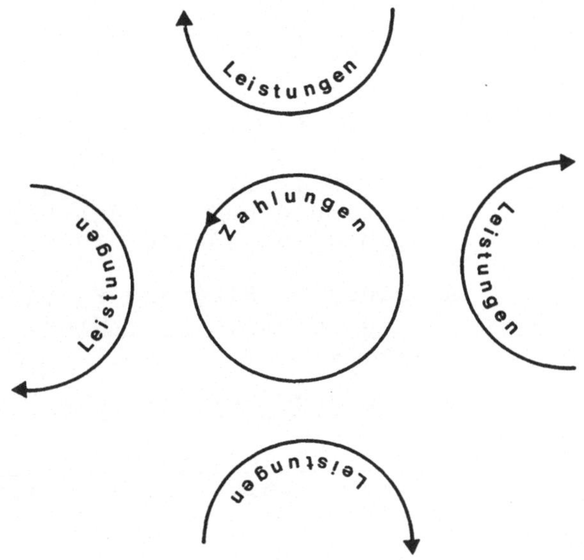

Abb.2

Der nächste Schritt der Theorieentwicklung führt über diesen Aufsatz hinaus. Individuen und Unternehmen wurden als Black Boxes bisher konsequent aus der Untersuchung ausgespart. Erst die kognitiven und emotionalen Kompetenzen von Menschen und die kommunikativen Kompetenzen von Organisationen geben einer Wirtschaft aber ihre Eigenart. Diese Systeme sind gemeinsam mit der Wirtschaft koevolviert, und sie betreiben die Wirtschaft ebenso wie sie von der Wirtschaft betrieben werden.

Die praktische Verwendung der Theorie setzt ein detailliertes Verständnis der Interferenz von Wirtschaft, Organisationen und Menschen voraus. All das ist noch zu leisten. Ziel dieses Aufsatzes war es lediglich, Verständnis für das Begreifen des Wirtschaftsprozesses als einer fundamental eigenständigen Form der Selbstorganisation zu wecken.

Literaturverzeichnis:

AN DER HEIDEN, U.   Die Organisation der Organismen: Selbst-
ROTH, G.   herstellung und Selbsterhaltung. Funkt.
SCHWEGLER, G.   Biol.Med. 5, 330-46, 1985

BATESON, G.:   A Theory of Play and Fantasy. In: Steps
                   to an Ecology of Mind. New York:
                   Ballantine 1972

BATESON, G.:   Mind and Nature. New York: Bantam 1979

COMMONS, J.R.:   Legal Foundations of Capitalism.
                   Madison: Univ. of Wisconsin Press 1968
                   (1924)

HAKEN, H.:   Entwicklungslinien der Synergetik.
                   Naturwissenschaften 75, 163-72, 225-34,
                   1988

HUIZINGA, J.:   Homo Ludens. Hamburg: Rowohlt 1987
                   (1938)

HUTTER, M.:   Die Produktion von Recht. Eine selbstre-
                   ferentielle Theorie der Wirtschaft,
                   angewandt auf den Fall des Arzneimittel-
                   patentrechts. Tübingen: Mohr (Siebeck)
                   1989

KRIPPENDORF, K.:   Paradox and Information. Progress in
                   Communication Sciences 5, 46-71, 1984

LUHMANN, N.:   Soziale Systeme. Frankfurt: Suhrkamp
                   1984

LUHMANN, N.:   Einige Probleme mit "reflexivem Recht".
                   Zeitschrift für Rechtssoziologie 6, 1-18,
                   1985

LUHMANN, N.:   Tautologie und Paradoxie in den Selbst-
                   beschreibungen der modernen Gesell-
                   schaft. Zeitschrift für Soziologie 16,
                   161-74, 1987

LUHMANN, N.:   Die Wirtschaft der Gesellschaft. Frank-
                   furt: Suhrkamp 1988

PRIGOGINE, I.:   From Being to Becoming. San Francisco:
                   Freeman 1980

VARELA, F.
MATURANA, H.
URIBE, R.: Autopoiesis: The Organization of Living
Systems, <u>Biosystems</u> 5 (4), 187-96, 1974

WILLIAMSON, O.: <u>The Economic Institutions of Capitalism.</u>
New York: Free Press 1985

SELBSTORGANISATION
in komplexen Verwaltungssystemen

Edwin Eichler
Bertelsmann Zentrale Informationsverarbeitung GmbH
An der Autobahn, 4830 Gütersloh

Einleitung

Große Behörden, Unternehmen oder internationale Konzerne verfügen heute über aufwendige Systeme zur Daten- und Informationsverarbeitung (DV/IV-Systeme). Eine flexible interne Organisation ist die Voraussetzung zur effizienten Nutzung bei der Durchführung der vielseitigen und komplexen Aufgaben. In den vergangenen Jahren bildete sich durch die zunehmende Dezentralisierung der DV/IV-Anlagen der Bereich des Informationsmanagement (IM) heraus. Der Umgang mit Information gewinnt zunehmend an Bedeutung und hat meist schon den gleichen Stellenwert wie Finanz- oder Personalmanagement.

Die Aufgaben bei der praktischen Realisierung von DV/IV-Konzepten, sowie deren Auswirkungen auf grundlegende Arbeitsweisen in Großorganisationen sind in diesem Vortrag der Gegenstand für Überlegungen zum Begriff "Selbstorganisation" (SO). Dieser wird allgemein mit schwierigen und wenig beherrschbaren Prozessen in komplexen Verwaltungssystemen in Verbindung gebracht. Das zunächst subjektive Empfinden der Eigenschaft "SO" soll aus Erfahrungen großer Verwaltungssysteme im Umgang mit DV/IV klarer entwickelt und definiert werden.

Gegenstand für eine Erörterung von SO-Phänomene sind Strukturen in komplexen Verwaltungen oder großen Unternehmen. Erfahrungen des Autors bei der Weiterentwicklung des IM einer ministeriellen Behörde sind die Grundlage .

Eigenschaften komplexer Verwaltungssysteme

Unter einem "komplexen Verwaltungssystem" wollen wir eine Organisation verstehen, die über mindestens 500 Mitarbeiter verfügt und ein Spektrum stark diversifizierter Aufgaben aufweist. Ein solches Verwaltungssystem sei im Sinne der Abbildung 1 in unterschiedliche Komponenten (Organisations-Elemente) gegliedert.

Die einzelnen Elemente (Individuen, Dezernate, Abteilungen, Referate oder Institute), die die Gesamtorganisation konstituieren, verfügen weitgehend über eine vergleichbare innere Struktur. Sie unterscheiden sich meist nur durch unterschiedliche Ausstattung in Bezug auf Personal, Material, Aufgaben, Finanzen oder Infrastruktur.

Insgesamt wird eine Darstellung eines Verwaltungssystems gem. Abbildung 1 als Aufbauorganisation bezeichnet. Die einzelnen Komponenten und ihre aufbauorganisatorische Gliederung werden durch eine dynamische Ablauforganisation überlagert. Für das Zusammenspiel der Komponenten bei der Erfüllung der Organisationsziele sind Informations-, Material-, und Personalflüsse meist in zusätzlichen Diagrammen oder Beschreibungen festgelegt.

Aufbauorganisation und Ablauforganisation bilden gemeinsam die Grundkonzeption einer komplexen Organisationsstruktur. Die Aufgabenteilung sowie die Verarbeitungsabläufe sind festgeschrieben. Ähnlich einer Maschine sollen bei optimaler Organisation die "Rädchen" störungsfrei ineinandergreifen, um Aufgaben zu lösen und Organisationsziele zu erreichen.

Das Konzept der "hierarchischen Gliederung" versucht von vornherein die dynamischen Abläufe festzulegen und Zufälligkeiten auszuschließen. Das Grundprinzip der Auftragsbearbeitung basiert auf der Definition von Arbeitspaketen durch eine vorgesetzte Stelle. Diese Einheiten werden auf der Arbeitsebene bis zu Teilergebnissen gelöst, anschließend wird das Gesamtergebnis auf der Führungsebene zusammengefügt. Wenn sich alle beteiligten Stellen an diese Regeln halten und die notwendigen Ressourcen planmäßig verteilen, kann ein reibungsloser Ablauf garantiert werden.

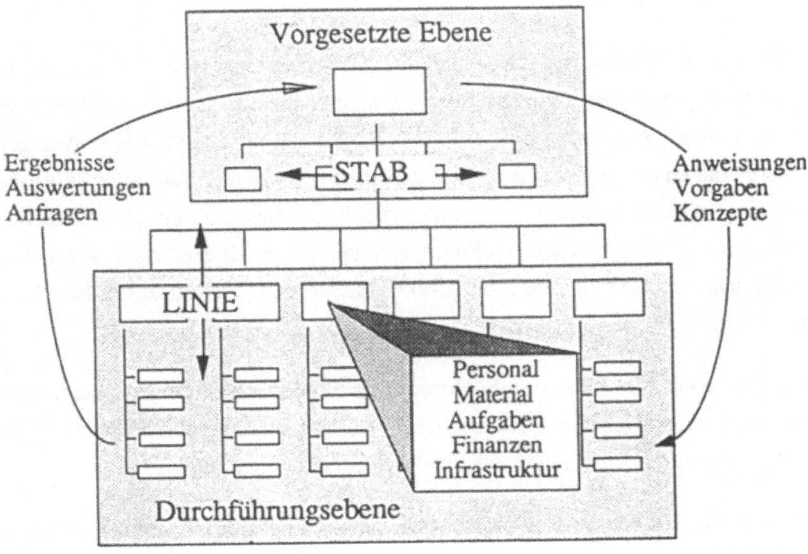

Abb.: 1   Aufbau- und Ablauforganisation in komplexen Verwaltungssystemen

DV-Systeme in komplexen Verwaltungen und Großunternehmen

Die Entwicklung von DV-Systemen in Großorganisationen (Anlagen mit Hardware (HW) und Software (SW)) wurde durch die technische Entwicklung der Anlagen geprägt. Zentrale Rechner (Mainframes) waren zu Beginn der 60er Jahre die einzigen Rechensysteme, die kommerziell in Wirtschaft und Verwaltung eingesetzt werden konnten.

Die Struktur ihrer Konzeption entsprach der Auffassung von einer hierarchischen Organisation. Zentral wurden Funktionen und Dienste den Nutzern zur Verfügung gestellt. Aufgabenspezifische Entwicklung von Anwendungs-Software förderte die festgeschriebenen ablauforganisatorischen Strukturen.

Anforderungsprofile, Pflichtenhefte und SW-Entwicklung wurden zentral geplant, verabschiedet und realisiert. Dieser Ablauf entsprach weitgehend der Anschaffung und Installation von Maschinen und Produktionseinheiten im Bereich der Industrie. Für den Bereich der Verwaltung wurde das Prinzip kopiert und konnte meist mit Erfolg übernommen werden, da die verwaltungstechnischen Abläufe der hierarchischen Struktur entsprechen.

Das Ergebnis dieser Entwicklung spiegelt sich heute in den installierten DV-Anlagen von Verwaltungen und Unternehmen. Weit verbreitet sind sogenannte "Informationssysteme" oder "Führungssysteme". Mehrere Nutzer sind dabei an eine zentrale Rechenanlage angeschlossen, die sämtliche Funktionen für die Aufgabendurchführung bereitstellt. Für die Bearbeitung unterschiedlicher Detailaufgaben sind jeweils eigenständige Systeme verfügbar.

Neben dieser zentralen Versorgung mit Rechnerkapazität verbreiteten sich in den letzten Jahren zunehmend PC-Systeme und Anlagen mittlerer Göße, sogenannte Abteilungsrechner. Die Notwendigkeit einer "Zusatzausstattung" wird meist mit fehlender Funktionalität der zentralen Anlagen und deren Serviceengpässen (ab einer gewissen Anzahl von Nutzern) begründet. Die zentrale Aufbereitung von Systemfunktionen bedeutet für den Nutzer einen erheblichen Lernaufwand. Durch das umfangreiche Angebot tastet er sich zu den gewünschten Funktionen vor. Hat er eine erreicht, so stellte er meist fest, daß seine wirklichen Anforderungen nur zum Teil erfüllt werden - Änderungsforderungen mit erheblichem Aufwand sind die Folge.

Durch diesen Kreislauf von fehlender Funktionalität, Änderungsforderung, Implementierung der Änderungen und damit verbundenem Anstieg der Systemkomplexität sowie sinkender Durchsatz der zentralen Anlage, wurde die Verbreitung dezentraler Systeme weiter begünstigt.

In Abbildung 2 sind die Probleme heutiger DV-Strukturen komplexer Verwaltungssysteme zusammengefaßt. Die Verbreitung dezentraler DV führt zunächst zu einer Verbesserung der lokalen Versorgung mit individuell abgestimmter Rechnerleistung. Die Folge davon ist aber meist der Wunsch nach Anschluß an die bestehenden zentralen Systeme, um die dort verfügbaren Daten nutzen zu können.

Dadurch, daß in der Anfangsphase die Einführung von PCs meist nur durch die Initiative einzelner Organisations-Elemente stattfand, d.h. unkoordiniert innerhalb der Gesamtorganisation, entstand ein Wildwuchs von Anlagen, die untereinander kaum kompatibel waren. Gerade in großen Organisationen herrschen Verhältnisse wie während einer DV-Messe. Alle namhaften Hersteller mit unterschiedlichen Betriebssystemen und Anwendungs-Software sind in der Organisation an den jeweiligen Arbeitsplätzen anzutreffen.

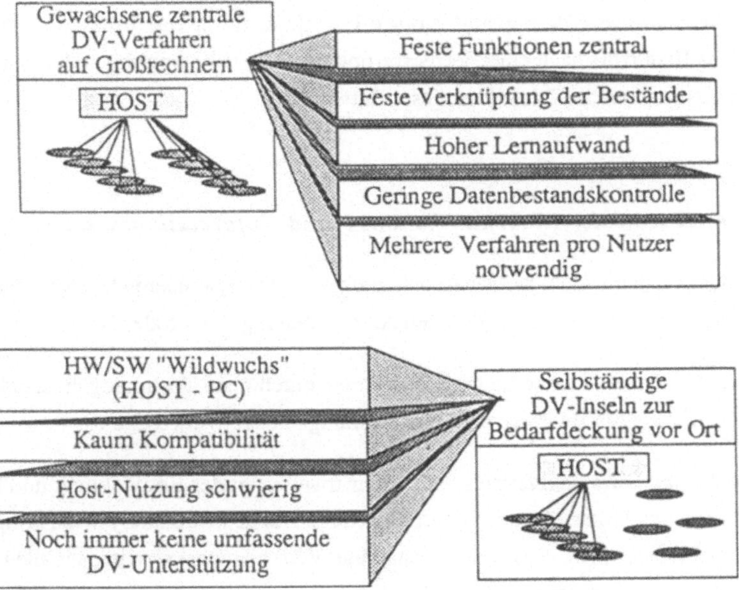

Abb. 2: Kennzeichen gewachsener zentraler DV-Strukturen und Verbreitung dezentraler Anlagen

Die Aufgabe des Informationsmanagements

Ausgelöst durch die im letzten Abschnitt beschriebene Entwicklung etablierte sich in Großorganisationen die Aufgabe des "Informationsmanagements"(IM). Ziel ist dabei das Management des richtigen Umgangs mit Information innerhalb der Organisation in Verbindung mit der Außenwelt.

Definieren läßt sich Informationsmanagement etwa wie folgt:

> Ständige Aufgabe der Analyse, Planung, Durchführung und Kontrolle der Prozesse und Werkzeuge zur Informationsgenerierung und -modifizierung, sowie der notwendigen Kommunikationsverbindungen. Ziel ist die Sicherstellung der Informations- und Kommunikationsversorgung, die zur Erfüllung der Aufgaben einer Organisation notwendig sind.

Die Einführung dieser Aufgabe, die in manchen Verwaltungen bereits eigene Abteilungen beschäftigt, entstand, wie beschrieben, durch die Verbreitung dezentraler DV-Anlagen. Dies geschah weitgehend ohne die übliche zentrale Planung und Kontrolle, allein durch die Initiative der Elemente der Organisation. Das Bedürfnis nach einer Verbesserung der Arbeitsbedingungen durch die Nutzung moderner Rechnerleistung war die Triebfeder dieser Entwicklung.

Auswirkungen dezentraler Kommunikations- und Informationssysteme

Ein entscheidender Gesichtspunkt bei der Annäherung an selbstorganisierende Eigenschaften komplexer Verwaltungssysteme liegt in den Auswirkungen der Verbreitung dezentraler DV.

Informationsdurchlauf- und Bearbeitungszeiten werden durch neue Technologien ständig verkürzt. Die Informationsverdichtung nimmt durch die Leistungsfähigkeit der Werkzeuge zu.

Die Bearbeitungs- und Durchlaufzeiten werden schrittweise mit der Entwicklung und Einführung moderner DV-Anlagen und Unterstützungssysteme verkürzt. Die dezentralen Systeme bringen in Form von Mikro- und Minicomputern (PC-Systeme) selbständige Verarbeitungskapazität auf alle Ebenen einer Organisation. Die Folge sind umfangreiche strukturelle und prozessuale Veränderungen.

Auf der einen Seite entsteht eine umfassende Leistungssteigerung und Qualitätszunahme der Arbeitsergebnisse, auf der anderen Seite können jetzt erst Problemstellungen und Aufgaben gelöst werden, die ohne die automatische Datenverwaltung überhaupt nicht bearbeitet werden konnten. Die Aufbereitung, Verdichtung und Verteilung von großen Datenbeständen, sowie in zunehmendem Maße auch Wissen in Wissensbanken sind der Kern dieser Entwicklung.

Insgesamt nimmt dadurch die Kommunikation in einer, mit moderner DV-Unterstützung ausgestatteten Organisation, zu. Die qualitativ (im Sinne von "bedarfsgerecht") hohe Datenverdichtung ermöglicht in der Folge komplexe neue Fragestellungen aufzugreifen. Schließlich werden schrittweise spezielle, zusätzliche Anforderungen an Datenaufbereitung und Verdichtung initiiert.

Die klassischen, hierarchischen Organisationsstrukturen mit ihrem starren Befehls- und Auftragsprinzip sind jetzt oft nicht mehr ausreichend für die Bewältigung der komplex strukturierten Aufgaben.

Die vorgeschriebenen Verarbeitungsabläufe und Dienstwege müssen immer öfter durchbrochen werden. Informelle Kommunikationsbeziehungen und individuelle Verbindungen zwischen einzelnen Bearbeitern gewinnen an Bedeutung und tragen entscheidend zum Erfolg der Organisation bei, obwohl sie im System offiziell nicht vorgesehen sind. Manchmal wird dies als Ausprägung einer "zweiten Realität" hinter der offiziell zugelassenen Struktur (gem Abb. 1) bezeichnet.

Die grundlegenden, in Vorschriften und Plänen festgelegten, hierarchischen Strukturen werden in der Praxis immer mehr zu einem Netzwerk aus Organisation-Elementen . Die Verarbeitungsgeschwindigkeit der DV-Systeme und die Qualität der Informationsverarbeitung zwingt Anwender und Entscheidungsträger zum Durchbrechen der konventionellen Organisationsstrukturen.

Die einzelnen Dezernate, Abteilungen und Sachbearbeiter "rücken" in diesem Sinne enger zusammen. Viele Arbeitsabläufe, die in der Vergangenheit strikt sequentiell ausgeführt werden konnten, müssen, seit es Mittel zur effizienten Verteilung von Daten, Informationen und Wissen gibt, parallel ausgeführt werden.

Gerade die praktischen Anwendungen der KI-Forschung im Bereich automatisierter Wissensverarbeitung führen zu einer Verbreitung und damit gleichzeitigen Nutzung von Expertenwissen. Führer war dieses Wissen an bestimmten Stellen konzentriert und auf einzelne Bearbeiter bezogen. Dies hatte eine sequentielle Bearbeitung der anfallenden Datenlast zur Folge. Die schnelle Verteilung von Wissen parallelisiert heute die Prozesse.

Die Auswirkungen dieser Entwicklung lassen sich in vielen Bereichen und Abläufen bei Firmen und Behörden erkennen.

<u>Beispiel:</u>   Planungsprozesse in einem Ministerium

Bei der geringen und unzureichenden DV-Unterstützung in der Vergangenheit reichte es aus, wenn vorgesetzte Dienststellen den planungsdurchführenden Dezernaten die Vorgaben für Planungsprozesse in Form von Befehlen und Anweisungen kompakt übermittelten. Die Planung konnte so über einige Zwischenberichte, bis hin zum Ergebnis, sequentiell, gemäß den festgelegten Vorschriften der Phasenabläufe, durchgeführt werden.

In jüngerer Zeit verfügen die Planungsbeauftragenden über moderne DV-Anlagen in Form von Daten- und Wissensbanken, basierend auf leistungsfähigen dezentralen PC-Systemen. Diese versetzen sie in die Lage, Planungsvorgaben unter Berücksichtigung mehrerer Eingangsfaktoren detaillierter auszuarbeiten. Dies geschieht bereits in einer sehr frühen Phase der Planung.

Für den Planungsvorbereitungsprozeß wird Fachwissen der Durchführungsebene benötigt. Dies führt, bereits in einem frühen Stadium der Planung, zu einer intensiveren

Zusammenarbeit zwischen Durchführungsebene und vorgesetzten Stellen. Umgekehrt können die durchführenden Stellen im eigentlichen Planungsprozeß frühzeitiger qualifizierte Ergebnisse liefern. Entscheidungen der Vorgesetzten werden dort jetzt öfters und schneller benötigt.

Insgesamt wird der Planungsprozeß parallelisiert und dynamisiert. Die klassischen Planungsphasen werden verwischt und die streng hierarchischen Strukturen werden durch eine kooperative Arbeitsweise verdrängt.

Es entsteht ein Netzwerk von gleichberechtigten Komponenten der Organisation.

Diese Entwicklung bringt über die angesprochenen, positiven Ergebnisse, in Bezug auf Verarbeitungsgeschwindigkeit und Qualität der Leistungen, hinaus, neue Probleme mit sich, die bei streng hierarchischer Führung konventioneller Organisationen bisher nicht aufgetreten sind.

Durch die intensive und enge Zusammenarbeit von Stellen unterschiedlicher Organisationsebenen kommt es vermehrt zu Konflikten zwischen der alten vorschriftsgerechten Arbeitsstruktur und den tatsächlichen (meist informellen) Beziehungen.

Nachgeordnete Stellen erhalten durch die gleichberechtigte, parallele Arbeitsweise im Netzwerk vermehrt Einfluß auf vorgesetzte Stellen. Da die alten Strukturen formal noch Gültigkeit haben, kommt es zu Konflikten zwischen Theorie und Praxis der Organisationsabläufe.

Die vorgesetzten Stellen sehen ihre angestammten Machtbefugnisse und dokumentierten Befehlsbereiche schwinden und fühlen sich in ihrer Position gefährdet. Gerade wenn es in der Auseinandersetzung um fachliche Inhalte geht, versuchen nachgeordnete Stellen die fachliche Abhängigkeit ihrer Vorgesetzten "machtpolitisch" auszunutzen. Dies sind Gelegenheiten, aus den Zwängen der Hierarchie auszubrechen.

Auf der anderen Seite wendet die vorgesetzte Dienststelle gegenüber der nächsthöheren Verantwortungsebene die gleichen Strategien an, die sie bei ihren Untergebenen zu verhindern sucht.

Zusammenfassend läßt sich sagen:

Die Verbreitung moderner DV-Technologie in komplexen Organisationen verstärkt das Selbstbewußtsein einzelner Organisations-Elemente durch die Aufwertung ihrer Tätigkeit im Entscheidungsfindungsprozeß.

Eine Beteiligung aller Ebenen zu jedem Zeitpunkt eines Prozesses, innerhalb einer Organisation, wird unerläßlich. Dies bedeutet überall eine Zunahme an Eigeninitiative und Kreativität. Gleichzeitig verfolgen aber immer mehr Organisations-Elemente eigene, interne Ziele, die meist auf Machtzuwachs und Einflußverstärkung ausgerichtet sind, da die konventionelle Hierarchie als Zwang empfunden wird.

Die leistungsfähigen Verarbeitungsinstrumente verstärken das Bewußtsein für die eigene Bedeutung innerhalb der Organisation und verdeutlichen die Abhängigkeit vorgesetzter Stellen.

Auswirkungen dezentraler DV auf IM-Konzeptionen

Die Ausführungen im letzten Abschnitt lassen sich auf verschiedene Bereiche in einer komplexen Verwaltungsorganisation übertragen. Speziell gelten die Ergebnisse für die Entwicklung der DV/IV-Konzepte selbst. IM-Konzeptionen unterliegen bei zunehmender Dezentralisierung ebenfalls dem Wechselspiel unterschiedlicher Ebenen, die verstärkt aufeinander angewiesen sind.

Bereits bei der Erstellung von IM-Konzeptionen wird die gegenseitige Abhängigkeit deutlich. Um genaue Bedarfsanalysen durchführen zu können, benötigen die verantwortlichen Stellen detaillierte Aussagen über Bedarf und Funktionsumfang der Informationsverarbeitung auf der Arbeitsebene.

Bedarfsanalysen müssen sich auf die aktuellen Werkzeuge und die vorhandene DV-Kapazität beziehen. Die Leistungsfähigkeit zukünfiger Instrumente kann nur unzureichend geschätzt werden. Dies hat zur Folge, daß erst bei Einführung neuer Systeme die nutzenden Stellen die notwendigen Informationen erhalten, um den wirklichen Bedarf abschätzen zu können.

Neue Werkzeuge verändern oft nachhaltig die Verarbeitungsabläufe, die Formen der Informationsaufbereitung sowie die Methodik der Auftragsdurchführung. Da dies erst mit der Einführung neuer Systeme klar wird, entstehen umgehend neue Bedarfsforderungen. Letztere unterliegen wiederum dem gleichen Zyklus.

Ein weiterer Aspekt verdeutlicht die zunehmende Abhängigkeit, ehemals hierarchisch klar getrennter Organisationsebenen in einem komplexen Verwaltungssystem: Die Konzeptionserstellung benötigt zunehmend den Sachverstand nachgeordneter Stellen. Umfangreiche Spezifikationen müssen gemeinsam aufgestellt werden. Abbildung 3 zeigt diese zirkuläre Abhänigkeit graphisch.

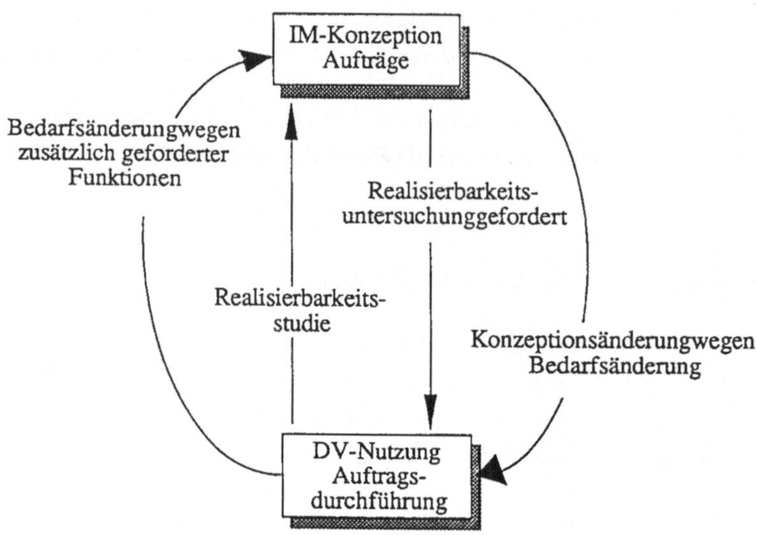

Abb. 3: Zusammenwirken vorgesetzter und nachgeordneter Stellen bei
der Entwicklung und Realiserung von IM-Konzeptionen

Eine weitere Verwischung vorhandener Vorgesetztenverhältnisse ist das Ergebnis. Die unterschiedlichen Interessenslagen einzelner Gruppen und Elemente müssen koordiniert, abgestimmt und zusammengefaßt werden. Dies zieht umfangreiche Besprechungszyklen und Verhandlungsrunden nach sich.

Aus der geschilderten Entwicklung ergeben sich mehrere Folgerungen für die Veränderung klassischer Organisationensformen. Diese können als direktes Ergebnis der Verbreitung moderner DV/IV-Anlagen in Großorganisationen angesehen werden.

1. Auf der Ebene der Nutzer entwickelt sich verstärkt Eigeninitiative beim Aufbau individueller Strukturen und Konzepte im Bereich IM. Nach "oben" können diese durchgesetzt werden. In vielen Bereichen einer Organisation führt dies zur Ausprägung unterschiedlicher DV-Systeme (Anlagen) auf allen Funktionsebenen (HW, Betriebssysteme, Anwendungs-SW)

2. Die Verstärkung der "Inselmentalität" in der Organisation verursacht bei den zentralen Leitungsorganen, die letztendlich für die Strukturen verantwortlich sind, dirigistische Gegenmaßnahmen.

In einer ersten Phase werden umfangreiche Ist-Analysen zur Erfassung vorhandener Anlagen durchgeführt und nur wenige konkrete Maßnahmen eingeleitet. Auf der Ist-Analyse aufbauend wird ein möglichst breiter "gemeinsamer Nenner" gesucht, der schließlich für alle verbindlich vorgeschrieben wird. Da dieser "Nenner" wiederum zur Bedarfsunterdeckung bei einigen Nutzern führt, werden die Maßnahmen zur Inselbildung erneut verstärkt.

Gegenseitige Kompetenzstreitigkeiten und "Eindämmungsversuche" werden ausgelöst und führen immer weiter weg von sachlichen Argumenten.

3. Die informellen Beziehungen zwischen einzelnen Gruppen und Abteilungen, jenseits der offiziellen Strukturen, gewinnen an Bedeutung. Die ursprünglichen Sachfragen, die mit den Werkzeugen bearbeitet werden sollten, können meist nur über diese informellen Beziehungen abgewickelt werden.

4. Die Entwicklung moderner DV/IV-Systeme am Markt vollzieht sich sprunghaft in immer kürzeren Zyklen. Anlagen, die eben erst neu angeboten wurden, können innerhalb weniger Monate durch zusätzliche Erweiterungen und Ausbaustufen völlig neue Eigenschaften erhalten.

    Da die Konzepterstellung, von der Analyse bis zur endgültigen Beschaffung, meist sehr lange dauern kann, sind Geräte bei ihrer Einführung an den Arbeitsplätzen veraltet und entsprechen nicht mehr dem "state of the art".

5. Die Komponenten eines komplexen Verwaltungssystems beobachten die Gesamtorganisation und formen sich ein Modell über deren Leistungsfähigkeit und die globalen Eigenschaften. Diese "lokalen Modelle" der Organisation bestimmen zunehmend die Handlungen der Komponenten.

    Umgekehrt verändert sich das Erscheinungsbild und die Leistungsfähigkeit der Gesamtorganisation durch die geschilderten Eigenschaften. Insgesamt läßt sich beobachten, daß die Komponenteneigenschaften und Eigenschaften des Gesamtsystems sich gegenseitig beeinflußen.

Selbstorganisation und Informationsmanagement in komplexen Verwaltungssystemen

Die beschriebenen, zirkulären Abhängigkeiten bei Konzepterstellung und Systemeinführung sowie das wechselseitige Zusammenspiel von ehemals klar getrennten Organisationsebenen, erzeugen den subjektiven Eindruck, daß in einer komplexen Organisation unter den geschilderten Voraussetzungen "selbstorganisierende" Kräfte wirken.

IM-Abteilungen oder Arbeitsgruppen, die mit dem Ausbau und der Weiterentwicklung einer Organisation auf diesem Sektor betraut sind, sehen sich täglich mit diesen Phänomenen konfrontiert. Die einzelnen Komponenten der Organisation gewinnen zunehmend Selbständigkeit, in dem Maße, in dem vorgesetzte Stellen auf die nachgeordneten Strukturen angewiesen sind.

Konzeptentwicklung und aktive Nutzung implementierter Systeme werden zunehmend parallel ausgeführt. Klare Projektabschnitte und Stufen lassen sicher immer schwerer trennen. Ein definiertes
Realisierungsende läßt sich kaum noch feststellen. Im Gegenteil, gerade fortschrittliche Konzepte ziehen
meist größere Änderungen nach sich.

Maßnahmen zur Konsolidierung von "oben" scheinen ohne erkennbare Wirkung zu bleiben. Es ent-
steht der subjektive Eindruck, daß Beschränkungen und Vorschriften das Gegenteil bewirken: Radikale
Einengung zeigt zwar kurzfristig Wirkung, jedoch sinkt in der Folge die lokale Arbeitsleistung und die
Eigeninitiative. Dies wirkt ebenso kontraproduktiv, wie ungehindert ausufernde DV-Systeme.

Vor diesem Hintergrund läßt sich der Begriff "Selbstorganisation" im Bereich IM jetzt mit Bedeutung
füllen. Er wird kennzeichnend für die beschriebenen Eigenschaften, die sich bei zunehmender
Dezentralisierung durch moderner DV/IV-Systeme einstellen.

"SELBST"   bedeutet in diesem Sinne die zunehmende "Selbständigkeit" einzelner
                 Komponenten einer hierarchischen Organisation einerseits und andererseits
                 "Verselbständigung" von Entwicklungsprozessen bei IM-Konzeptionen.
                 Letztere werden durch das beschriebene Wechselspiel zwischen Komponenten
                 und Gesamtorganisation hervorgerufen.

"ORGANISATION"   bedeutet einerseits die klassische Organisationsstruktur, die in Form von
                 Ablauf- und Aufbauorganisation jedem Verwaltungssystem zugrunde liegt, an-
                 dererseits bezieht sich der Begriff auf die Ausbildung von Strukturen, die nicht
                 direkt geplant und durch Vorschriften festgelegt sind.

<u>Definition</u>:   Selbstorganisation in komplexen Verwaltungssystemen im Bereich IM:

                 Verantwortliches Zusammenwirken von Organisationselementen (Individuen, Dezernate, Referate
                 ...) durch Verwendung von Information- und Kommunikationstechnologie (zunehmend dezen-
                 tral) bei der Umsetzung von Unternehmenszielen (Organisationszielen). Dabei bewußte
                 Ausnutzung der Parallelität der Arbeitsprozesse und Heterarchie der Elemente in den Bereichen
                 Analyse, Planung, Realisierung und Kontrolle. Die Selbstorganisation zeigt sich dabei vor allem
                 durch die gegenseitige Beeinflussung von Elementen und Gesamtsystem.

Bedeutung der "Selbstorganisation" in komplexen Verwaltungssystemen

Aus dieser Definition ergeben sich weitreichende Konsequenzen für die Einordnung des Begriffs
"Selbstorganisation". Zunächst wird die so definierte Eigenschaft, zusammen mit ihren Auswirkungen,
als störend empfunden. Selbstorganisierende Kräfte untergraben die klaren Organisationsstrukturen!

Präzis heißt das: Dezentralisierung von DV/IV-Systemen führt zu Unabhängigkeit von Organisationskomponenten und zu Abhängigkeit verantwortlicher, bisher vorgesetzter, Stellen. Die hierarchischen Prinzipien, die bisher die Leistungsfähigkeit der Organisation ausmachten, werden untergraben. Selbständigkeit (S-Organisation)wird bei dieser Interpretation zu einer zersetzenden Kraft, der, im Sinne klassischer Organisationsprinzipien, mit allen Mitteln entgegenzuwirken ist.

Die Entwicklung war in der Vergangenheit anscheinend nicht zu verhindern, da der rasante Fortschritt der Computerentwicklung auf elementare Bedürfnisse in Großorganisationen traf und zunächst die ungehinderte Einführung zulässig erschien. Die Tatsache, daß PCs, Minicomputer und dezentrales "Networking" in Großorganisationen nicht nur Daten und Informationen, sondern auch Wissen und Methodik von "Oben" nach "Unten" verbreiten half, wurde lange Zeit unterschätzt. Gerade diese Tatsache aber veränderte, neben den Arbeitsabläufen, (wie das bei üblichen Rationalisierungsmaßnahmen der Fall ist) auch das Bewußtsein der nutzenden Komponenten und schließlich auch deren Selbstbewußtsein bzw. Selbstverständnis.

Insgesamt ist eine zunehmende Dynamisierung von Arbeitsabläufen, bei zunehmendem Verwaltungs- und Eindämmungsaufwand zu beobachten. Dies kennzeichnet vor allem eine negative Reaktion auf die ausgelösten Entwicklungen. Gerade die Unwirksamkeit von Konsolidierungsmaßnahmen verdeutlicht selbstorganisierende Eigenschaften und Kräfte, die anscheinend ungehindert freigesetzt werden.

Neben dieser negativen Reaktion läßt sich noch eine positive aufzeigen. In modernen Unternehmen oder fortschrittlichen Verwaltungen werden SO-Kräfte nicht mehr länger nur eingedämmt, sondern, im Gegenteil, integriert und kanalisiert oder gar zusätzlich gefördert. Zunahme an Selbständigkeit bedeutet nicht nur destruktive Handlungen, sondern kann eventuell die Chance sein, komplexe Aufgaben in einer Großorganisation zu lösen.

Gerade bei internationalen Entwicklungsprojekten oder innovativen Markterschließungen können einzelne Planungsabteilungen oder Aufsichtsräte nicht mehr alle Details voraussehen und planen. Ohne im "Sinne des Ganzen" handelnde Organisationselemente lassen sich solche Projekte kaum mehr realisieren. Selbständigkeit läßt sich aber bekanntlich nicht befehlen oder verordnen, da sonst ein paradoxer Kontext für Kommunikation (Watzlawik) geschaffen wird, der gegenteilige Reaktionen auslösen kann.

In diesem Sinne ist Selbständigkeit, die aus echter Eigeninitiative entsteht, etwa bei der Durchsetzung von DV/IV-Konzeptionen, eine willkommene Ergänzung, die sich positiv nutzen läßt.

Selbstorganisation wird zur Quelle gebundener Kräfte und zieht so einen radikalen Umbau der gesamten Organisation nach sich. Konkret bedeutet dies, daß die vorgesetzten Stellen bewußt die "Schattenrealität" der Organisation legitimieren, um die hierarchischen Strukturen durch dezentrale Netzwerke zu ersetzen. Das bedeutet nicht, daß alle Elemente völlig gleichberechtigt auf einer Stufe stehen, so als ob die vormals nachgeordneten Stellen auf die Stufe der Vorgesetzten gehoben worden seien

- dies würde ja das alte Konzept der Hierarchie voraussetzen - sondern es bedeutet die Umwandlung der Hierarchie in Heterarchie.

Die einzelnen Elemente arbeiten von nun an in einem Netzwerk zusammen, wobei jede Komponente ihre spezifischen Eigenschaften beibehält und sie der Gesamtorganisation zur Verfügung stellt. Für eine, im ehemals hierarchischen Modell, "vorgesetzte" Stelle heißt das, daß sie weiterhin im Netzwerk Leitungsaufgaben wahrnimmt. Ohne Leitung oder Führung kann keine Organisation Ergebnisse produzieren!

Insgesamt bedeutet die "positive " Reaktion auf Dezentralisierung, die Nutzung "selbstorganisierender Kräfte", die in hierarchischen Organisation gebunden sind. Positive Reaktion heißt "positiv " akzeptieren und integrieren von Entwicklungen, die in die alten Strukturen nicht mehr einzubinden und kaum zu kontrollieren sind.

Welche Interpretation eine Organisation wählt, ob positiv oder negativ, bleibt in der Verantwortung von Stellen, die heute die komplexe Aufgabe des IM zu bewältigen haben.

Folgerungen für das IM bei positiver Integration der "Selbstorganisation"

Akzeptiert man Selbstorganisation im positiven Sinne, so ergeben sich umfangreiche Konsequenzen für das IM. Diese reichen von Veränderungen in der Aufbauorganisation führen über Maßnahmen zur ablauforganisatorischen Dezentralisierung, hin zu einer grundlegenden Veränderung des Selbstverständnisses und des Bewußtseins einzelner Komponenten sowie des Gesamtsystems.

Für die Förderung dieser Entwicklung lassen sich folgende Maßnahmen vorschlagen:

1. *Ganzheitliche Betrachtung einzelner Organisationselemente*:

    Eine Organisationskomponente wird als abgeschlossene Einheit aufgefaßt, die über alle notwendigen Voraussetzungen für ein selbständiges Handeln innerhalb des Ganzen verfügt. Dies geht über den klassischen Ansatz hinaus, da zusätzlich (siehe Abb. 1) Entscheidungsbefugnis und konzeptioneller Spielraum hinzukommen.

    Alle Informationen und Daten, die Input für ein Element sind, werden erfaßt und nach Abstimmung mit den Organisationszielen vom betroffenen Element bearbeitet.

2. *Zentrale Vorgabe von Kommunikationsnormen*

    Zur Gewährleistung der Interoperabilität und der Kommunikationsfähigkeit im Sinne der Organisationsziele werden zentral von zuständigen Stellen (ehemals vorgesetzten Stellen) Normen ausgearbeitet. Diese Kommunikations-Normen gewährleisten eine sichere Verbindung zwischen den Elementen. Innerhalb der eigenen Grenzen können die Elemente die DV/IV-Strukturen frei gestaltet. Das Einhalten der Normen wird nicht mehr durch eine übergeordnete Instanz gesichert, sondern durch die Elemente selbst, die jetzt die Normen akzeptieren können, da sie aus ihrer Sicht nicht mehr als Einschränkung empfunden werden.

Die einengende Hierarchie wird durch befreiende, konstruktive Kooperation ersetzt.

3. *Statt globaler Konzepte und Ist-Analysen - lokale Kommunikationsmodelle*

IM bedeutete in hierarchischen Organisationen eine umfangreiche Erfassung des Ist-Zustandes und ausgeklügelte Konzeptionen, die möglichst fehlerfrei vorgeschrieben wurden und einzuhalten waren. Die geschilderten Konsequenzen eines solchen Vorgehens können ersetzt werden durch kleine Szenarien, die die Elemente als Inseln beschreiben. HW/SW-Szenarien können schnell und umfassend nach dem modernsten Marktangebot aufgestellt werden, da der Modellierungsgegenstand ein kleines, abgegrenztes Element ist.

Die Elemente können dann ein Szenarium wählen und den eigenen Bedürfnissen anpassen. Da die beschlossenen und lokal akzeptierten Normen die Kompatibilität gewährleisten, können die Elemente unterschiedlich ausgestattet sein, ohne daß die geschilderten destruktiven Eigenschaften auftreten.

Unterschiedlich ausgestattete Elemente bedeuten eine größere an Vielfalt und Funktionalität innerhalb der Gesamtorganisation. Dies erlaubt eine flexiblere Reaktion auf veränderte Anforderungen an das Gesamtsystem. Bei Bedarf können Strukturen und Erfahrungen einer "Insel" von anderen schnell übernommen werden.

Insgesamt bedeutet Diversifizierung auf Grund unterschiedlicher Szenarien eine breitere Erfahrungsbasis der Gesamtorganisation.

4. *Verteilung der Ressourcen*

Klassische Organisationen verfügen meist über starke IM-Abteilungen (Rechenzentren, DV-Management, Stabsabteilung IV). Dort sind Know-How und moderne Ausstattung gebunden, die den Elementen auf Antrag zur Verfügung stehen. Der Bereich SW-Pflege und SW-Änderung wächst zu einer komplexen Aufgabe, die für den Nutzer mit langen Wartezeiten und unzureichenden Ergebnissen verbunden ist.

Bei positiver Integration der Selbstorganisation bedeutet das für das IM, das die DV/IV Ressourcen über die gesamte Organisation verteilt werden. Der Nutzerservice bildet Zellen in allen Elementen. Know-How und Änderungskapazität von Anwendungs-SW, inklusive

Ausbildungskompetenz, werden für den Nutzer wieder unmittelbar erfahrbar. Verwaltungsaufwand wird reduziert.

Zusammenfassung

Die Einführung moderner, dezentraler DV/IV-Konzepte führte zu Veränderungen bei komplexen, hierarchischen Verwaltungssystemen. Die klassischen Organisationsstrukturen bewähren sich nur unzureichend bei "flächendeckender Verbreitung". Moderne IM-Aufgaben verdeutlichen diese Probleme besonders eindrucksvoll.

Die beobachteten Phänomene lassen sich zunächst als destruktiv beschreiben, da die Bezeichnung "Selbstorganisation" eine Freiheit und Selbständigkeit kennzeichnet, die hierarchischen Prinzipien entgegenwirkt. Die "Resistenz", die selbstorganisierende Kräfte gegenüber Konsolidierungs- und Eindämmungsmaßnahmen aufweisen, können bei positiver Integration neue Organisationsauffassungen hervorbringen.

Selbstorganisation kann vor diesem Hintergrund als eine fundamentale Kraft netzwerkartiger Strukturen aufgefaßt werden. Die Ganzheit einer Organisation wird durch die Eigenschaften der Komponenten geprägt und umgekehrt. Trotz weniger Vorschriften übergeordneter Instanzen lassen sich Normen festlegen, die lokal akzeptiert werden.

Die "2.Realität" wird transparent und zur tragenden Kraft einer auf Kooperation umgestellten, heterarchischen Organisation. Insgesamt bedeutet die Integration selbstorganisierender Kräfte eine Ausprägung vielseitiger, flexibler und dynamischer Organisationen, die in der Lage sind, Aufgaben zu bewältigen, die mit hierarchischen Formen kaum angegangen werden konnten.

Selbstorganisation bedeutet für überschaubare Elemente Autonomie, bei gleichzeitiger Integration in eine flexible Ganzheit. Autonomie und Ganzheit bedingen sich gegenseitig. Das Zusammenspiel stellt sich dabei von "selbst" ein, ohne daß diese Grundkonzeption im Detail vorgeschrieben wurde. Lediglich die Voraussetzungen für Selbstorganisation in komplexen Verwaltungssystemen werden auf diesem Wege durch positive Integration geschaffen.

***

SELF ORGANIZATION: Adaptive Filters to Neural Networks
T. C. (Clif)Penn, Texas Instruments Fellow

ABSTRACT:

This paper covers the emphasis of a lecture given previously [1], concerning the development of neural networks (NN) from the transversal filters of the late 1940′s to the 1980′s rebirth of interest.

Multiple layers of linear cells are equivalent to two layers. Two layers of cells cannot handle exceptions of the type needed for XOR. One of the key differences of modern NN algorithms is the nonlinear (sigmoid) response of the cells. Unlike a threshold, this permits "learning" without human intervention. Multiple layered nonlinear networks can distinguish as many classes as desired.

There are numerous techniques aimed at human brain-like behavior. Whether brain-like or not is of little interest to a problem solver. However, a few of these methods are useful in the practical sense. Emphasis here will be on the extension of related methods rather than completeness.

WHAT ARE NEURAL NETWORKS?

I'll start with what I think artificial neurons won't do. Humans observe, gain insight, propose a theory and then prove it--the scientific method. Pythagoras saw an Egyptian tile pattern (Fig 1) about 2.000 years ago and observed that the square on the hypotenuse was equal to the sum of the squares on the other two sides. That is a jump of insight. We conjecture that he would reason, "Do all triangles have this property? No, equal sided triangles do not." A slight modification of the original tile pattern (Fig 2.) shows that an "a+b" sided square can be subdivided two different ways to construct four triangles that have legs of "a" and "b". The remaining area in one case is a "c" sided square and in the other two squares with sides "a" and "b"--proof that, for right triangles, the square on the hypotenuse is equal to the sum of the squares on the other two sides. We are a long way from an unattended computer having this brilliant insight. The following table shows some of the

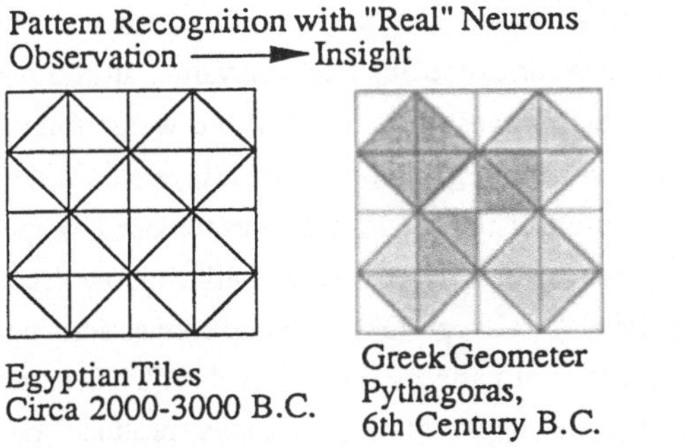

Pattern Recognition with "Real" Neurons
Observation ⟶ Insight

Egyptian Tiles
Circa 2000-3000 B.C.

Greek Geometer
Pythagoras,
6th Century B.C.

Figure 1

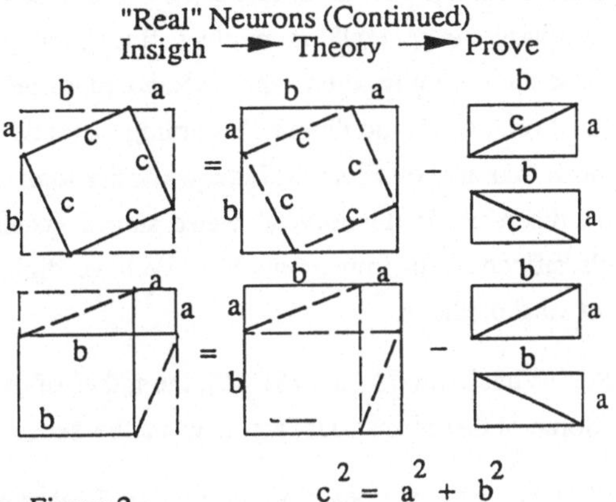

Figure 2

$$c^2 = a^2 + b^2$$

latest findings on the specifications of the human brain:

SOME OF THE HUMAN BRAIN SPECIFICATIONS

10^9-10^{10} NEURONS, VARIOUS DENSITIES AND TYPES. SIMPLISTICALLY VIEWED AS RESPONDING TO A WEIGHTED SUM OF NUMEROUS INPUTS ABOUT EVERY 5 MILLISECS.

10^4 INPUTS/NEURON (SYNAPSES). MAY EXCITE OR INHIBIT. MAKES UP MOST OF THE VOLUME OF WETWARE.

10^{14} SYNAPTIC WEIGHTS STORE INFORMATION. WEIGHTS ARE NOT BINARY BUT OFTEN MODELED AS SUCH.

SPEED   IF TOTALLY PARALLEL ASYNCHRONOUS
200 PPS X 10^{10} X 10^4 = 2 X 10^{16} ANALOG ADDITIONS/SEC

The   number of synaptic weights, parallelism and speed   of   computation should be great enough to sober any computer scientist.

However, Ralph Linsker [2,3,4] has proposed a simple model of the visual cortex. It is known that this cortex has many layers. Linsker conjectures that these layers may be partially "vision connected" before birth. The top level, "A", is assumed to be randomly excited over numerous small cells. These cells are connected to the next level, "B", by overlapping "Gaussian cones" of synaptic weights--that is, many over large areas at the top to small areas at the bottom. The large end of the "cones" may overlap. Each layer is connected to the next in this feedforward manner. As level "A" randomly excites "B", if a "B" cell receives an excitation exceeding a certain value, all the weights connected to that excited region are increased. The cells themselves are linear but the weights have upper and lower bounds to provide a nonlinearity. This random "learning" continues at all layers until the "B" layer is mostly excitatory or inhibitory. The random excitation of the "A" level is now replaced by specific geometries of excitation. Layers "C, D, E, and F" show a response described as spatial opponent cells, dark surround (Mexican Hat) and sensitive to "blobs" on level "A". Level "G" has lateral connections between adjacent cells and becomes sensitive to orientation and edges of patterns shown level "A". These results are surprising and exciting. This gives some hope that even simplistic modeling may produce specific useful functions.

One definition of an artificial NN is any software/hardware combination that solves problems like "wetware". In general this involves fine grain parallelism whereby many excitations are multiplied by associated weights then summed and modified at the following cells. Each cell has a specific transfer function, usually nonlinear. "Learning methods" are divided into those that are tutored by example and those that are not. From the latter we desire some trait or similarity to be recognized. This also concerns the discovery in memory of related subject material--these are all airplanes, these are all trees, etc., i.e. classification. In implementation we have digital and analog techniques as well as feedback and feedforward methods.

So, "What's new?". In 1961 [5], the father of dynamic programming, the late Richard Bellman wrote, "Some of these [methods] are new in the sense that they finally have been recognized as important.."

That is an elegant description of today. Least mean squares (LMS) is at least as old as Gauss (and based on the Pythagorean theorem!). Non-linear clustering techniques date to 1936 with Kolmogorov and Wiener proving that non-linear response functions required only three layers (today's input, hidden and output) to perform any degree of classification of the inputs. This is an existence theorem like the Turing machine for digital computers. A type of artificial neuronal calculus was developed by McCulloch and Pitts in 1943, however the use of hard thresholds was a problem. Rosenblatt coined the term "perceptron" in 1958 and developed specific learning algorithms. There were numerous other contributors from the 1940's continuing to today. The coming of the transistor and the integrated circuit speeded the development of theory and application in linear matched filters to which the forward propagating nonlinear NN is mathematically related.

One of the most important things that is new (because its importance is now recognized) is the introduction of a smooth nonlinear response for the artificial neuron. This allows a mathematical proof of tutored systems that is as exact as that of adaptive linear filters. This will be shown later.

REVIEW OF SOME HISTORICAL NEURAL NET MODELS

Widrow and Hoff [6] proposed a NN model they called the ADALINE (Fig 3), derived from "adaptive" and "linear". Excitation voltage was constant but polarity could be switched. A 4 x 4 array of switches represented a grid of sensors. Each of these switches supplied current through a variable resistor to a meter. These 16 variables represented synaptic weights. The purist will claim that only two classes can be separated on the meter because this is a linear system, such as red on one side and green on the other. There is some confusion about this in the literature. Humans calibrated the meter so more than two classes can be "designed" in. An example of an XOR is illustrated in Fig 4, which has been stated to be impossible. Because it has been the subject of heated discussions, the classic "TC" problem is also shown to be solvable by an ADALINE with a single meter and multiple calibrations. A 3 x 3 grid of picture elements (pixels) is used to represent a "T" and "C", each of which has only 5 pixels. Without nonlinearities it has been shown that the four rotations of these letters cannot be

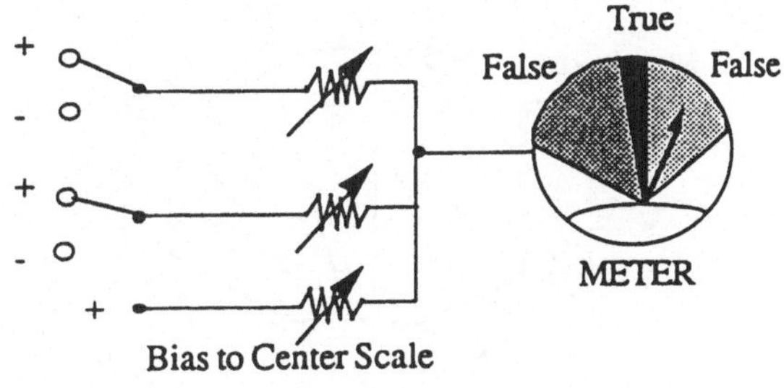

Figure 3

Figure 4

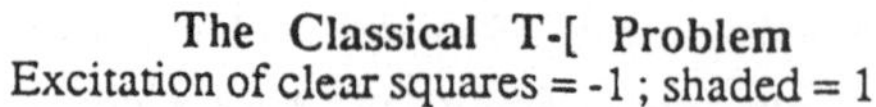

The Classical T-[Problem
Excitation of clear squares = -1 ; shaded = 1

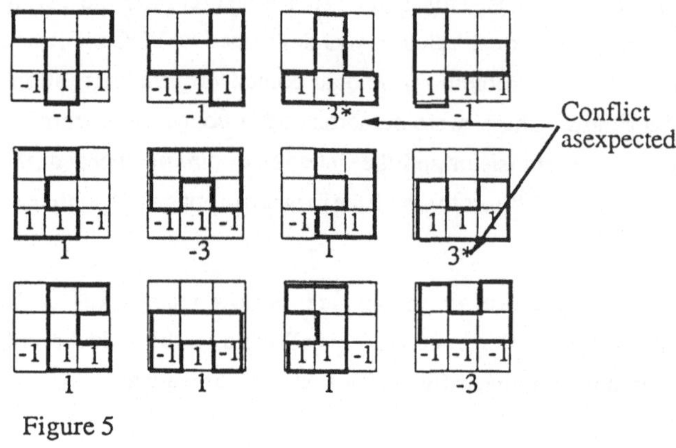

Figure 5

The Classical T-[Problem
Excitation of clear squares = -1 ; shaded = 1
Resolve conflict with center square gain

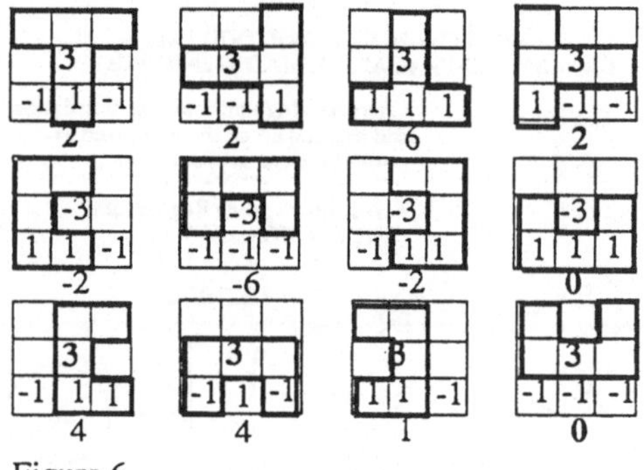

Figure 6

WIDROW - HOFF ADALINE Meter
Scale (linear to this point)

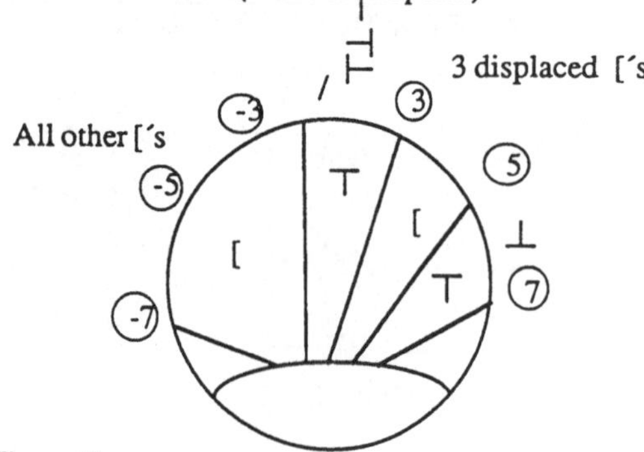

Figure 7

distinguished and therefore an ADALINE cannot do so. As mentioned above, the meter can be non-linearly calibrated (which was done) and properly classify the letters without overlap. Figs 5,6 and 7 sketch this. A MADALINE represented many ADALINE's in a network. The weights were adjusted electrically by plating copper on pencil lead in an electrolytic bath. The nonlinear meter calibration was replaced by threshold circuits. There were several surprising applications of this simple concept.

Rosenblatt published prolifically on the "perceptron" (Fig 8.) A four layer network from his book [7], is shown to dispel some of today´s notions that multiple layers are new. However, he never derived a universal algorithm for tutored systems. The "S" units were to represent "stimuli", the "A" units were to represent "association" units and the "R" units were to represent "response". Weight connections between layers were normally chosen at random but the granularity was not fine enough to anticipate Linsker's results cited above. This was developed in the time frame of the emerging field of "artificial intelligence". Feuding over graduate students and government funding caused both sides to praise their own approach and criticize the competition. These sects are still biased.

Of more recent vintage, but a logical extension to the previously cited works,

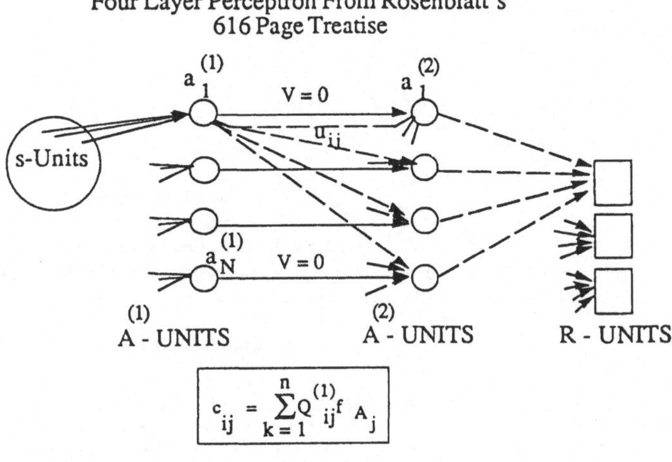

$$c_{ij} = \sum_{k=1}^{n} Q_{ij}^{(1)} f A_j$$

Figure 8

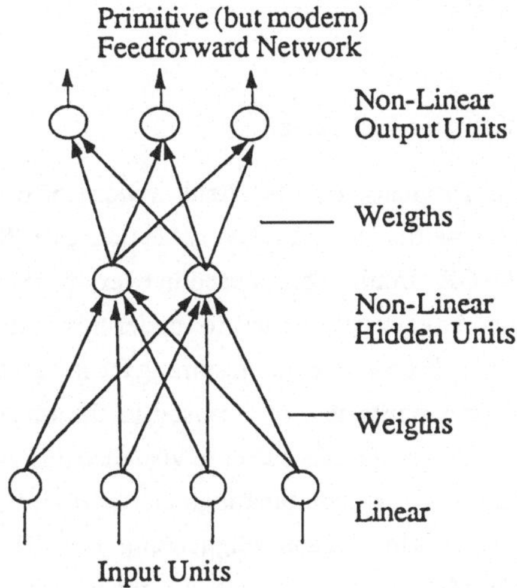

Figure 9

is the work of Rumelhart, Hinton and Williams [8] on the back propagation of errors in a multilayer feedforward NN model. Fig 9 is a primitive representation of such a network. Each layer of the network is fully connected to the following layer. No connections jump a layer. This tutored system is shown a pattern at the input which propagates forward through the network and always gives an output (whether correct or not). The error between the output and target is calculated (usually LMS.) An algorithm is performed to change the weights of the network such that the output error decreases to a minimum over a plurality:of input patterns. An iterative LMS method has been widely used in linear filters and also by Widrow and Hoff. However, the key difference here is the unit's sigmoidal response. This means that multiple layers (exceeding two) now have meaning and permit multiple classification of patterns. By requiring that the sigmoid have a derivative makes the solution for weight changes the same as the mathematical method of steepest gradient descent. Given that finding, it is not surprising that several other researchers have come up with the same result independently. One of the older ones is due to Werbos [9]. Examples of this algorithm's use and its derivation will be covered.

Another desirable use of NN algorithms is that of untutored learning or associative memory. In this case you wish to present the network with patterns and have the network "tag" all items in an identifiable manner. Professor Kohonen of Helsinki and his students have performed some interesting work [10]. Fig 10 shows application to a tonatopic map. The input frequency ranges from O.5 to 1.O. This is coupled to an array of 20 resonators, each of which is tuned randomly in the frequency range of 1.O to 2.O. Each resonator is randomly connected to 2 output units. Each output unit is randomly connected to 5 resonators as well as both of its nearest neighbors. Random frequencies within the limits are applied. The output unit with the greatest input increments all S weights between it and the resonators. The adjacent cells also have their weights increased. As seen on the figure, the convergent result makes the 10 output units an ascending or descending scale: The EE's will recognize this as a type of slope detection. For those with no EE training, a resonator with a Q=5 has a frequency response that resembles a Gaussian bell curve.

Tonatopic Map From Kohonen

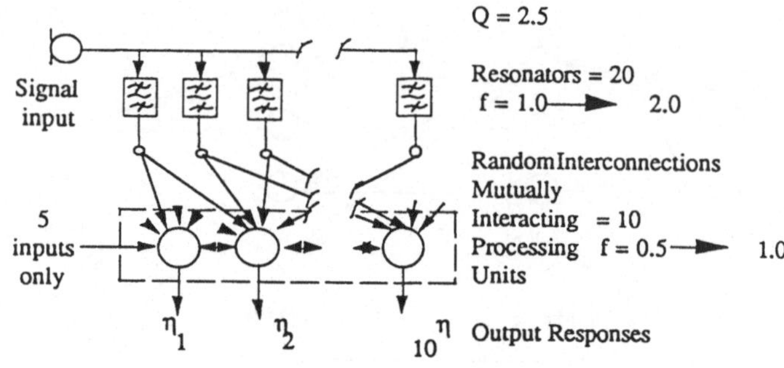

Systems for Frequency-Map Simulation

UNITS	1	2	3	4	5	6	7	8	9	10
Experiment 12000 Training Steps	0.55	0.60	0.67	0.70	0.77	0.82	0.83	0.94	0.98	0.83
Experiment 23500 Training Steps	0.99	0.98	0.98	0.97	0.90	0.81	0.73b	0.69	0.62	0.59

Figure 10

While this is a very short list of the numerous publications in the field, a word of caution is in order. There have been many publications that have the words "neural network" in their title. Some are actually embodiments of the well known boolean AND-OR circuit. This is used in every pocket calculator. Any boolean function can be mapped in this manner. An easy generic way to model this is to use +1 and -1 for the boolean inputs and weights to the first layer of threshold units. Assuming the input has n bits, there are enough threshold units for all combinations of the n inputs, that is, 2 raised to the nth power. A matrix of weights n x 2^n connects all inputs to all threshold units. It is easier to visualize this as a grid. At each intersection of the grid is a +/-1 weight such that all binary combinations are represented. As an example, assume n=4. This gives a 4 x 16 weight matrix at the input, each weight being +/-1. The input to each of the 16 threshold units is the sum of the products of weights and inputs, i.e. the inner or dot product. If we apply -1, -1,1,1 only the threshold unit that has the corresponding weights of -1, -1,1, 1 will receive an input of 4. We therefore set all thresholds such that n-1 (3 in this case) must be exceeded. This is the AND gate portion and can be expanded to any number of bits such that one and only one unit will respond to a specific binary input. The AND outputs (O or l) are collected with OR circuits to completed the model. Since the XOR and the TC problem are both boolean, both can be solved with AND-OR circuits.

FR0M LINEAR TO ADAPTIVE FILTERS

Filters have evolved from previous analog, continuous time engineering applications. The economy of transistor switches provided the means of implementing discrete time (sampled data) filters and encouraged the development of advanced algorithms for digital filters.

FILTERS

ANALOG	DIGITAL
(continuous time)	(discrete time)
Bandpass	Extraction
Lowpass	Smoothing
Highpass	Prediction

In information theory, a filter may be used to:

EXTRACT   information about a quantity based on data from past history to present. After latency, has real time response.

SMQOTH   Obtaining a quantity based on past, "present" and "future". Lags real time.

PREDICT   Use past and present to make a "calculated guess" about the future of a quantity.

Some of the properties of linear filters are:

(1)   Linear Filters require prior knowledge of "noise" and "signal" properties.

(2)   Noise and signal spectrums are assumed to stay fixed.

(3)   After exhaustive higher math performed by Norbert Weiner (WWII classified), the optimized filter was shown to minimize the mean square value of the error signal.

A transversal filter can be modeled as a tapped delay line without loss. From each of these taps is obtained a delayed reproduction of the original signal including noise. These are weighted and summed together. Without the delay line this is exactly like the Widrow-Hoff ADALINE.

Statistical changes in noise and signal caused the linear Weiner transversal filter severe problems. In addition, it is potentially unstable. Mapping the flowgraph will reveal positive feedback. It also requires knowledge of a correlation matrix (which needs inversion during computation) and the cross correlation between signal and noise. With this motivation, several workers developed iterative means to adjust the weights of the transversal filter and make it adaptive. Adaptive filters adjust tap weights automatically after each iteration. The LMS algorithm of Widrow and Hoff (1960) does not require prior knowledge of either the correlation matrix or the cross correlation vector. Matrix inversion is not required.

The choice of the adaptive algorithm depends on:
*   Rate of convergence to "close enough",
*   Deviation from minimum mean squared error,
*   Computational requirements (complexity, speed, memory size, programming costs),
*   Structure of information flow (architecture, modularity, parallelism, concurrency)
*   Numerical stability

These considerations are IDENTICAL for neural networks!

WHY LEAST SQUARES?

A review of LMS helps to understand why backprop works. In an experiment to determine the linear relationship between two variables we take many measurements. We have many more equations than unknowns but all our data do not lie on the same straight line. As an example, we define x and y as the variables, m as the slope and b as the y intercept at x=O. Assuming further that we have three (x,y) pairs the equations may be written as:

$$(1) \quad error1 = (x1) \; m + b - y1$$

$$(2) \quad error2 = (x2) \; m + b - y2$$

$$(3) \quad error3 = (x3) \; m + b - y3$$

We can square each equation in turn and add them together knowing that when we find the minimum of the sum of the errors squared, that also solves for the minimum error. The resulting quadratic equation is schematically represented as:

$$(4) \quad \Sigma \, error^2 = \quad (\quad)^2 + (\quad)^2 + (\quad)^2$$

The minimum of a quadratic equation is where the slope, dx/dy=O. We can thus take the partial derivative with respect to both b and m of the sum of the errors squared and solve for them as sketched in (5) and (6):

$$(5) \quad \delta\Sigma \, error^2/\delta m = 2[\; (\quad)x1 + (\quad)x2 + (\quad)x3] = 0$$

$$(6) \quad \delta\Sigma \, error^2/\delta b = 2[\; (\quad) + (\quad) + (\quad)] = 0$$

A VERY SIMPLE FORWARD PROPAGATION NN MODEL

Extending the principles just described, assume a single cell having a nonlinear response f( ) which has two input elements and two weights. We present it two different patterns (xi,x2) and (x3,x4) from which we expect the target outputs to be Tl and T2 respectively as follows:

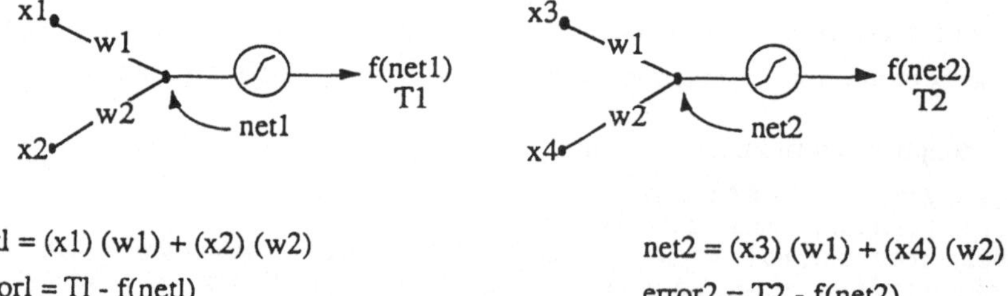

net1 = (x1) (w1) + (x2) (w2)

error1 = T1 - f(net1)

net2 = (x3) (w1) + (x4) (w2)

error2 = T2 - f(net2)

Squaring the errors and summing as above:

$$\Sigma \, error^{\,2} = (T1 - f(net1)\,)^2 + (T2 - f(net2))^2$$

$$\delta\Sigma \, error^{\,2}/\delta net1 = 2\,(\,T1 - f(net1)\ f'(net1)) = \delta1$$

where $\delta1$ is the delta of the backpropagation algorithm and $f'(netl)$ is the derivative of $f(netl)$. Using the chain rule:

$$\delta\Sigma \, error^2/\,\delta w1 = (\,\delta\Sigma \, error^2/\,\delta net1)\ (\,\delta netl/\,\delta w1)$$

$$= 2(Ti - f(netl))\ f'(netl)xl$$

This gives the final form of one portion of the weight   update   rulewhich can be written as:

$$\Delta wl = \mu\delta,xl\ ,\ \mu \text{ being the learning rate .}$$

We then continue in the same fashion to get the Δ's of w2 for Tl, w1 for T2 and w2 for T2. The weights w1 and w2 are then updated by the sum of these Δ's.

SOME BACKPROPAGATION RESULTS

NetTalk [11] by Terry Sejnowski and C. R. Rosenberg of Johns Hopkins received a lot of press. The representation is sketched in Fig 11. The inputs consist of 29 symbols representing the alphabet, a space, a period and a question mark. Seven symbols are presented at one time, then shifted over by one position and so on. In each presentation, the center symbol of the seven presented, i.e. the fourth symbol, is the target for speech. The output units yield binary 1´s and O´s that feed into Digital´s software/hardware package   DecTalk.

From these isolated utterances are made connected   speech. The learning time of a fully connected network having over 18.000 weights runs about 10 continuous hours   on   our dedicated VAX to learn the 1.000 most common   English words.

Another of Terry´s

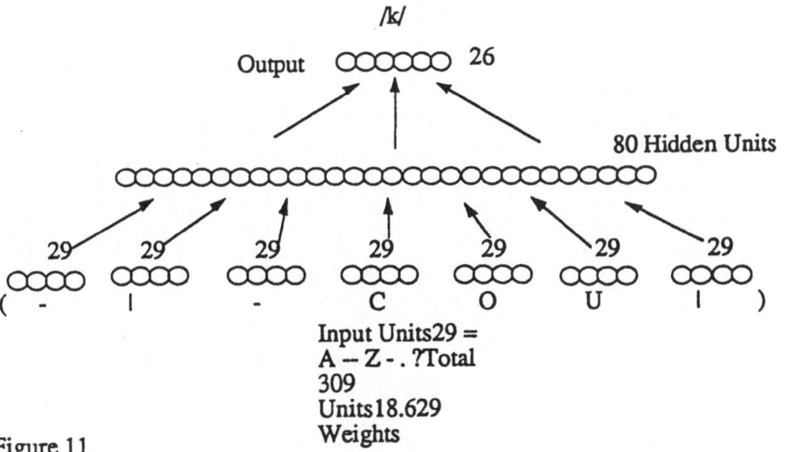

Figure 11

Classification of Sonar Targets with   NN
Paul Gorman, Bendi; Terry Sejnowski, John Hopkins University

Neural Net Configuration: 60 Inputs, 12 Hidden, 2 Output

Outperformed Human Experts! .

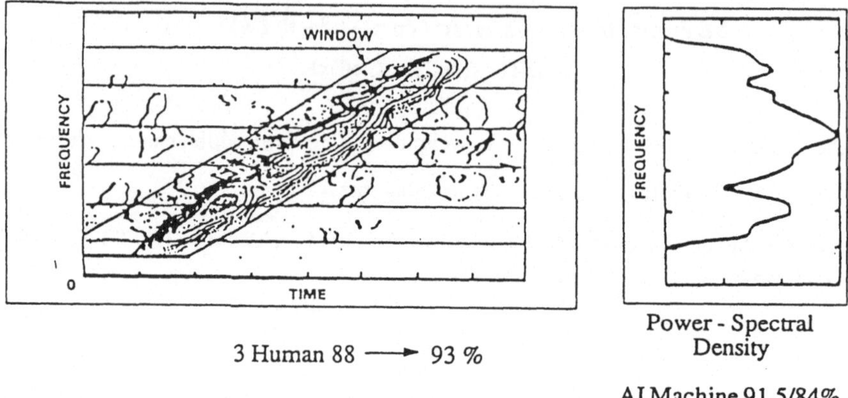

3 Human 88 ⟶ 93 %

Power - Spectral
Density

AI Machine 91.5/84%
NN 99/92%

Figure 12

Nonlinear Signal Processing UsingANN
Lapedes and Robert Farber, Los Alamos

Prediction of x(t+1) for 500 additional
points,given x(t), x(t+1) for 1000
pointsNormalized RMS error = 0.00014

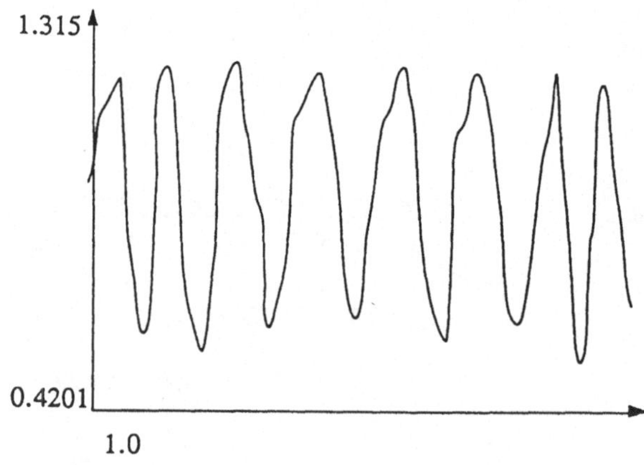

Figure 13

graduate students, Paul Gorman, has done some very interesting work [12] that shows NN can do better than humans and AI expert systems. Fig 12 is a reproduction of one that Paul gave me. Sonar signals are used to distinguish a specific metal cylinder from a specific stone with one in the tank at a time. Locations were random. Initially, 3 humans learned to perform this recognition. These were asked questions to determine which sounds were key. A hardwired AI system was assembled based on these rules. This took about 18 months. Its performance was slightly better than the poorest of the 3 humans training data but poorer on unseen test data. After this failure, the same data were used with the back propagation network. Training time to achieve 99% accuracy was about 3 hours. The accuracy on unseen test data was about equal to the best human operator. In this and the AI case, the data was preprocessed prior to being used. A frequency-time plot was divided into 60 equal windows. The sound intensity within each window made up the input vector.

Other exemplary work is that of Lapedes and Farber [13] of Los Alamos, New Mexico. Within their advanced mathematical research group they use many rigorous mathematical approximation and stochastic prediction techniques. Fig 13 shows a chaotic waveform which is sampled at $x(t)$. A forward propagation network is trained by backpropagation of the error to predict a given $x(t+l)$. After training on 1000 points, the next 500 additional points are predicted to an RMS error of O.00014! In comparison with their best prediction method, (6th order polynomial) NN were markedly better.

CONCLUSIONS

All of the hype and government funding on both sides of the Atlantic are causing heated activity in artificial NN. Useful applications are classification, prediction and smoothing of patterns--whether images, speech or other signals. Numerical precision should be achieved by other methods. Interesting, but not discussed, are the sparse memory modela of associative memory, (Kanerva [14].) Mathematics of digital filter applications are quite similar. The additional complexity of nonlinearity is rewarded by distinguishing overlapping sets. The heated controversy between AI and NN should be ignored in problem solving. Choose the best fit.

REFERENCES

[11   Penn, T. C., "SELF ORGANIZATION: Adaptive Filters to Neural Networks", Lecture at Universität der Bundeswehr, Munich, May 19, 1989.

[2]   Linsker, Ralph, "From basic network principles to neural architecture: Emergence of spatial-opponent cells", Proc. Natl. Acad. Sci. USA, vol 83, pp 7508-7512, Oct 1986.

[3]   Linsker, Ralph, "From basic network principles to neural architecture: Emergence of orientation-selective cells", op. cit. pp 8390-8394, Nov 1986.

[4]   Linsker, Ralph, "From basic network principles to neural architecture: Emergence of orientation colums", op. cit. pp 9779-8783, Nov 1986.

[5]   Bellman, Richard, "ADAPTIVE CONTROL PROCESSES:A GUIDED TOUR", Princeton, N.J., Princeton University Press, 1961.

[6]   Widrow, B & Hoff, M.E., "Adaptive Switching Circuits", 1960 IRE WESCON Conv. Record, Part 4, pp 96-104, Aug 1960.

[7]   Rosenblatt, Frank, "PRINCIPLES OF NEURODYNAMICS, PERCEPTRONS AND TH THORY OF BRAIN MECHANISMS", Washington, D.C., Spartan Books, 6411 Chillum Place NW, 616 pages, 1962.

[8]   Rumelhart, D. E., Hinton, G. E. and Williams, R. J.,   "Learning Internal Representations by Error Propagation", "PARLEL DISTRIBUTED PROCESSING" vol 1, The MIT Press, Cambridge, Mass, pp 318-462, 1986.

[9]   Werbos, P. J ., "Beyond Regression: New Tools for Prediction and Analysis in the Behavioral Sciences", Ph.D. thesis, Harvard University, Cambridge, MA, 1974.

[10]   Kohonen, Tuevo, "SELF-ORGANIZATION AND ASSOCIATIVE MEMORY", Springer-Verlag, Berlin, 255 pages, 1984.

[11]   Sejnowski, T. J. & Rosenberg, C.   R.,   "Parallel Networks that Learn to Pronounce English Text", COMPLEX SYSTEMS, l, pp 145-168.

[12]   Gorman, Paul , private communication but the work has been published.

[13]   Lapedes, Alan & Farber, Robert, Preprint LA-UR-87-2662, submitted to the IEEE for publication, Jul 1987. Reproduced here with permission from Alan Lapedes.

[14]   Kanerva, Pentti , "SPARSE   DISTRIBUTED MEMORY", MIT   Press, Cambridge, MA, 145 pages, 1988.

Self-Organization, Evolution, and Neural Networks

Friedhelm Mündemann
University of the Federal Armed Forces Munich
Faculty of Computer Science

DISCLAIMER

I dont't know much about the human brain or nervous cells, I just use some of them.

0) INTRODUCTION

Neural networks characterize a field of computer science that goes through a renaissance after a long period of sleep of about some 30 years and is developing rapidly today. Some very promising results achieved show that neural networks may go beyond solutions known so far.

There are many different approaches to neural networks. Besides the apparent biologically motivated one, I'll try to show you two other approaches in the first chapter of my contribution.

The second chapter shows some of the operational principles of neural networks.

In the third chapter I discuss the term "self-organization" in the context of neural networks and point out a set of prerequisites that must be fulfilled by a system to have the property of self-organization.

The fourth chapter leads to evolution, its meanings and concepts. We will learn to play the game of Neo-Darwinism there.

The fifth chapter deals with bridging the gap between neural networks and evolution. We will discuss the techniques of evolutionary experiments to improve neural nets. I will show you some results achieved using these techniques.

I will conclude my contribution with the sixth chapter. A definition of the term "system" will be given and related to the other definitions of my contribution.

1) CONSTITUENTS OF NEURAL NETWORKS

Parallel processing: Embedding neural nets into computer science paradigms

One approach to neural networks is to start with the well-known computational paradigm of message-based systems. Message-based systems can simply be characterized as consisting of a set of interconnected processing elements computing and exchanging values to achieve a global result.

Let us classify message-based systems by the granularity of the task to be fulfilled by each processing element and the resulting functional power of these subtasks. This leads to several execution sub-paradigms as shown in figure 1.

granularity of task	sub-paradigm
programs	multiprogramming
processes	concurrent processes
methods	object-oriented programming
statements	macro-data flow
basic operations	data flow/reduction
Boolean functions	microprogramming RT-level, gates
primitive functions	neural networks

Fig. 1: Classification of message-based systems by the granularity of the task to be fulfilled

In this lecture I understand as execution sub-paradigms

multiprogramming: the execution of program(segments) that is controlled by an operating system working in time-multiplex,

concurrent processes: the execution of programs that have been decomposed into cooperating sequential parts (CSP /HOARE 78/, OCCAM /MAY 83/, HULL86/),

object-oriented programming: the execution of programs that have been decom—posed into so-called agents, which interact through messages in time (/AGHA 85/, SMALLTALK /GOLDB 83/),

macro-data flow: the execution of programs that have been decomposed into independent statements that are executed asynchronously (/BABB 84/),

data flow and reduction: the execution of programs that have been decomposed into independent basic operations that are executed asynchronously (/DENNI 74/-/DENNI 84/, s. /TRELE 82/),

microprogramming on the register-transfer level: the execution of programs that have been decomposed into boolean operations and their control and that are executed asynchronously,

neural networks: the execution of programs that have been decomposed from boolean functions to functions composed of primitive functions and that are executed asynchronously (/WIDRO 88/).

Obviously the need for connections and thus the communication load in the system increases as the granularity of subtasks decreases.

Using this paradigm classification, **neural networks** simply are lots of **simple processing elements that are highly interconnected.**

'Simple' means that the processing elements are only capable of e.g. summing up the input and generating an output by means of a **primitive transfer function** (sigmoidal, hard limiter, threshold, ..., see fig.2).

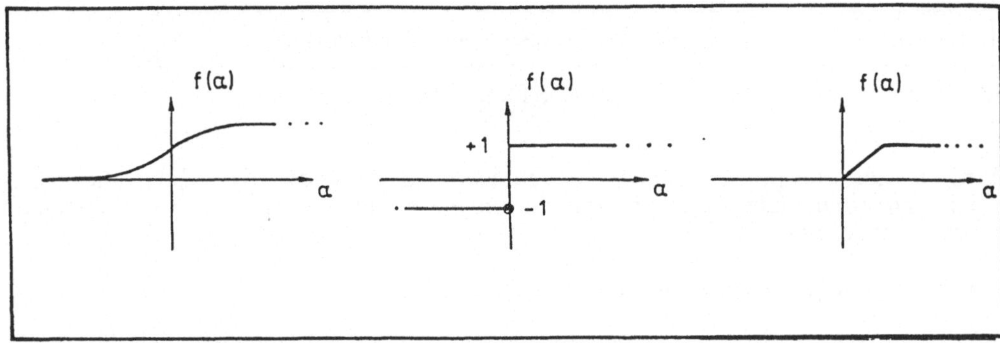

Fig. 2: Primitive transfer functions

The data flow model is used as the operational model. The execution of transfer functions is asynchronous. No concept of storage is included at the level of the processing elements.

Problem classification approach

At least some people say that computers have been invented for solving problems. A problem can be considered to consist of three components:

- a (set of) initial state(s) or conditions s_i,
- a (set of) final state(s) or conditions s_f,
- a (perhaps composed) transformation t_{if}

that transforms the initial states into the final states.

Problems may be classified according to what is known about the three components. Among many others, there are the following cases.

First, this is the classical case, s_i (the input data) and t_{if} (the algorithm) are known. The computer calculates s_f (the output data).

Next, s_i, s_f and some parts of the transformation are known. This corresponds to rule-based programming, e.g. for expert systems: s_i is the set of facts, s_f is the set of questions and rules are given as parts of the transformation. The computer calculates the whole transformation, if any transformation exists.

s_i	t_{if}	s_f	case
known	known	?	classic: compute the output
⋮	⋮	⋮	
known	partly known	known	rule-based programming
⋮	⋮	⋮	
known	?	known	synthesis: neural networks

Fig. 3: Problem classification from /OSTERLOH 83/

Third, a class of problems may be characterized by knowledge about the sets of initial and final states, but nothing is known about the necessary transformation (synthesis problems).

Is there any hope to come up with this transformation?

Program transformation is one possible answer and neural networks may be another one. But also in this case, the transformation cannot be created from nothing. Neural networks possess an internal communication structure that is adapted to the solution through a so-called **learning process**. How this works will be shown in the next section.

2) OPERATIONAL PRINCIPLES OF NEURAL NETWORKS

What is so interesting and special about neural networks? If one looks at their constituents, there is nothing mysterious: simple processing elements with an interconnection structure form a neural network.

Modelling neural networks

Neural networks are usually modelled as directed graphs. Their interconnection structure is modelled via the adjacency matrix. The strength of a connection between any two processing elements is given by a weight coefficient where the sign "+" means an excitatory connection and the sign "-" means an inhibitory connection. A zero at position (i,j) in the adjacency matrix indicates "no connection between processing element i and processing element j".

Up to now neural networks have mostly been simulated on conventional computers. The next step is the use of hardware accelerator cards, but ultimately the construction of micro-parallel "neural-net" like computers is necessary to fully exploit the possible advantages of neural networks.

What makes neural nets work?

The operation of neural networks may be divided into two phases, an adaptation and a production phase.

Adaptation phase

The nets are initially preconnected, either random or fully, but modifiable (**plasticity** of the nets). The direction of the connections may be forward only or mixed forward-backward. The transfer functions are fixed per processing element.

The general task performed during the adaptation phase of a network is the proper modification (building up and/or deleting) of the interconnections between the processing elements.

Three types of "**training**" are distinguished:

- supervised learning,
- unsupervised learning, and
- self-supervised learning.

Training means in this context that sets or sequences of inputs (with respect to time) are presented to the net until the modification of the interconnection structure is "good" enough according to some internal or external optimization function. This implies that **neural nets are special-purpose devices, not general-purpose devices.**

Supervised learning (reinforcement learning) requires labeled training data and an omniscient teacher that tells the net - after the calculation of the output as response to an input - whether it has produced the correct result or not. So the interconnection structure can be modified properly.

Unsupervised learning is a means of training adaptive neural networks which requires unlabeled training data and no external teacher. Data are presented to the network and internal categories or clusters are formed which compress the amount of input data that must be processed at higher levels without losing important information (vector quantization).

Using **self-supervised learning**, the net itself determines whether the output matches or not. This can be done, for example, by back-propagating an internal error signal or reinforcement signal from the output to the input stage.

The question is then how to modify the interconnection structure in the right way. This is done by using the so-called **learning rules**. A lot of them can be found in the relevant literature. The most famous one is perhaps the **Hebbian Rule**, which states that a connection between two processing elements has to be strengthened whenever these two processing elements use this connection. This **Hebbian learning rule** is sometimes considered to be a "**rule of/for self-organization**" /GOLDAMMER 89/.

Bateson, a social scientist and biologist, derives a classification of learning processes following Russell's theory of types /BATESON 64/.

Type	Algorithm	Characteristics	Examples
Learning 0	fixed	per definition no trial and error	printed circuit
Learning 1	fixed	choose from a set of fixed alternatives	Hebbian rule
Learning 2	variable	revisable set of alternatives	self-modifying programs (?)
Learning 3	variable	revisable system of sets of alternatives	???

Fig. 4: Classification of learning according to /BATESON 64/

Within this classification, the **Hebbian Rule** characterizes the **self-organization of the structure of data within a network** (e.g. weights). **The relation between the network and its environment is not affected** by this kind of self-organization.

Production phase

In the production phase the net uses its interconnection structure to determine a reaction to some given input. Usually no modification of the connections occurs during the production phase.

The "program" being performed by the net is encoded into the connection strengths because the functionality of the processing elements algorithm is fixed. The connection strengths are either fixed or have been built during the adaptation phase. The net p erforms a general relation.

One of the most exciting results achieved so far with neural networks was found by Linsker /LINSKER 86/.

Using only a Hebb-type learning procedure and a feed-forward architecture with spontaneous cell activities, he developed a multilayered self-organizing network to produce feature-analyzing "cells", sensitive to light/dark contrast and sensitive to the orientation of an edge or bar, as for example found in the visual cortex of mammalians.

"The organizing principle .. is that the network connections develop in such a way as to maximize the amount of information that is preserved when signals are transformed at each processing stage, subject to certain constraints" /LINSKER 88/. This research led to the construction of layers in the net with specific properties: in the first layer after the input-layer so-called center-surround cells acting as a contrast-sensitive filter emerged. In the next layer orientation-selective cells emerged. When they were laterally connected in simulation, then the orientation preference of the cells in the layer became organized in certain arrangements.

Linsker points out that the general organizing principle given may only determine what transformation each layer of a given network will implement.

"However it does not specify the "gross architecture" of the network; that is which layers provide input to which other layers. Nor does it specify the various parameters that may effect layer development such as noise level, the allowed range of lateral connections and so on. These aspects of the design may be determined by biological evolution or by other principles not yet identified" /LINSKER 88/.

3) SELF-ORGANIZATION IN NEURAL NETWORKS

From October '87 to February '88 the American Defense Advanced Research Projects Agency (DARPA) conducted a famous and extensive national study to sum up the state of the art in neural networking /DARPA 88/. I'll use this source in the first part of this section.

First, the study states: "It is not known, which parts of the brain are hardwired and which are fully self-organized" (p.275). A definition of the term 'self-organization' is given as follows:

"Self-organization: The autonomous modification of the dynamics of a complete neural network via learning in some or all of its processing elements to achieve a specified result" (p.398).

But inside the study, the term 'self organization' is used in several ways.

It simply means clustering
or (the ability for) category formation (p.66) on input data examples,

It means **unsupervised training** (p.61)
or **operating without a teacher** (p.459),

It means **self-adaptive**, or
it means **self-regulation** (p.150), in the sense of fine-tuning circuits in response to environmental exposure.

The term is attributed 'small-scale' and 'large-scale' self-organization (p.267) and is regarded as closely connected to a complex heterarchical system control structure (p.269).

Small-scale self-organization can - to a limited extent - organize their neural nodes internally as receptive fields (see LINSKER 88/).

Global self-organization includes the systems reactions on environmental conditions (e.g. the self-learning robot arm by Edelman which is entirely based on environmental feedback using visual and touch sensor integration /DARPA 88/).

It seems to me that our wish to understand the term "self-organization" can be seen as the search for the **rules governing spontaneous system structure formation and/or behavior formation.**

For example look at a network that classifies sonar noise as developed by Sejnowski and Gorman /DARPA 88, p.526/.

We know the 'ingredients', but how does the net achieve its performance which is better than that of human listeners?

The system is too complex to understand at first glance.

Therefore, let us take a look at **complex systems.** A system is - as a first definition - understood as a totality of components between which relations of any kind already exist or can be constructed.

Complexity of a system arises from two reasons:

first, there may be a great **variety of components**
      (kind, diversity and/or number of components),

second, there may be a great connectivity **between the components**
      (kind, contents and/or number of connections).

If we are dealing with complex systems, we mainly use three techniques to reduce the complexity of the system to keep it manageable:

First,   only **a few aspects of the system** to deal with may be chosen,
second, a given system may be **divided into subsystems** (structuring), and
third,   **levels of abstraction** may be introduced, sometimes for each subsystem
        itself.

All this results in a simpler model of the system with respect to its variety and/or connectivity. These reflections are closely connected with understanding and using the term "self-organization" as I want to use it in this lecture.

In my opinion, the term "self-organization" is often used in the following sense.

Self-organization is used to describe that a system shows behavior at a higher level of abstraction with respect to an optimization function.

Thus, **Self-organization** describes a "swap" from micro-level to macro-level observed behavior of a system, based upon a set of perhaps unknown "inner rules" at the micro-level of the system observed, e.g. feature-analysing function from a set of development rules (see /LINSKER 88/).

To find out the prerequisites for self-organization of systems, a look at **human self-organization in groups** may be useful:

Human self-organization may be defined as the goal-oriented direction and use of resources, where the goal is given and accepted by all members of the group, either consciously or unconsciously.

Or to put it in a "formula":

        ability * volition * permission

of components are necessary to reach human goal-oriented self-organization.

This leads to the identification of **some prerequisites necessary** for goal-oriented **systems organization** that must be fulfilled at the component level of the system:

- **knowledge** (or only feeling?) of the **goal**

- capability of **insight** in a common goal
      (requires the capability of valuation)
        -- from inside
          -> self-organization (?)
        -- from outside directed/forced
          -> external organization (?)
      (requires the **will** for cooperation)
      (requires the capability of **decision**)

- capability of **cooperation**
      (requires mechanisms for expressing one's own behavior)

- capability of **communication**
      (requires a way for exchanging messages between partners)

- capability of **adaptation** of one's own behavior or
  of the own **structure** according to the common goal
      (requires flexible components and/or flexible connections)

The flexibility may lead to a **synergy-effect** (in the sense of: "the whole is more than the sum of its parts") at the system level, because more resources (skills, capabilities, ideas, ..) can be used to achieve the common goal.

This definition will be used at the end of this contribution to judge whether neural networks (in their technical sense) can have the property of self-organization or not.

4) EVOLUTION: MEANINGS AND CONCEPTS

Now let's turn to **evolution in its biological sense.**

According to Kimura (the father of the neutral theory of evolution), **evolution is the creation of new kinds of living beings out of existing ones** /KIMURA 80/.

A kind of living beings is defined as an isolated group with respect to their pairing behavior.

There are many other definitions of evolution, but in general **evolution is understood as a system of rules governing the process of self-organization to optimally adapt living systems to their changing environment.**

What **sort of rules** are found in evolution?

Darwin stated that evolution depends on the stochastic appearance of hereditary changes in(side) the individuals of a population.

Which **ingredients** are necessary for evolution to work?

- an environment
- a population of individuals, where
    - individuals are characterized by attributes
    - genes are factors that determine attributes
    - individuals possess genes
    - the stamped out forms of genes (the possible values of genes) are called alleles
    - mutation means an accidental but remaining change of genes (errors in the construction of genes) (accidental means that a possible benefit has no influence on the number of occurences)

Simplified rules of the game of Neo-Darwinism

1 individuals are pairing:
this sexual propagation means production of descendents
using new combinations of parental genes (heredity),
the Mendelian rules define how this works:
casual mutation can occur by faulty gene combination,
genes may be doubled, reduced or extinguished

2 well-adapted individuals survive and are fertile
3 go to step 1

Thus, **evolution is a continual process of natural selection of hereditary changes that occur in every generation accidentally.**

This is known as the **creeping random search method** in optimization theory (see fig. 5).

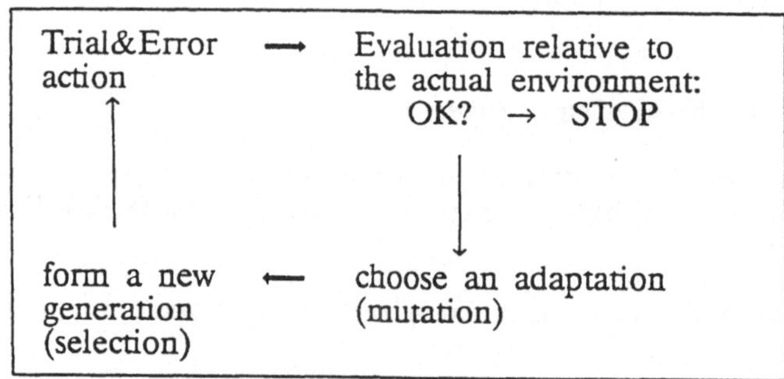

Fig. 5: creeping random search method based on Neo-Darwinism

As the environment is always changing slightly, this process never stops.

The principle of sexual propagation provides the great genetic variety and the ability of adaptation to changing environmental conditions increases.

Besides the **Neo-Darwinism** (also called **modern synthesis theory**), there are two other theories on evolution.

The **theory of punctuated equilibrium** states that evolution is not a continual, but a **discontinual development.** Long stationary phases with few or no changes alternate with short periods of destabilization. This helps to adapt better and quicker to the environment because new genes from the gene pool may get the better of the old ones.

The **mosaic theory** says that single parts of an organism change at different evolutionary rates. This explains the great variability of individuals in a given population (diversification). The greater the population the higher the probability that a global optimum of adaptation is found during the evolutionary process.

Taking a lesson from all this, evolution is indeed providing a set of rules for the self-organization of living systems.

Evolution is a balance between selection and variety. This is a prerequisite for the capability of natural systems to organize themselves.

Evolution is successful because of the great variety of kinds and because of the parallelity of adaptation, but **evolution takes no care of individuals, but only of kinds of individuals.**

5) BRIDGING THE GAP: EVOLUTION AND NEURAL NETS

In the first four sections, I have briefly shown the constituents of neural networks together with their operational principles and the principles of evolution. Next, I describe the use of evolutionary principles for the construction and teaching period of neural networks together with some results achieved with these techniques.

In the context of neural networks, **evolution-like techniques are used for breeding the fittest** with respect to a given task, or, in other words, self-organization means that the **structure of a system is developed only by applying the rules of evolution,** mutation, and selection, **in order to solve a given task** /LOHMANN 89/. Thus, evolution is a collective strategy that uses experience to optimize systems (fig.6).

with		
use of experience	learning heuristics	evolution
without use of experience	trial & error	Monte-Carlo method
	individual techniques	collective techniques

Fig. 6: classification of optimization techniques

The use of evolutionary techniques in a breeding experiment consists of several phases.

0) Determine the environment (e.g. the task at hand)
1) Derive a quality function from the environment
2) Determine the genes of the play
3) Choose a recombination strategy for alleles
4) Choose a pairing strategy
5) Construct a population (first generation)
6) Conduct the evolutionary experiment
   (**without human interference !**)
6a) Let the individuals of the actual generation pair
    by recombining alleles using the pairing strategy
    ($\rightarrow$ mutation)
6b) Evaluate the results of the actual generation
6c) Reject the bad mutants, keep the best (-> selection)

7) If there is no mutant good enough (according to the quality function):
   repeat steps 6a), 6b), 6c) and 7).

Some interesting research from /SCHWEFEL 88/, who looks at this use of evolutionary strategies from the viewpoint of nonlinear system dynamics, shows the following surprising results:

- throw away the parents from the actual generation for future pairing
- build in a lifetime of individuals in the system
- avoid too strong selections and
- don't always take the fittest: this may lead to stagnation in the evolutionary process.

Remember Bateson, however, from whom follows in this context of breeding experiments that **evolutionary principles are applied to the organization of data, not to the organization of systems.**

It should be mentioned that in this context of neural networks

learning means adaptation of the net with respect to a given task

and

evolution means either
          - adequate adaptation of network parameters
            with respect to the given task or
          - adaptation of the net
            with respect to changes of the task given.

Next, I will show some results that have been achieved using evolution strategies for breeding the fittest.

RESULTS ACHIEVED USING EVOLUTIONARY STRATEGIES FOR BREEDING THE FITTEST

Problem area: recognizing traffic signs /MÜNDEMANN 89/

Task description

Given a n^2 matrix containing noisy, grey-level pixel-values of a traffic sign from a real scene. Which traffic sign is it?

Problems encountered

A solution can be constructed by means of an associative memory. But a retrieval of information contains a response of the "correct" traffic signs and of other information from signs with similar features. How to distinguish the good and the bad part of the output?

A solution can be the construction of an evaluation function that separates both parts. How to get this usually non-linear evaluation function that depends on the patterns stored?

Solution

Perform an evolutionary experiment to determine the evaluation function.

Results

With four traffic signs in the learning set, we were able to determine the correct sign, if any, within several tens of milliseconds at an accuracy rate of 70-96% (depending on the differences among the learned patterns) on an AT-compatible computer with 3 MB main memory and numerical co-processor.

Problem area: counting objects by visual inspection /LOHMANN 89/

Task description

Given a set of things on a flat table. How many of them are there?
Use the binary pictures for counting.

Problems encountered

A solution can be found by defining a local filter that acts on the input pattern locally, just summing up the values in a 3x3-matrix. The signals of all local filters are added and the result is the global value of that feature measured in a certain picture. How to determine the mathematical structure of the polynomial filter and the correct number of necessary parameters?

Solution

Perform an evolutionary experiment to determine the parameters of the local filters and the structure of the filters simultaneously. The training set consisted of 24 pictures.

Results

Acting on a test set of 12 pictures different from that of the training set, the correct number of parts was counted except some minor rounding errors.

ONE STEP FURTHER: GENETIC ALGORITHMS

Problem area: Machine learning: Induction of finite automata by genetic algorithms /ZHOU 86/

Task description

Construct the finite automaton with fewest states with respect to the regular expression the teacher has in mind when a set of positive and negative examples is given. The maximum number of states is limited.

Problems encountered

The construction of finite automata with n states from examples is known to be an NP-complete problem.

The learning system must understand and generalize the training examples to produce descriptions of the concept from which the examples were derived. This means dealing with incomplete information.

These descriptions found should specify only the positive examples. Whether one can obtain a perfect concept from examples depends clearly on the quality of the examples. The concept to be learned is a language over $\{0,1\}$.

Solution

The learning process can be formulated as a search in the space of all possible finite automata. The cardinality of the problem space for 8-state-automata is 10^{22}.

A potential solution is denoted in the following form: $((X_1, Y_1, F_1), ..., (X_8, Y_8, F_8))$ where each (X_i, Y_i, F_i) for i in $\{1..8\}$ represents the state i. X_i and Y_i correspond to the destination states of the 0-arrow and 1-arrow from the state i respectively. F_i is given by three bits. The first two bits if F_i are used to indicate whether or not there exists an arrow coming from state i. The third bit shows if the state i is a final state.

Perform an evolutionary experiment using genetic algorithms.

Results

The genetic algorithm approach is able to produce the perfect finite-state automaton which can accept an infinite number of positive examples and none of the negative ones specified by the regular expression the teacher has in mind. It is possible to improve the results by incremental learning.

6) CONCLUSION

WHAT DOES "SYSTEM" MEAN? SUGGESTIONS

A system consists of

> - a **set of components**, which may be systems
>   (thus this definition is recursive)

> - a **component arrangement**
>   (this is a set of static relations, either hierarchical
>   or heterarchical or a mixture of them)

> - **component dynamics**
>   (this is a set of dynamic communication relations,
>   either officially installed or inofficially grown)

> - **system borders**, which reflect the way that messages or
>   things may leave (or arrive at) the system.

Each component fulfills a certain task using a **component algorithm** on data that are either internally stored or externally sent (see fig. 7). The algorithm of a system is reflected by the communication patterns of its components.

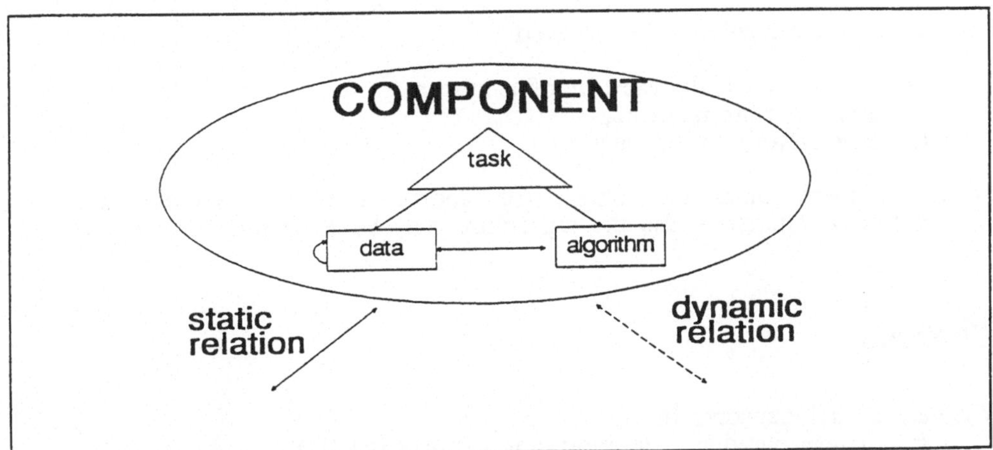

Fig. 7: System component

Let us apply this definition of systems to neural networks.

Adaptation phase:

the set of components is fixed,
the components algorithm is fixed,
the component arrangement is heterarchical and statically preconnected,
the system dynamics is influenced and modified via learning strategies.

Production phase:

the set of components is fixed,
the component algorithm is fixed,
the component arrangement is fixed (therefore only officially installed communication is possible, no "second reality" exists!),
the interaction pattern (system dynamics) is determined by the actual input and the reactions to it.

Now let us apply this definition to the learning classification of **BATESON**:

He always looks at a system from the same component level upward:
Learning 1 means to choose from a fixed data set,
learning 2 means to choose from a fixed component set, and so on,
but always relative to the same level of abstraction of the system.

But the definition of system is recursive. Thus the swap from learning i to learning i + 1 only means: exchange data and components (i.e. algorithms).

This way of looking at systems and learning has a certain impact on computer science: the integration of execution paradigms (see fig.1) is possible, interfaces are clearly definable via communication paths.

Another lesson from this definition of systems may be drawn.

Evolutionary principles may be used

- **on any level of abstraction of a system,**
- **for any subsystem alone,**
- **for any system aspect alone,**

instead of using them for some parts and/or aspects of systems (e.g. neural networks) only. Therefore also the algorithms may be amenable to evolution.

SUMMARY

What are neural networks (not)?
Just a new paradigm for information processing (?!)

The omnipotent medicine for solving computer science AI-problems (?!)

What is evolution (not)?
Just a new paradigm for tuning system parameters according to some optimization function (?!)
The omnipotent medicine for curing neural network shortcomings or diseases

Discovering new mechanisms or frames of effect,
i.e. a set of meta-rules for meta-programming, in the hope that the cardinality of that set of meta-rules is less than the cardinality of the set of common program writing rules.

What is the governing principle behind evolution?

Selection of the fittest in a hostile environment or an optimistic force driven from within living beings ("new biology") /MÜHLENBEIN 89/.

What is self-organization (not)?
Just a new 'gap-filler' for phenomena that can't be explained rationally (?!)

Is there a phenomenon of self-organization in neural nets with respect to the definitions given? Are the prerequisites fulfilled (dependent on the level of abstraction of the system)?
knowledge of the common goal
capability of insight
capability of cooperation
capability of communication
capability of structure/behavior adaptation

I'm sorry, there is **no self-organization at the component-level** of neural networks, because the algorithms are fixed. Evolutionary rules play the **role of external advisors** for the component arrangement only.

And at the system level? The answer is no, because (among others) the knowledge of the common goal is missing.

Or am I wrong? This should be the subject of a thorough discussion. But clearly, a judgement depends on the level of abstraction of the net and of the drawing of the system borders, especially.

CLOSING REMARKS:

Today neural networks are often related to the potential of a major change in AI and computer architecture, but remember:

No electronic system can be intelligent, because all intelligent things are 90% water and electronic circuits are destroyed by water.

And Caianello states: "As far as we are knowing what's going on, it's not neuro-computing".

But to take a serious lesson from neural networks: in its next step computer science has to study modifiable communication structures and no longer algorithms alone.

Therefore, choose the right paradigm for the right job. THAT's IT.

LITERATURE

Ablay, P.: Optimieren mit Evolutionsstrategien, Spektrum der Wissenschaft, Juli 1987, p.104-115

Agha, G., Hewitt, C.: Concurrent Programming Using Actors-Exploiting Large-Scale Parallelism, Fifth Conference on Foundations of Software Technology and Theoretical Computer Science, Springer Verlag 1985, S.19 cited from: Informatik-Spektrum, Bd.10, Heft 1, Febr.1987, p.43

Ayala, F.J.: Mechanismen der Evolution, Spektrum der Wissenschaft, Mai 1979, p.8-18

Babb II, R.G.: Parallel Processing with Large-Grain Data Flow Techniques, IEEE Computer, July 1984, p.55-61

Bateson, G.: Ökologie des Geistes, Suhrkamp-Verlag 1984

DARPA Neural Network Study (October 1987-February 1988), AFCEA International Press

Dennis, J.B., Misunas, D.P.: A Computer Architecture for Highly Parallel Signal Processing, ACM Proceedings of the 1974 National Conference, New York, Nov. 1974, p.402-409

Dennis, J.B.: The Varieties of Data Flow Computers, 1th International Conference on Distributed Computing Systems, Huntsville/Alabama, Oct. 1979, p.430-439

Dennis, J.B.: Data Flow Supercomputers, IEEE Computer, Nov.1980, p.48-56

Dennis, J.B., Gao, G.-R., Todd, K.W.: Modeling the Weather with a Data Flow Supercomputer, IEEE Transactions on Computers, Vol.C-33, No.7, July 1984, p.592-603

Goldammer, E. von, Kaehr, R.: Lernen in Maschinen und lebenden Systemen, Design&Elektronik, 6, 21.3.1989, p.146-151

Goldberg, A., Robson, D.,Ingalls, D.: SMALLTALK-80: The Language and its Interpretation SMALLTALK-80: The Interactive Programming Environment, Edison-Wesley, Reading/Mass., 1983

Grefenstette, J.J., Pettey, C.: Approaches to Machine Learning with Genetic Algorithms, Proceedings of the 1986 IEEE International Conference on Systems, Man and Cybernetics, Atlanta/Georgia, October 1986, p.55-60

Hoare, C.A.R.: Communicating Sequential Processes, Communications of the ACM, Vol.21, Aug. 1978, p.666-677

Hull, M.E.: Implementations of the CSP Notation for Concurrent Systems, The Computer Journal, Vol.29, No.6, 1986 p.500-505

Kimura, M.: Die "neutrale" Theorie der molekularen Evolution, Spektrum der Wissenschaft, Januar 1980, p.94-102

Linsker, R.: From basic Network Principles to Neural Architecture, Proc. Natl. Acad. Sci. USA, Vol.83, 3 Parts: Emergence of spatial-opponent cells, p.7508-7512, Emergence of orientation-selective cells, p.8390-8394, Emergence of orientation columns, p.8779-8783

Linsker, R.: Self-Organization in a Perceptual Network, IEEE Computer, March 1988, p. 105-117

Lohmann, R.: Selforganization by Evolution Strategy in Visual Systems, Workshop "Evolutionary Strategies", UniBwM, April '89, to appear

May, D.: OCCAM, SIGPLAN Notices, Vol.18, April 1983, S.69-79

Mühlenbein, H., Kindermann, J.: The Dynamics of Evolution and Learning-Towards Genetic Neural Networks, Workshop "Evolutionary Strategies", UniBwM, April '89, to appear

Mündemann, F.: Ein evolutionsbasierter Ansatz zur Konstruktion eines neuronalen Netzes für Mustererkennungsaufgaben, K.Ecker (ed.), Proc. ICoLe '88, Berichte des Instituts für Informatik der Universität Clausthal

Osterloh, M.: Handlungsspielräume und Informationsverarbeitung, Huber 1983

Treleaven, P.C., Brownbridge, D.R., Hopkins, R.P.: Data-Driven and Demand-Driven Computer Architecture, ACM Computing Surveys, Vol.14, Nr.1, March 1982, S.93-143

Treleaven, P.C., Hopkins, R.P., Rautenbach, P.W.: Combining Data Flow and Control Flow Computing, The Computer Journal, Vol.25, Nr.2, Febr.1982, S.207-217

Schwefel, H,-P.: Evolutionary Learning Optimum-Seeking on Parallel Computer Architecture, in: Sydow, A. et al. (ed.), Systems Analysis and Simulation 1988 (I: Theory and Foundations), Berlin 1988, p.217-225

Stebbins, G.L., Ayala, F.J.: Die Evolution des Darwinismus, Spektrum der Wissenschaft, Sept. 1985, p.58-71

Widrow, B., Winter, R.: Neural Nets for Adaptive Filtering and Adaptive Pattern Recognition, IEEE Computer, March 1988, p.25-39

Zhou, H., Grefenstette, J.J.: Induction of finite automata by genetic algorithms, Proceedings of the 1986 IEEE International Conference on Systems, Man and Cybernetics, Atlanta/Georgia, October 1986, p.170-174

Die Mandelbrotmenge als Bildspeicher

Fritz v.Haeseler
Institut für Dynamische Systeme
Universität Bremen
D-2800 Bremen 33

Das Ziel dieser Arbeit ist es, ein Phänomen vorzustellen, welches beim Studium eines speziellen dynamischen Systems auftaucht. Dieses Phänomen kann vielleicht als ein rein mathematisches Modell für den Begriff Selbstorganisation verstanden werden.

Bei der Untersuchung dynamischer Systeme (Differentialgleichungen, Iteration von Abbildungen u.ä) bedient man sich im wesentlichen zweier Methoden. Die quantitative Methode versucht alle Orbits auf ihr Verhalten hin zu untersuchen. Die qualitative Methode versucht einen Überblick für das Verhalten der meisten Orbits zu geben. Unsere Betrachtungen beschäftigen sich ausschließlich mit der qualitativen Methode.

In vielen Fällen hängt ein dynamisches System von einem oder mehreren Parametern ab, und man möchte das Verhalten des System in Abhängigkeit dieser Parameter beschreiben, gewissermaßen einen Katalog erstellen. Eine allgemeine Theorie, die die Erstellung eines solchen Kataloges ermöglicht, gibt es bisher weder für qualitative noch für quantitative Fragestellungen. Das hier vorgestellte dynamische System kann als ein Paradebeispiel für die Erstellung eines Kataloges angesehen werden.

1 Das dynamische System

Bevor wir das zu untersuchende dynamische System vorstellen und einige Eigenschaften erläutern, diskutieren wir kurz ein einfaches Beispiel, welches in der Entwicklung der Theorie der Iteration der rationalen Abbildungen eine wichtige Rolle gespielt hat [Peitgen,1984].

Ein bekannter Algorithmus zur Bestimmung von Lösungen einer Gleichung der Form $f(x) = 0$ ist das Newton-Verfahren. Ist x_0 eine Näherungslösung der Gleichung, so ist durch

$$x_1 = Nf(x_0) = x_0 - \frac{f(x_0)}{f'(x_0)}$$

i.a. eine bessere Approximation der wahren Lösung gegeben, $x_2 = Nf(x_1) = Nf^2(x_0)$ wird dann eine noch bessere Näherung darstellen etc. Betrachten wir nun die Gleichung

$$p(z) = z^2 - 1 = 0 \ , \ z \in \mathbf{C}, \tag{1}$$

so gibt das Newtonverfahren

$$N(z) = z - \frac{z^2 - 1}{2z} = \frac{1}{2}\left(z + \frac{1}{z}\right)$$

einen Algorithmus zur Bestimmung der Lösungen von (1). Einfache geometrische Überlegungen zeigen:

$$\begin{aligned}
A(1) &= \{z \in \mathbf{C} \,|\, \lim_{n\to\infty} N^n(z) = 1\} &= \{z \in \mathbf{C} \,|\, \Re(z) > 0\} \\
A(-1) &= \{z \in \mathbf{C} \,|\, \lim_{n\to\infty} N^n(z) = -1\} &= \{z \in \mathbf{C} \,|\, \Re(z) < 0\}
\end{aligned}$$

und für $z = it$ konvergiert kein Orbit $\{N^n(it)\}$ gegen eine der Lösungen; N ist auf der imaginären Achse eine chaotische Abbildung [Devaney].

Vom qualitativen Standpunkt her ist das Newton-Verfahren N also gut beschrieben. Im allgemeinen Fall (Newton-Verfahren für beliebige Polynome) ist die Situation verwickelter [v.Haeseler].

Nach diesem Beispiel, beginnen wir mit dem Studium des dynamischen Systems

$$\begin{aligned} p_c(z) &= z^2 + c \\ z_{n+1} &= p_c(z_n) \end{aligned} \qquad z_0 \in \mathsf{C} \cup \{\infty\}, \ c \in \mathsf{C}. \tag{2}$$

Dabei kann $c \in \mathsf{C}$ als ein Parameter verstanden werden.

Bemerkungen 1

1. Ist $|z_0|$ hinreichend groß, z.B. $|z_0| > 1/2 + \sqrt{1/4 + |c|}$, so wächst die Folge der Iterierten $\{z_n = p_c^n(z_0)\}$ unbegrenzt. Wir sagen $\lim_{n \to \infty} z_n = \infty$.

2. Der Fundamentalsatz der Algebra sichert die Existenz von Fixpunkten der Iteration, das sind Punkte z_f, die Lösungen der Gleichung

$$p_c(z_f) = z_f^2 + c = z_f$$

sind. Dehnen wir diese Betrachtung aus, so erkennen wir, daß periodische Punkte beliebig hoher Periode existieren; das sind Lösungen der Gleichung

$$p_c^n(z) = z$$

für $n \in \mathsf{N}$.

Es gibt somit zwei wesentlich verschiedene Arten von Orbits oder Folgen $z_n = p_c^n(z)$. Entweder die Folge $\{z_n\}$ ist beschränkt oder sie ist unbeschränkt. Dies führt zu.

Definition 1 *Es sei $p_c(z) = z^2 + c$, $c \in \mathsf{C}$. Dann heißt die Menge*

$$K_c = \{z \in \mathsf{C} \mid \{p_c^n(z)\} \ \text{ist beschränkt} \}$$

die ausgefüllte Juliamenge von p_c. Der Rand von K_c heißt die Juliamenge $J_c = \partial K_c$ von p_c.

Bemerkung 2

Juliamengen sind nach dem französischen Mathematiker G.Julia benannt. G.Julia und P.Fatou haben um 1920 unabhängig diese Mengen definiert und deren Eigenschaften untersucht [Fatou,Julia]. Die allgemeine Definition der Juliamenge ist schwieriger zu verstehen. Für unsere Zwecke ist obige Definition ausreichend. Moderne Einführungen in die Theorie der Juliamengen sind z.B. [Brolin,Blanchard].

Satz 2 *K_c und J_c sind kompakt, nicht leer und vollständig invariant, d.h. $p_c(K_c) = p_c^{-1}(K_c) = K_c$.*

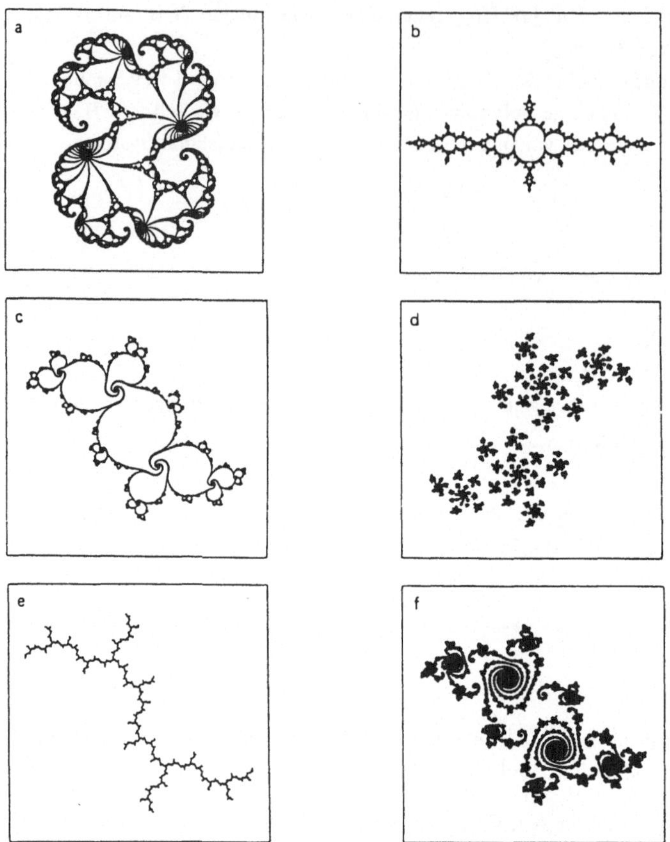

Abbildung 1 Einige Juliamengen

In Abbildung 1 sind einige Juliamengen dargestellt. Die Abbildungen suggerieren, daß Juliamengen neben vielen unterschiedlichen Formen auch Gemeinsamkeiten aufweisen. Diese Gemeinsamkeiten lassen sich am besten in der Sprache der Topologie formulieren. Entweder K_c (J_c) ist zusammenhängend oder K_c (J_c) ist eine Cantormenge, d.h. völlig unzusammenhängend und perfekt.

Erneut sind wir einem "entweder-oder" begegnet. Zuerst beim Studium der Iterierten und nun beim Studium der Mengen, deren Elemente einen beschränkten Orbit haben.

Definition 3 *Die Menge*

$$M = \{c \in \mathbf{C} \,|\, K_c \text{ ist zusammenhängend}\}$$

heißt <u>*Mandelbrotmenge*</u>.

Bemerkung 3

Die Mandelbrotmenge ist nach B.B.Mandelbrot benannt, der diese Menge um 1980 definierte und sie durch Computergraphiken sichtbar machte, [Mandelbrot].

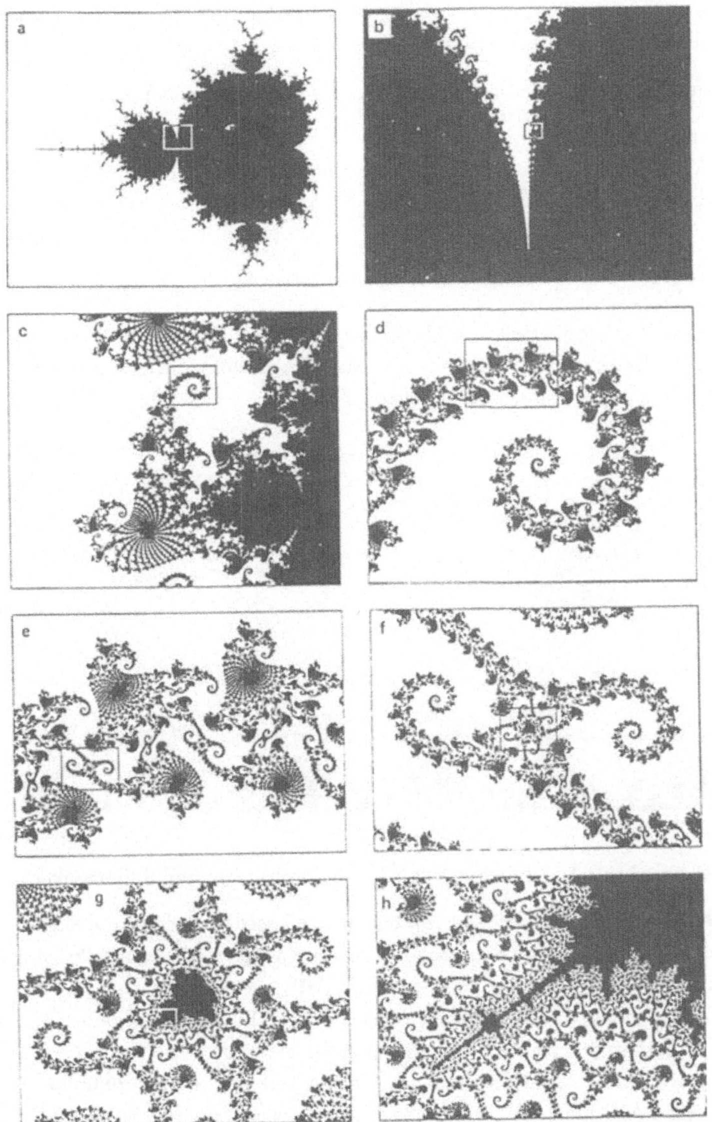

Abbildung 2 Die Mandelbrotmenge und einige Vergrößerungen

Die von G.Julia und P.Fatou entwickelte Theorie hilft uns nun festzustellen, ob ein Parameterwert c zu M gehört.

Satz 4 K_c *ist genau dann zusammenhängend, wenn die Folge* $\{p_c^n(0)\}$ *beschränkt ist.*

Ein Beweis ist in [Brolin,Blanchard] zu finden. Mit dieser Charakterisierung ist es möglich, Bilder

der Mandelbrotmenge herzustellen. Mittlerweile gibt es bessere Algorithmen zur Bildherstellung [Peitgen,1988]. Der Vollständigkeit halber erwähnen wir noch

Theorem 5 (Douady,Hubbard) *Die Mandelbrotmenge ist zusammenhängend.*

Wir fassen zusammen:

Ist $c \in M$, so ist K_c zusammenhängend, es gibt eine Fülle verschiedener Dynamiken. Ist $c \notin M$, so ist K_c eine Cantormenge und fast alle (Lebesgue-Maß) Punkte haben einen unbeschränkten Orbit.

2 Das Theorem von Tan Lei

In diesem Abschnitt wollen wir die Rolle der Mandelbrotmenge als Bildspeicher erläutern. Dazu betrachten wir Abbildung 3. Es scheint als ob Teile der Mandelbrotmenge in der Nähe eines Parameters c aussehen wie Teile der entsprechenden Juliamengen J_c.

Abbildung 3 Ähnlichkeit von Mandelbrotmenge und Juliamengen

Wir werden den Begriff der Ähnlichkeit mathematisch fassen und dann die Ergebnisse der Mathematikerin Tan Lei vorstellen. Wir beginnen mit einem einfachen aber instruktivem Beispiel. Dazu betrachten wir die Menge $\Gamma = \{(t, t^2) \mid t \in [-1, 1]\} \subset \mathbf{R}^2$. Wir stellen fest, daß Γ in der Nähe des Nullpunktes ähnlich zu einem Teil der reellen Achse ist. Zur Präzisierung dieser Aussage fixieren wir ein Fenster $[-r, r]^2$, $0 < r < 1$, und einen Vergrößerungsfaktor $\rho > 1$. Dann vergrößern wir das Bild von Γ um den Faktor ρ und interessieren uns nur für den Teil der Vergrößerung von Γ, der im Fenster $[-r, r]^2$ verbleibt (siehe Abbildung 4). Vollziehen wir den Grenzübergang $\rho \to \infty$, so ist der im Fenster verbleibende Teil gerade das Intervall $[r, r]$. In diesem Sinne sieht Γ so aus wie ein Teil der reellen Achse.

Für eine Verallgemeinerung des Begriffs Ähnlichkeit von kompakten Mengen in einem Punkt benötigen wir den Begriff des Hausdorffabstands.

Definition 1 *Es seien $A, B \subset \mathbf{C}$ kompakte Mengen. Dann ist*

$$d_H(A, B) = \inf\{\epsilon > o \mid A \subset B + \epsilon, B \subset A + \epsilon\}$$

mit $A + \epsilon = \{y \in \mathbf{C} \mid \min\{|y - a| \mid a \in A\} < \epsilon\}$ der <u>*Hausdorffabstand*</u> *von A und B.*

Bemerkung 1

Z.B. in [Barnsley] wird bewiesen, daß d_H alle Eigenschaften einer Abstandsfunktion besitzt. Insbesondere ist $d_H(A, B) = 0$ genau dann, wenn $A = B$.

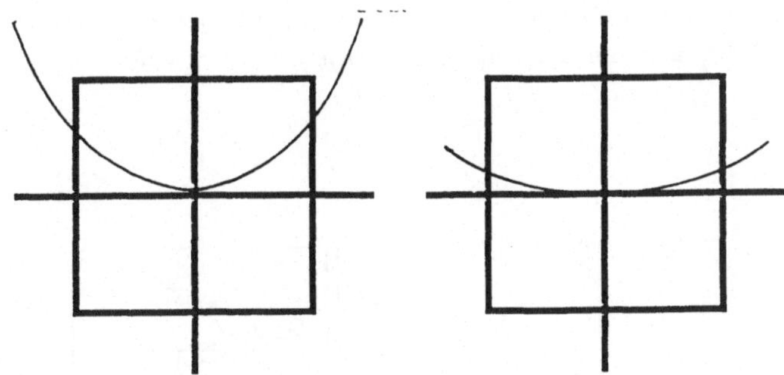

Abbildung 4 Die Menge Γ und eine ρ-Vergrößerung

Wir kommen nun zu einer mathematischen Formulierung des Begriffes der Ähnlichkeit.

Definition 2 *Es sei $A \in \mathbb{C}$ eine kompakte Menge und $\rho \in \mathbb{C}$ mit $|\rho| > 1$. A heißt asymptotisch ρ-selbstähnlich zu B in $x \in A$, wenn*

$$\lim_{n \to \infty} d_H(\rho^n \tau_{-x}(A) \cap D_r(0)) = B$$

gilt. Dabei ist $\tau_{-x}(A) = \{y - x \mid y \in A\}$ und $D_r(0) = \{z \in \mathbb{C} \mid |z| < r\}$.

B wollen wir das Grenzmodell von A in x nennen. $D_r(0)$ spielt in obiger Definition die Rolle des Fensters aus dem einleitenden Beispiel. Damit können wir die Ergebnisse der Mathematikern Tan Lei vorstellen [Tan Lei]. Das erste Resultat behandelt die ρ-Selbstähnlichkeit von Juliamengen in gewissen Punkten.

Satz 3 *Es sei $p_c(z) = z^2 + c$ und $z_0 \in J_c$ ein repulsiver periodischer Punkt, d.h. $z_0 = p_c^n(z_0)$ und für $\rho = (p_c^n)'(z_0)$ gilt $|\rho| > 1$. Dann ist J_c asymptotisch ρ-selbstähnlich in z_0.*

Bemerkung 2

Man beachte, daß in diesem Lemma nicht der Zusammenhang der Juliamenge gefordert wird.

Um nun den Übergang zur Mandelbrotmenge vollziehen zu können, beschränken wir uns auf Polynome, bei denen der Punkt 0 ein spezielles dynamisches Verhalten aufweist. Wir fordern, daß 0 ein präperiodischer Punkt ist. Präperiodische Punkte sind solche, die nach endlich vielen Iterationen periodische Orbits haben, d.h. die einer Gleichung (in c!) der Form

$$p_c^n(p_c^k(0)) = p_c^k(0)$$

für gewisse $n, k \in \mathbb{N}$ genügen. Präperiodische Punkte werden auch Misiurewisz-Punkte genannt. Der Parameterwert $c = i$ ist ein Beispiel für einen Misiurewicz Punkt, denn der Orbit der Null sieht folgendermaßen aus

$$0 \mapsto i \mapsto -1 + i \mapsto -1 \mapsto -1 + i.$$

Nach zwei Iterationen wird der Orbit also periodisch. Nach dem Satz 3 ist J_i im Punkte $-1 + i$ ρ-selbstähnlich. Der Wert von ρ läßt sich leicht berechnen als $(p_i^2)'(-1 + i) = \sqrt{32}e^{\pi i/4}$. Abbildung 1 e) zeigt ein Bild der Juliamenge J_i.

Man sieht sofort, daß Misiurewicz-Punkte stets Elemente der Mandelbrotmenge sind.

Theorem 4 (Tan Lei) *Es sei c ein Misiurewicz-Punkt, d.h. $p_c^n(p_c^k(0)) = p_c^k(0)$ und $\rho = (p_c^n)'(p_c^k(0))$. Dann existiert ein $\lambda \in \mathbf{C} \setminus \{0\}$ und eine abgeschlossene Menge $Z \subset \mathbf{C}$, so daß*
a) $\rho Z = Z$,
b) $\lim_{n \to \infty} \rho^n \tau_c(J_c)) = Z$,
c) $\lim_{n \to \infty} \rho^n \tau_c(M) = \lambda Z$.

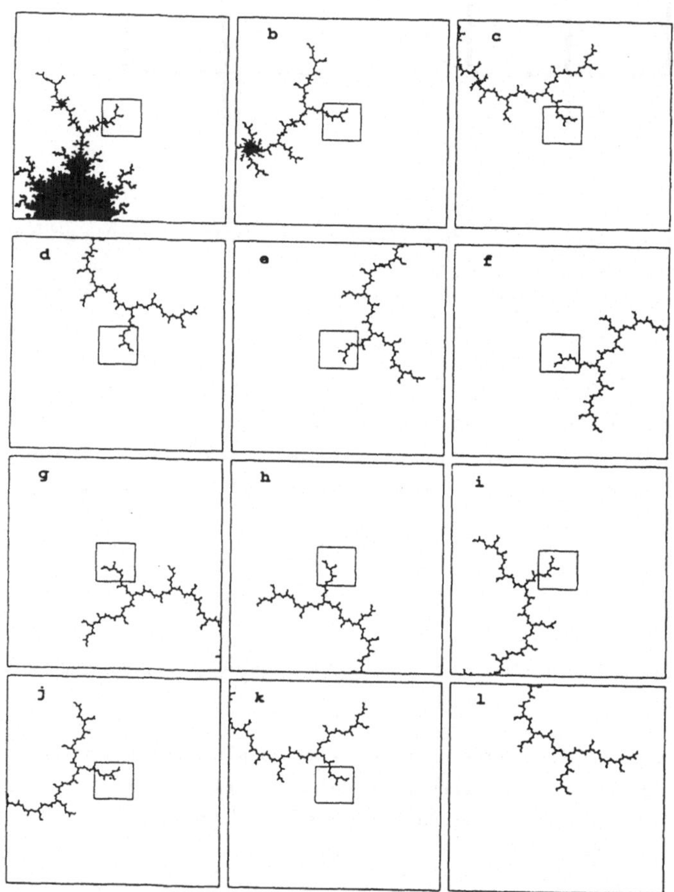

Abbildung 5 Vergrößerungen der Mandelbrotmenge im Punkte $c = i$ (vgl. Abb. 1 e))

Die Juliamenge J_c hat also bis auf eine Drehstreckung um den Faktor λ dasselbe Grenzmodell in c wie die Mandelbrotmenge in c. Abbildung 5 zeigt sukzessive Vergrößerungen von M im Punkte $c = i$ um den Faktor $(p_i^2)'(-1 + i) = \sqrt{32}e^{\pi i/4}$ und verdeutlicht die Aussage des Theorems.

3   Schlußbemerkungen

Wir haben gesehen, daß die Mandelbrotmenge ein guter Katalog für das dynamische System p_c darstellt. Ist $c \notin M$, so ist J_c eine Cantormenge und fast alle Punkte haben einen unbeschränkten Orbit. Ist c ein Misiurewicz-Punkt, so wissen wir nicht nur, dass c in M liegt und damit J_c zusammenhängend ist, sondern auch wie J_c aussieht. Dazu brauchen wir nur eine starke Vergrößerung von M in c erstellen. Die Eigenschaft der Mandelbrotmenge eine Art 'Bildspeicher' zu sein wirkt umso erstaunlicher, wenn wir an die rein topologische Definition der Mandelbrotmenge denken. Bei der Definition wurden die verschiedenen Formen der zusammenhängenden Juliamengen überhaupt nicht berücksichtigt. In diesem Sinne kann das Phänomen der Bildspeicherung als ein mathematisches Modell für die Selbstorganisation verstanden werden.

Zum Abschluß betrachten wir die Abbildung 6, die zeigt, daß die Mandelbrotmenge nicht nur in Misiurewicz-Punkten als Bildspeicher fungiert. Gezeigt sind zwei starke Vergrößerungen der Mandelbrotmenge bzw. der Juliamenge um den Punkt $c = -.745429 + .113008i$. Die Vergrößerung der Juliamenge wurde zusätzlich um einen Winkel gedreht. Eine exakte Aussage wie die des Theorems 2 gibt es für diese Beobachtung noch nicht.

Abbildung 6 Ähnlichkeit der Mandelbrotmenge (links) zur Juliamenge (rechts)

Literatur

BARNSLEY, M.F.: Fractals Everywhere, Academic Press, 1988

BLANCHARD, P.: Complex analytic dynamics on the Riemann sphere, Bulletin of the AMS, Vol. 11, Number 1, July,85-141 (1984)

BROLIN H.: Invariant sets under iteration of rational functions, Arkiv för Mathematik 6,103-141 (1966)

DEVANEY, R.L.: Introduction to Chaotic Dynamical Systems, Benjamin-Cummings, Menlo Park 1986

DOUADY, A., HUBBARD, J.H.: Etude dynamiques des polynômes complexes I,II, Publ. Math. d'Orsay 84-02, 85-02 (1985)

FATOU P.: Sur les équations fonctionelles, Bull. Soc. France 47, 161-271 (1919), Bull. Soc. France 48, 33-94 und 208-304 (1920)

HAESELER, F.v., PEITGEN, H.-O.: Newton's method and complex dynamical systems, Acta Appl. Math. 13, 3-58 (1988)

JULIA, G.: Mémoire sur l'itération des fonctions rationelles, J. de Math. pures et appliquées, ser. 8.1, 47-245 (1918)

MANDELBROT, B.B.: Fractal aspects of the iteration of $zo \mapsto \lambda z(1 - z)$ for complex λ and z, Ann. N. Y. Acad. Sci. 375, 249-259 (1980)

PEITGEN, H.-O., SAUPE, D. HAESELER, F.v.: Cayley's problem and Julia sets, Math. Intell. vol 6, Nr. 2, 11-20 (1984)

PEITGEN, H.-O., SAUPE, D.: The Science of Fractal Images, Springer Verlag 1988

TAN LEI.: Similarity between Mandelbrotset and Julia sets, Univerität Bremen, Report 211, Juni 1988

Systemtheoretische Aspekte von Selbstorganisation und Autologie.
Vorstoß zu einer Theorie

Alfred Locker

Institut für Theoretische Physik, TU Wien., Österreich

1. Einleitung

Das Problem der *Selbstorganisation* (sO) übersteigt, wegen seiner Allgemeinheit, die Zuständigkeit einer Einzelwissenschaft und erzwingt daher seine Behandlung in einer Metawissenschaft wie der Allgemeinen Systemtheorie (ASTh)[3], die auch seine theoretische Durchdringung ermöglicht.

Um dem Begriff von sO eine vorläufige Umschreibung zu geben, sei zunächst von den in ihm steckenden Begriffselementen Organisation und Selbst ausgegangen. Wird unter Organisation die Wechselwirkung der Teile (in einem Systemgefüge) verstanden [26], dann bedeutet sO eine Tätigkeit, die vom System ausgeht, aber auf das System zurückwirkt, wobei gleichsam wartendes Material so beeinflußt wird, daß daraus eine Änderung des Systemganzen resultiert. Weil demnach eine *Selbstreferenz* (sR) vorliegt, läßt sich sO (und alles, was mit ihr zusammenhängt), grob schematisch, durch eine *Kreisrelation*, welche die hier bestehende Zirkularität darstellt, veranschaulichen. Damit ist aber das Problem erst eröffnet, nicht geklärt.

Was die Vorsilbe "selbst" (im Wort sO) betrifft, so läßt sich eine operative Bedeutung (des "von-selbst" vor sich gehenden, nicht vom Menschen stammenden Geschehens) von einer relationalen Bedeutung trennen, die im Pronomen den Rückbezug eines Vorgangs auf sich selbst ausdrückt. Kein auf solche Weise aufgefaßtes "selbst" ist jedoch denkbar ohne das substantivische/substantielle "Selbst", das Subjekt des Menschen, der, von seinem Selbstverständnis ausgehend, ihm analoge Gegebenheiten und Aktivitäten z.B. mit sO benennen kann. Von dieser Grundlage her tritt das Subjekt, der *Beobachter* (B), in den Vordergrund, der als äußerer ($\underline{B}_{ext}$) oder innerer ($\underline{B}_{int}$) fungiert, je nachdem, ob er "sich selbst" als mitten im Geschehen stehend oder außerhalb desselben sieht bzw. für ein betrachtetes System gedanklich in entsprechende Rollen schlüpft.

Der hier gewählte Zugang zur Thematik sucht eine Balance zwischen einer *nicht-formalen* und einer *formalen* Behandlung zu gewinnen, wobei auch die Zusammenhänge zwischen beiden einer Prüfung unterzogen werden müssen. Im Laufe der Betrachtung wird sich immer mehr zeigen, daß sO (bzw.sR) nur Aspekte unter mehreren gleichartigen Phänomenen darstellen, die unter der Bezeichnung *Autologie* (AUT)[19] zusammengefaßt, von Erscheinungen unterschieden werden können, die sich als *Allologie* (ALLo) bezeichnen lassen, weil sie expressis verbis nichts mit dem "Selbst" zu tun haben.

2. Systemtheorie als Grundlage

2.1 Systemdefinition und Domänenaufbau

Wird der Begriff *System* (S) nicht naiv verstanden, dann läßt eine definitionsmäßige Ausformung das menschliche Subjekt erkennen, das sich implizit in der Definition vorfindet, wie aus einer verallgemeinerten S-Definition leicht ersichtlich ist [2][34], in der es heißt: "Ein System ist ein Komplex (von Gegebenheiten), der 'sich selbst' im Wandel seiner Bestandteile und in seiner Zusammensetzung gegenüber Einflüssen aus der Umgebung aufrechterhält".

Versteht man eine derartige Definition richtig, dann ist mit ihr ganz entschieden das *Erkenntnisproblem* angesprochen. An ihm ist erkennbar, daß der Aufbau der *Kognitiv-Domäne*(K.D.)[28], welche die Grundsituation des Erkennens modellmäßig auseinanderlegt, hinsichtlich der Struktur mit dem Aufbau des Subjekts, der *Subjekt-Domäne* (S.D.) übereinstimmt (ABBILDUNG 1). In ersterer steht der menschliche Beobachter (B) dem als System (S) aufzufassenden Gegenstand gegenüber, doch sind B wie S gemeinsam in die Realität (R) (besser: die Wirklichkeit) eingebunden. Die K.D. läßt sich durch eine Maschinen-Metapher verdeutlichen[12], wonach das Programm *für* eine Maschine (PM$_{für}$), von einem Designer (D) entworfen, sich *in* der Maschine als PM$_{in}$ findet, sodaß die Maschine sich ihm gemäß verhält; es kann von einem B als Programm *von* der Maschine (PM$_{von}$) rekonstruiert werden, sodaß er die Maschine nachbauen kann. Alle drei Programmversionen sind miteinander identisch. Von einem Realgegenstand der Natur (wie z.B. dem Organismus) ist eine solche Identität nicht zu behaupten: hier ist PS$_{von}$ <<... PS$_{in}$ (mit Superskript S für System).

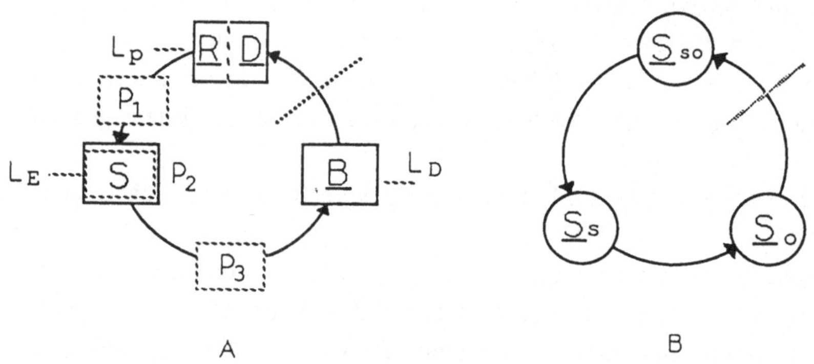

Abbildung 1

A: Aufbau der K.D. aus R, S und B, mit deren Sprachen L$_P$, L$_E$und L$_D$. P$_1$, P$_2$, P$_3$:

Programme (für, in, von). $\underline{D}$:Designer

B: Aufbau der $\underline{S}$.D aus $\underline{S}_{SO}$, $\underline{S}_S$ und $\underline{S}_O$.

Die Gerade ----- soll die Trennung und Zusammengehörigkeit bestimmter Anteile der K.D. und S.D. andeuten.

War in der K.D. $\underline{B}$ als $\underline{B}_{ext}$ aufgefaßt worden, so führt die Verwandlung des $\underline{B}$ in einen $\underline{B}_{int}$ zur $\underline{S}$.D. Hier wird ein Subjekt ($\underline{S}$) im Prozeß der Selbstreflexion zu einem subjektivem Subjekt ($\underline{S}_S$), das sich (gleichsam als $\underline{B}_{int}$) ein objektives Subjekt ($\underline{S}_O$) als Gegenstand gegenüberstellt; dennoch bleibt die Subjekt-Einheit ($\underline{S}_{SO}$) das beide verbindende Moment [7]. Die Entsprechung der Anteile der $\underline{S}$.D. zu denen der K.D. ist offensichtlich.

Dynamisiert man die Struktur der genannten Domäne und betrachtet sie als *Aktions-Domäne* (A.D.), so läßt sich ein wesentliches Merkmal deutlich abgrenzen (ABBILDUNG 2): Es ist dies der Umstand, daß bei Wirkung von seiten eines *Operators* ($\underline{O}$) auf einen Operanden (Od) durch das Resultat der Bewirkung (das *Operatum* $\mathbb{O}$) in der gesamten Operation (O) eine *Asymmetrie* auftritt: der offenbare AUT-Bezug (relational von $\underline{O}$ über Od zu $\mathbb{O}$ gehend) erreicht anscheinend weder inhaltlich noch formal Gleichheit von $\mathbb{O}$ mit $\underline{O}$ (Vgl. das oben vom Programm Gesagte). Aber ist dies denkbar, wenn es sich um sR (also auch um sO, hier: Selbst-Operation) handelt? Sind hier nicht *Unterschied* und *Einheit* miteinander verbunden?

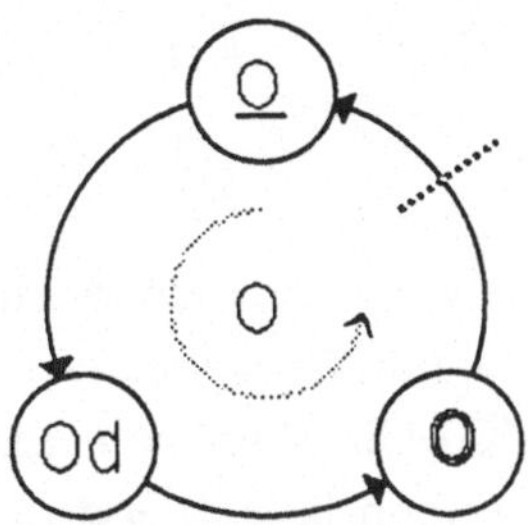

2.2 Komplementarität als Schlüssel zu Systemeigenschaften

Die strukturelle Gemeinsamkeit der genannten Domänen läßt sich unter den Gesichtspunkt der *Komplementarität* [15] bringen; es handelt sich hierbei um eine Denk- und Seinsfigur, die darlegt, wie ein (spannungsgeladener) Gegensatz auf einer bestimmten Betrachtungsebene durch Übergang auf eine höhere (umfassendere) Betrachtungsebene aufgelöst werden kann (ABBILDUNG 3). Damit wird gezeigt, daß die Glieder der Relationsfigur nicht gleichwertig sind; was bei einer bestimmten Zugangsweise (nämlich der Ortho-Ebene) ungeklärt bleibt, erfährt eine Klärung (auf der Meta-Ebene) dadurch, daß nun *ein* Relatum den Rang einer Vorgabe oder Voraussetzung (*V*) erhält, die das von ihr vorausgesetzte Gegenständliche (*G*) bestimmt.

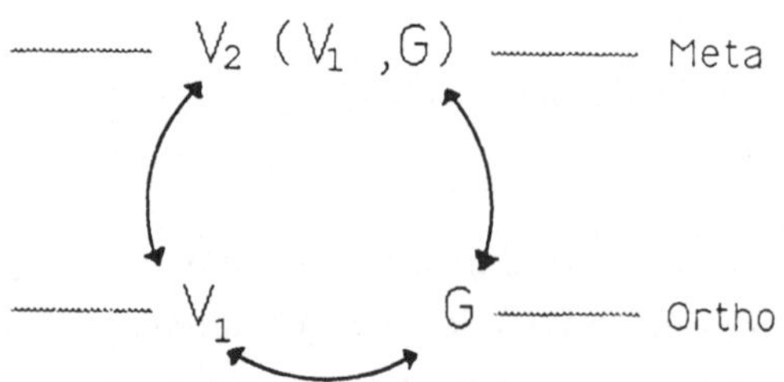

Abbildung 3

Aufbau der Komplementari-
tätsfigur. Trennung von
V_1 (Voraussetzung niederer
Ordnung) und G auf der Ortho-
ebene, Vereinigung unter V_2
(Voraussetzung höherer Ordnung auf der Meta-ebene. Reversibler Pfeil (besonders
zwischen V_1 und G) auch als
Kreisrelation darstellbar.

Die beiden Gruppen von Eigenschaften, die in der ASTh zu unterscheiden sind, nämlich die transformations-*invarianten* (empirischen) und die transformations-*irrelevanten* (trans-empirischen)[33] erfahren durch Anwendung der Komplementaritätsbetrachtung auf sie eine neue Bedeutung: Die T-irrelevanten, d.h. durch Transformation nicht tangierten Eigenschaften, sind die Voraussetzung der T-invarianten. Der komplementäre Zusammenhang beider läßt sich schematisch als der von sog. *Vokal-* (die sich mit *V* decken) und sog. *Konsonanten*-Eigenschaften (die sich mit *G* decken) zusammenfassen[16]:

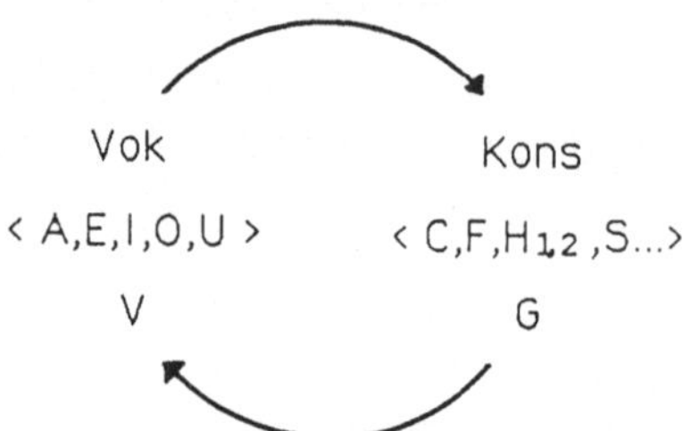

C: Komplexität
F: Funktion
H_1: Hierarchie
H_2: Heterarchie
S(hier):Struktur

Auf der Objekt-Ebene wird noch nicht genug deutlich gemacht, daß A (hier: Autonomie), E (Existenz), I (Individualität/Identität), O (Ordnung/Organisation) und U ("Unität",Einheit) Voraussetzungs (*V*)- und Gegenstands-(*G*)-charakter gemeinsam haben, d.h. sich immer auch noch zugleich empirisch beschreiben lassen; erst in der Meta-Ebene kommt ihr *V*-Charakter deutlich zum Vorschein.

2.3 Der Zusammenhang des Voraussetzungs- mit dem Sprachproblem

Zurückkommend auf die K.D., finden wir, daß deren Anteile sich durch verschiedene Sprachen (in formaler Hinsicht) charakterisieren lassen: Der Designer- oder R-Einheit kommt eine *Präskriptions*-Sprache (Lp), der S-Einheit eine *Exekutions*-Sprache (LE) und der B-Einheit eine *Deskriptions*-Sprache (LD)[17] zu. Nachdem die K.D. selber schon eine Komplementaritätsfigur darstellt, nimmt es nicht wunder, wenn die Sprachen ihrer Anteile ebenfalls zueinander komplementär sind (Abbildung 1): z.B. ist es für B̲ unmöglich, mittels der Beschreibung von S schon zur Vorschreibung (Präskription) von S zu gelangen (Abbildung 1). Die Sprachkomplementarität ist jedoch einfacher darzustellen, wenn bloß zwischen Beschreibung/Deskription (D) und Bedeutung/Interpretation (I) unterschieden wird [22], denn dann erweist es sich, daß es auf keiner Ebene einer Sprache für ihre Beschreibung möglich ist, ihre eigene Interpretation zu beschreiben; vielmehr muß dazu auf eine Metaebene umgestiegen werden, was ein unabschließbarer Vorgang ist.

Es leuchtet ein, daß sowohl L_E wie L_D den Charakter einer Gegenständlichkeit (*G*) haben, insoferne sie weniger umfassender (und anderes) sind als die sie dominierende L_P, die als Voraussetzung (*V*) wirkt. Es hängt aber freilich auch vom Gesichtspunkt ab, ob man L_E gegenüber L_D oder L_D gegenüber L_E die Natur einer zweiten (abgeleiteten) *V* zuschreiben will; hier bleibt sicher ein Moment der Unbestimmtheit übrig, wenngleich an der Tatsache nicht gerüttelt werden kann, daß bei jedem sprachlichen Zugang zur S-Problematik notwendiger Weise zwischen *V*- und *G*-Zugang unterschieden werden muß. Ersterer kann - wie auch aus den AEIOU-Eigenschaften ersichtlich - eigentlich nur intuitiv (in Analogie zum "Selbst" des B̲) gewonnen werden; die *G*-Natur ist demgegenüber immer auch diskursiv darlegbar.

3. Autologie oder Selbstreferenz

3.1 Versuch einer Systematisierung

Unabhängig davon, daß AUT formal- und nicht-formal beschrieben werden kann (worauf noch näher eingegangen werden muß), läßt sich für dieses Phänomen eine gewisse systematische Anordnung hinsichtlich der in ihm ausgeführten (letztlich menschlichem Handeln konformen) Aktivitäten erbringen: Vom sprachlichen Gesichtspunkt her würde sP_1 (Selbstpräskription) ----> sD (Selbstbeschreibung) ----> sE (Selbstausführung) bedingen oder implizieren (---->); vom Tätigkeitsgesichtspunkt ließe sich die Reihe: sP_2 (Selbstproduktion) ----> sK (Selbstkonstruktion) ----> sO (Selbstorganisation) aufstellen, mit srP (Selbstreproduktion) auch zu dieser Reihe gehörig.Realbedingung dafür, daß diese Tätigkeiten nicht im rein Formalen verbleiben, sondern real werden, ist ein sog. *instrumentelles* System [13]; es ist fraglich, ob man von Aktivitäten in rein formaler Hinsicht überhaupt sprechen kann. Dagegen übernehmen zweifellos sR (Selbstreferenz) bzw. sA (Selbstanwendung) die Rolle einer Formalbedingung für die anderen AUT-Aktivitäten.

3.2 Das Beschreibungsproblem

3.2.1 Das Paradox der sD

Rein intuitiv muß bei sD, wenn $\underline{D}$ (Deskriptor) und $\mathbb{D}$ (Deskriptum) identisch sein sollten - was allerdings, bei Entfaltung der A.D. (2.1)(ABBILDUNG 2) nicht wirklich der Fall sein kann - eine Schwierigkeit auftreten. In der formalen sD zeigt sich diese tatsächlich [30].Wird ein S ganz allgemein durch eine mathematische Funktion dargestellt, nämlich f:A ----> B (A:input, B:output), dann wäre die Situation der sD (nicht nur der srP) gegeben, wenn f ein solches B liefert, daß f $\in$ B. Da aber eine Funktion solange nicht spezifiziert ist, als nicht Definitions - und Wertbereich zusammen vorliegen, werden hier zwei aufeinander angewiesene Bestimmungsstücke gefordert, von denen das eine dem anderen notwendig vorangeht; das gleiche Erfordernis trifft auf eine Relation zu, von der gelten soll, daß sie selbst Element des Bereiches ihrer Relata ist. Eine Möglichkeit, diesem Dilemma zu entgehen, bietet sich, wenn man die Funktion (oder Relation) nicht als eine fixe Form auffaßt, sondern als einen *Prozeß*, der kein a-priori definiertes Feld benötigt, vielmehr sich erst aus jenen Elementen bildet, bei denen die Funktion (oder Relation) endet [20]. Doch läßt sich gegen diese Vorstellung Gewichtiges einwenden.

3.2.2 AUT und hermeneutischer Zirkel

Nehmen wir die Betrachtung der AUT vom allgemeinsten Horizont aus auf, dann erweisen sich die Strukturen der K.D., $\underline{S}$.D. und A.D. (2.1) insgesamt als autologisch, denn sie gehorchen dem *autologischen Grundgesetz*, das aus dem Selbstverständnis des Menschen stammt und wie folgt lautet: "Ich bin (ich)" (Ex 3,14). Der Versuch, es formelhaft darzustellen, als Axiom oder

Theorem $\emptyset$: $\underline{A} \equiv (\mathbb{A})$,

muß berücksichtigen, daß trotz der Ich-*Identität* das wiedererreichte Ich ($\mathbb{A}$) das es voraussetzende Ich ($\underline{A}$) nicht voll erlangen kann, also *Nichtidentität* besteht. Der zirkulären Struktur, in der man diesen Satz ausschreiben kann, ähnelt die des *hermeneutischen Zirkels* (H.Z.) mit verbaler Darlegung wie folgt: "Ich *kann* nur das erreichen, was ich erreichen *kann*"; mit dem ersten "kann" als aktueller *G*- und dem zweiten "kann" als potentieller *V*-Gegebenheit (und "Überhang" des letzteren gegenüber dem ersteren). Im Realbereich (z.B. des Erkennens) ist die Gültigkeit des H.Z. ohne weiteres einsehbar; im Formalbereich ist die Geltung des H.Z. möglicherweise umstritten, wenn er dahingehend verstanden werden muß, daß nur jene Formalstrukturen sich (im Erkennen) aktualisieren, die potentiell angelegt sind, unbeschadet ihrer gemeinsamen Zugehörigkeit zur (idealen) Formalität von Mathematik und Logik [1]. Das Mißverständnis, das der oben erwähnten Prozeßvorstellung zugrundeliegt, hängt damit zusammen, daß man die Unterscheidung von *V*- und *G*-Eigenschaften, die auch für den Formalbereich gilt, übersieht und daher zu unzulänglicher Darstellung des AUT-Problems kommt; noch ärger wirkt sich das Ignorieren dieser Unterscheidung im Realbereich aus.

3.2.3 Die Unzulänglichkeit reiner Formalbeschreibung der AUT

Trotz der vielversprechenden mathematischen Zugänge zur AUT 2 wird in ihnen zu wenig auf das geachtet, was für die beiden Bereiche nachdrücklich unterstrichen werden muß und sich noch einmal in eine andere Beleuchtung bringen läßt: Das "Theorem des häßlichen Entleins" besagt [32], daß sich zwei beliebige Realgegenstände durch Angabe von Prädikatoren (die im klassischen Sinne immer nur Akzidentien sind) nicht unterscheiden lassen (bzw. von zwei nicht-identischen Objekten die gleiche Anzahl von Prädikatoren erstellt werden kann). Das hängt damit zusammen, daß ein Realgegenstand nie voll ausschöpfbar ist; er steht im scharfen Gegensatz zum Formalgegenstand, der nur durch die Zuschreibung von Eigenschaften durch den ihn konstruierenden Menschen existiert ("subsistiert") und über diese Eigenschaften hinaus keine unerkannten Eigenschaften hat, d.h. also "wesenlos" ist. Auch dieser Aspekt zeigt, daß eine rein formale AUT-Betrachtung das Wesen der AUT, die Explikation des Menschen ist, verfehlt.

3.3 Das Beobachtungsproblem

In der sog. "Neuen Kybernetik" (oder Kybernetik II.Ordnung), in der das sR-Problem eine zentrale Rolle spielt, spricht man nicht mehr von (extern) beobachteten, sondern von (sich selbst) beobachtenden Systemen [5]. In problemgerechter Weise wird die Rolle des $\underline{B}$ und der B (Beobachtung) hervorgehoben. Aber man scheint auch hier zu stark in der Formalbetrachtung zu stecken und zu Schlüssen zu kommen, die sich nicht aufrechterhalten lassen. Wenn lebende Systeme richtig als sR-Systeme bezeichnet werden, aber von ihnen (a) gemeint wird, daß sie immer dann "entstehen", wenn Prozesse und deren Produkte in rekursiver Weise zusammenhängen und wenn (b) obendrein die Meinung vertreten wird, daß der $\underline{B}$ so das S beschreibt, daß dieses seinerseits den $\underline{B}$ beschreibt [24], so wird alles bloß formal/gegenständlich aufgefaßt und nichts von dem, dem *V*-Charakter zuerkannt werden muß, zur Kenntnis genommen. Wird nämlich der $\underline{B}_{int}$ nicht vom S abgesetzt, dann beurteilt man ihn so, als ob er dem B-Gut (d.h. bei sRS sich selbst) gegenüber eine reine "intentio recta" (gegenständlich direkte Zuwendung) einnähme. Menschliche Selbstreflexion lehrt aber, daß die bewußte Gegenstandserkenntnis immer "intentio obliqua" (also Miterfassung des Subjektes) ist. Das muß erst recht für die Stellung des $\underline{B}_{int}$ dem sRS gegenüber gelten; würde es sich so abspielen, wie es die "Autopoiese" - Vorstellung suggeriert, dann käme eine Selbstbeobachtung des sRS nicht zustande.

Das Dazugehören des $\underline{B}_{int}$ zum sRS führt jedoch zu einer Schwierigkeit, die sich auch in der formalen Behandlung wiederfindet (4.3): für die B des sRS steht sich der $\underline{B}_{int}$ gleichsam im Wege; jener S-Teil, der von ihm eingenommen wird, fällt aus der B des übrigen S-Teils heraus. Zu diesem Zeitpunkt muß jedoch der $\underline{B}$ erkennen, daß er selbst nicht zum (beschreibbaren) *G*-Anteil des sRS gehört, sondern zu dessen *V*-Anteil. Wenn er sich nun selber in gegenständlicher Weise beschreibt, so muß er dafür wieder eine V-Position einnehmen (ABBILDUNG 4) usw., sodaß er sich ständig transzendiert. Eine Antinomie zwischen B($\underline{B}_{int}$) und B($\neg\underline{B}_{int}$; d.h. jenem Systemteil, zu dem der $\underline{B}_{int}$ nicht gehört), entsteht nur bei formal/diskursiver Darlegung des Problems (vgl.6.3), nicht aber, wenn die Einheit des Subjekts ($\underline{S}_{so}$ in der $\underline{S}$.D gegenüber $\underline{S}_o$ und $\underline{S}_s$, Abb.1) auch für den $\underline{B}_{int}$ des sRS gilt. Sie ist aber nicht zu gewinnen, wenn der $\underline{B}_{int}$ bloß als $\underline{S}_o$ auftritt.

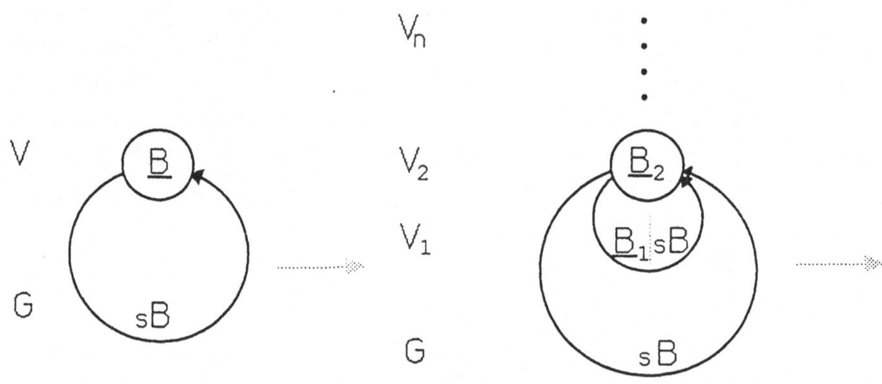

<u>Abbildung 4</u>

Fortlaufendes Transzendieren von $\underline{B}$ bei jedem Akt von sB

4. Komplementäre sR-Eigenschaften

4.1 Das "Selbst" und die sR-Aktivitäten

Im Gegensatz zur geläufigen Auffassung, wie sie mit dem Begriff "Autopoiese" in die Welt gesetzt wurde [23], muß auf Grund der angestellten Überlegungen betont werden, daß das Ich (oder "Selbst"), also der $s\underline{B}$, $s\underline{D}$ usw. nicht in seine sB-, sD- usw.-Aktivitäten einbezogen ist, andernfalls es in diese aufginge und sich von ihnen nicht distanzieren könnte. Dieser (nicht-empirische, d.h.überlegungsmäßig zugängliche) Sachverhalt kann wie folgt formuliert werden [3]:

Theorem I: $\underline{A} \cap A = \emptyset$ (Der Aktor $\underline{A}$ steht außerhalb seiner Aktivität A)

Dieser Satz gilt nicht nur dort, wo er plausibel erscheint, wie beim $\underline{B}_{ext}$, sondern auch (und vor allem) beim $\underline{B}_{int}$. Fragt man nach der Natur des Aktors und betrachtet hierzu ein S, in dem er wirkt, dann kann man wohl zwischen S-*Kern* und S-*Schale* unterscheiden, muß aber sofort hinzusetzen, daß ersterer bloß das empirische Korrelat der V-Eigenschaften umfaßt, daher also dem "Selbst" gleichsam nähersteht als die (in der Schale zusammenfaßten) G-Eigenschaften, aber sich keineswegs mit dem "Selbst" identifizieren läßt.

Wie das Ich (beim Menschen) überall im Leib ist, ja mit dem Leib identisch (aber eine empirische Bewußtseinslokalisation im Gehirn hat), so gilt auch für ein sRS (oder ein AUT-S): Das "Selbst" (das Ensemble der AEIOU-Eigenschaften)(2.2) (und noch etwas darüber hinaus) kann nicht in die G-Eigenschaften übergeführt oder aktional aufgelöst werden. Das ist der Inhalt eines Theorems:

Theorem II: $\underline{A}$ ist substantiell/kompakt/relationslos.

4.2 Irreduzibilität vs. Rückführbarkeit

Wenn der Aktor niemals vollständig in Aktivität übergeführt werden kann, dann liegt eine Form der Irreduzibilität vor. Die Unabgeschlossenheit der Sprachkomplementarität (2.3) scheint aber bei einem formalen Zugang zum sRS gegen dessen "wesensmäßige" Unrückführbarkeit zu sprechen: Ist z.B. die sD des AUT-S von einer Präskription (P) abhängig,(P(sD)), so ließe sich denken, daß eine erweiterte Beschreibung auch diese Präskription einbezieht (D(P(sD))); doch ist für D wieder P notwendig, usw. bis ins Unendliche oder bis zu einem nicht weiter auflösbaren Ich-Kern. Tatsächlich läßt sich eine beliebige Rückführung von D auf P und P auf D (jeweils erweiterter Form) ausführen (ABBILDUNG 5), aber, sobald es sich zugleich um eine Rückwendung auf das V-Problem handelt, wird man zugeben müssen, daß für diese Prozedur eine Basis erforderlich ist, die in die Prozedur nicht eingebunden ist, von welcher ausgehend das Verfahren aber erst möglich wird (Trotz der Problematik, die nach wie vor in der Metamathematik besteht, kann der hier besprochene Sachverhalt mit der Unterscheidung von abzählbar Unendlichem und transfinitem Unendlichen in Verbindung gebracht werden).

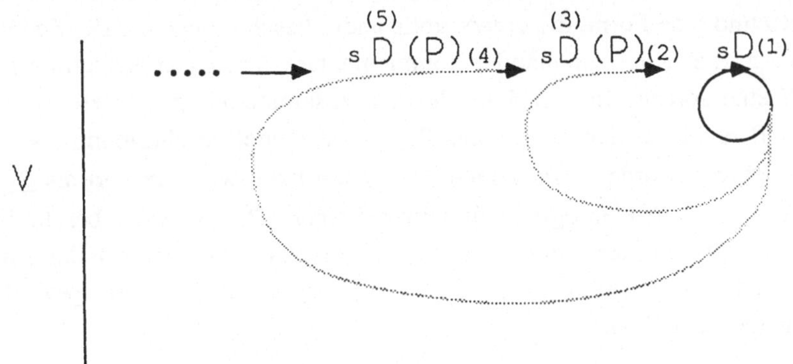

Abbildung 5

Unentschiedenheit der Beziehung zwischen sD und P (auch bei fortschreitender Einbeziehung von P in sD), solange nicht die sie ermöglichende Basis (V) eingenommen wird

4.3 Partialität und Konsistenz

In der formalen Beschreibung ist ein sRS immer nur partiell zu erfassen [20][21]; aber, seltsamerweise, besteht ein Zusammenhang zwischen Vollständigkeit und

Konsistenz; wollte man die Beschreibung des sRS vollständig machen, so würde es inkonsistent werden. Die folgende TABELLE stellt die Formaleigenschaften eines sRS und eines aRS (anderes Referenzsystem) (AUT-S und ALLo-S) übersichtlich zusammen:

TABELLE		
sRS: Konsistenz(1)	Autonomie(2)	Partialität(3)
aRS: Inkonsistenz(4)	Heteronomie(5)	Vollständigkeit(6)

Wenn wir wieder nicht nur Formaleigenschaften im Sinne haben, sondern das S als Realgegenstand sehen, muß über die Bedeutung der Eigenschaften diskutiert werden: Es ist verständlich, daß eine vollständige Beschreibung von außen (durch einen $\underline{B}_{ext}$) entweder nur durch Öffnung (Zerstörung) des (in sich geschlossenen) sRS möglich ist oder durch Kontextbeschränkung im Sinne von *Modellen*. Letztere sind nur aus diesem Grunde konsistent.

Nicht verständlich ist es aber, daß die wegen der Öffnung mögliche Zugänglichkeit zum S und seine vollständige Beschreibung inkonsistent sein sollen. Doch löst sich der Widerspruch, wird bedacht, daß der trotz Aufschneidens (als Pseudo-AUT) weiter bestehende Kreisbezug prinzipiell vollständig beschrieben werden kann, aber als beliebige Gegebenheit nicht mehr die AEIOU-Eigenschaften aufweist, deren Vorliegen allein, formal gesehen, Konsistenz (d.h. gesetzmäßiges Zusammenstimmen der *G*-Eigenschaften) garantiert (Es ist, wie wenn eine Leiche noch immer die Gestalt des lebenden Organismus besitzt)[4].

Demnach gibt es zwei, durch den differenten Kontextrahmen in ein komplementäres Verhältnis zueinander zu bringende Formen von Konsistenz, die Form (1) im sRS und jene Form, die einem vollständig beschreibbaren aSR-Modell (6) entspricht. Auch gibt es zwei, zueinander komplementäre Arten von Partialität: neben (3) im AUT-S eine solche, die mit dem Versuch zusammenhängt, (6) zu erreichen. Sobald sich der $\underline{B}$ nicht mit der Rolle eines $\underline{B}_{ext}$ (für Modellbeschreibung) begnügt, sondern ins (beliebig gewordene) Pseudo-AUT-S eindringen will, um dort als $\underline{B}_{int}$ zu wirken, steht er, wegen der Unmöglichkeit seiner eigenen sD, der Systembeschreibung im Wege und erreicht von dieser nur ein partielles Resultat. Doch muß daran erinnert werden, daß auch im (echten) sRS der $\underline{B}_{int}$ außerhalb seines jeweiligen Beschreibungsgutes steht (3.3).

5. Theoreme zu ALLo und AUT

5.1. Vorbemerkungen

Bereits oben (4.1) wurden zwei Theoreme (die namentlich in der ASTh von Bedeutung sind) formuliert. Für eine formale Anschreibung von Theoremen ist allerdings im Auge zu behalten, daß Terme verwendet werden müssen, die sich nicht formal definieren lassen, sondern sich nur aus dem unmittelbaren Verständnis des Problems ergeben. Zugleich muß die Formulierung alles, was in der besprochenen Thematik wichtig ist, ausdrücken können.

Dazu geht die Theorem-Bildung von der Annahme aus, daß eine der AUT gewidmete Betrachtung umfassender ist als eine der ALLo zugewandte, da nur erstere die Erkenntnissituation hinsichtlich der Stellung des $\underline{B}$ in der K.D. und hinsichtlich der Subjekt-Analogie der letzteren voll berücksichtigt. Daher können die wesentlichen Aussagen nur solche sein, die in Verbindung mit AUT stehen. Da, wie eingangs erwähnt (2.1), eine der Wirklichkeit konforme S-Definition schon den Rückbezug enthält, ist tatsächlich jede, vermeintlich objektive, ALLo-Betrachtung rudimentär, was sich auch in auf sie bezogenen Theoremen niederschlagen muß.

5.2 Auflistung und Besprechung der Theoreme

Zunächst ist folgende Feststellung zu machen:

Theorem III: $V(\Delta) = \neg\Delta b$ $\qquad \Delta b$: fungierbar

bei der das Zeichen Δ eine Funktion im weitesten Sinne vorstellt, die verallgemeinert S-Funktionen repräsentiert. Inhaltlich besagt nun Theorem III (das ALLo-*Voraussetzungs*-Theorem genannt sei mit V: Voraussetzung), daß die V irgendeiner S-Tätigkeit nicht von eben dieser Tätigkeit hergestellt werden kann, sondern etwas grundsätzlich anderes ist. In einem etwa auf das Konstruieren (K) ausgerichteten Beispiel heißt dies, daß die V (auch das *Vermögen*) des Konstruierens ($V(K)$) nicht konstruiert werden kann. Dieser negativen Aussage kann eine positive zur Seite gestellt werden:

Theorem IV: $V_E (\underline{\Delta}S)((V_A (\Delta) \wedge A(\Delta))\text{----}> \underline{\Delta}S)$

Hier bedeutet neben dem Funktor $\underline{\Delta}$ (2.1) das Zeichen Δ das bereits Hergestellte ("Funktum"). Wir haben hier ein ALLo-*Existenz*- und *Aktivitäts*-Theorem vor uns, welches besagt, daß nur unter der V, daß ein System ($\underline{\Delta}S$)existiert und unter der V, daß es tätig sein kann und tätig wird, ein Resultat zustandekommt (Negativ sagt es auch aus, daß nichts "von selbst", d.h. ohne V, zustandekommt).

Nun ist, bei Fortsetzung dieser Formulierungen, die wichtige Veränderung herauszuheben, die sich bei einem AUT-S im Vergleich zu einem ALLo-S einstellt; es ist der Selbstbezug (sR), ansonsten bleibt die Form und Aussage der Theoreme gleich:

Theorem V: $V(s\Delta) = \neg s\Delta b$ (AUT-Voraussetzungs-Theorem)

Theorem VI: $V_E(s\underline{\Delta}S)((V_A(s\Delta) \wedge A(s\Delta)) \text{----}> s\underline{\Delta}S)$

(AUT-Existenz-und Aktivitäts-Theorem)

Eine Version des V-Theorems (also von III und V) kann durch den Bedingungscharakter von V expliziert werden: Wenn z.B. eine Entität $\underline{a}$ eine andere Entität $\underline{b}$ kontruiert, dann benötigt sie ein bedingendes Agens $\underline{c}$, das die Tätigkeit ermöglicht, ohne selber getätigt (z.B.konstruiert) zu werden. Dieser Sachverhalt läßt sich darstellen als

Korollar I: ALLo-Δ : $a \xrightarrow{c} b$, $b \leq a$

AUT- Δ : $a \overset{c}{\equiv} b$

Im zweiten Korollar wird betont, daß das *aktuelle*, wirkfähige sRS viel (vielleicht sogar unendlich) geringer (kleiner) ist, als der es gleichsam umhüllende Möglichkeitsraum der V_i:

Korollar II: s$\underline{\Delta}$S $<<...$ V_E (s$\underline{\Delta}$S)

Die Symbole $<$ bzw. $<<...$ sind *qualitativ* zu verstehen, Später (6.2)wird noch einmal auf die Unterscheidung intensional (qualitativ/inhaltlich) und extensional (quantitativ/umfanglich) eingegangen werden.

6. Zentrale Probleme

6.1 Wiederaufnahme des V-Problems

Haben wir zur Kenntnis genommen, daß die V_i nicht herstellbar, sondern vorgegeben sind, dann lassen sich an ihnen Möglichkeiten ihrer *Geltung* diskutieren. Zunächst wird man *Bedingungen*, die nicht nur formal/struktural ausschreibbar, sondern auch empirisch feststellbar sind, von den V_i unterscheiden müssen. Aber auch die V_i sind an Struktur gebunden, wie z.B. durch V (s Δ) darstellbar ist; doch muß schließlich die Notwendigkeit *struktur loser V* behauptet werden, die in ihrer Kompaktheit und Unhintergehbarkeit dem substantivischen "Selbst" vergleichbar ist. Schematisch ließe sich der Zusammenhang der V-Formen mit dem Vorausgesetzten so darstellen (ABBILDUNG 6), daß wir von sV (*Selbstvoraussetzung*) dort sprechen müssen, wo nichts weiteres mehr an Einzelheiten erkennbar ist, daher sich ein Aspekt des Absoluten kundtut. V(s Δ) wäre dann auch zugleich die Schnittstelle, wo Zeitloses/Überzeitliches sich mit dem Zeitlichen trifft.

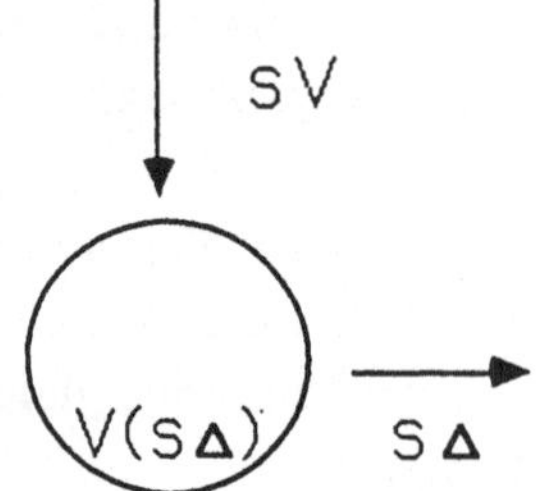

<u>Abbildung 6</u>

Zeitlose Geltung ("Orthogonalität") der strukturlosen sV im Zusammentreffen mit sich strukturell ausprägender V(sΔ) und zeitlich ablaufendem strukturierten Vorgang sΔ.

Es verdient unterstrichen zu werden, daß die hier gemeinte sV durchaus mit dem Umstand in Verbindung zu bringen ist, daß für sO (und verwandte sA$_i$) das S sich bereits voraussetzen muß, d.h. also eine Vorgabestellung vor seinen Tätigkeiten einnimmt (2.1) (3.3). Der für das Erkenntnisproblem Bedingungsstruktur besitzende H.Z. (3.2.2), der als eine Form der AUT in Erscheinung tritt, läßt sich ebenfalls als eine Weise des V-Problems deuten: Hier ist jedoch eine Unterscheidung in *subjektive* und *objektive* V_i geboten: erstere liegen im Individuum (im $\underline{B}$), letztere in der Realität $(\underline{R})$(Abbildung 1). Alle V_i tragen den *Doppelcharakter* von beschränkenden und ermöglichenden Voraussetzungen, erstere sind wohl deutlicher an Strukturen gebunden als letztere. Auch im H.Z. sind alle $G_j <<...V_i$.

6.2 Das Anfangsproblem

In der K.D., soferne sie objektiv/reale Gegebenheiten betrifft, wird eine Asymmetrie erkennbar (2.1) , da das $P^S{}_{von}$ nie mit dem $P^S{}_{in}$ identisch sein kann. Es liegt somit eine Begrenzung der Erfaßbarkeit von $\underline{R}$ von seiten eines $\underline{B}_{ext}$ vor, die jedoch auch für AUT bedeutsam ist.

Aus den bisherigen Überlegungen rechtfertigt sich nun die Bemerkung, daß das S-Programm, insbesondere das Anfangsprogramm ($P^S{}_{für}$), das wirklich das S in Existenz setzen sollte, nicht ein solches sein kann, wie es üblicherweise verstanden wird, nämlich ein extensionales Programm, sondern nur ein solches, das die *V*- und *G*-Eigenschaften des S umfaßt, daher (entsprechend der Komplementaritätsfigur) ein intensionales Programm II.Ordnung sein muß (das Intension I.Ordnung und Extension vereint)[5].

Diese Erkenntnis berührt sich mit der weit verbreiteten Auffassung, daß ein sOS sich gerade *ohne Programm* (eben"von selbst") organisiert. Richtig ist an dieser Meinung, daß ein sOS (oder allgemeiner: ein s Δ S) *nicht* in üblicher Weise, d.h. vom Menschen, *programmiert* werden kann. Hier stoßen wir vielmehr auf das metatheoretisch/philosophische Problem des Zusammenhangs zwischen *Idee* (die als vorgegebene erschließbar oder visionär schaubar ist), *Begriff* (der verstandesmäßig faßbar und analysierbar ist, aber hinter der Idee bereits zurückbleibt) und dem *Realding*, das mit beiden V_i in Verbindung zu bringen ist. Nichts davon ist programmierbar.

6.3 Die Antinomie der sR und ihre Überwindung

In den bisherigen Ausführungen sind wir mehrmals auf Widersprüche gestoßen und ihr Zusammenhang mit sR ist offensichtlich: Trotz Fortbestehens der Ich-Identität $(\underline{S}_{so};\underline{A})$ kann das objektivierte Subjekt $(\underline{S}_o; \mathbf{A})$ den Ausgang (das "Ziel") der sR nicht einholen (2.1)(3.2.2); der $\underline{B}_{int}$ steht dem $\neg \ \underline{B}_{int}$ (im System) wie einem (kontradiktorischen) Gegensatz gegenüber (3.3); zumindest auf der Ortho-Ebene der Komplementaritätsfigur bestehen unentscheidbare Gegensätze (2.2). Da obendrein bei jeder sR das "Selbst" vorausgesetzt werden muß, ist die Aufnahme der Frage, ob wir hier notwendigerweise auf antinomische Strukturen stoßen, unabweislich. Eine positive Antwort ist schon durch die Bestimmungsstücke für Antinomie gegeben, die in sR *und* Negation bestehen[11].

Die Unruhe der Ungeklärtheit, wie sie im Bezug zwischen V- und G-Kennzeichen des sRS (auf der Orthoebene) besteht (2.2) entspricht deutlich der Oszillation der zwei Wahrheitswerte (W und F) beim "Lügner"-Paradox.

Sie erinnert auch an die Oszillation, die beim Problem entsteht, wie weit eine bestimmte Entität begrifflich zu fassen ist, wenn der Begriff die Nicht-Entsprechung mit sich selbst ausdrückt [31]. Die Ähnlichkeit mit der Oszillation (antinomischer Art) bei der srP (3.1) von Sätzen ist ebenfalls in die Augen springend [25], wenn es sich darum handelt, daß Regelteil und Substratteil so aufeinander einwirken, daß in der Phase A "Regel $_1$ über Substrat $_2$" und in der Phase B "Regel $_2$ über Substrat $_1$" gebietet. Auf diese Weise entsteht eine Sequenz alternierender Phasen, bei der jede von ihnen zwischen zwei Phasen des anderen Typs zu liegen kommt (was ihre *Differenz* erzeugt), aber auch die Phasen aufeinander folgen (was ihre Gemeinsamkeit oder gar *Identität* gewährleistet). Dieser Fall entspricht der (auf zwei kontradiktorische Aussagen verteilten) Sokrates-Platon-Antinomie[6].

War das Paradox der sD (3.2.1) formaler Ausdruck der sR-Antinomie, so läßt sich auf Grund unserer Betrachtung auch an der Realgeltung von Antinomie in der AUT nicht zweifeln. Hauptgrund ist die Nichtentsprechung von sΔ mit V(sΔ). Als Wege zur *Lösung* bieten sich einige Verfahren: Zunächst der Hinweis auf die "Wirkmacht" der Komplementarität, derzufolge ein Gegensatz (mag er sogar ein kontradiktorischer sein), der auf einer Betrachtungs- oder Seinsebene in Erscheinung tritt, durch die auf der höheren Ebene bestehende Einheit (die kontradiktorische Gegensätze zu konträren relativiert) überwunden wird (wobei es zu *Identität* von Identität und Differenz kommt). Eine Möglichkeit zur Konzeption antinomiefreier Systeme wird in der sog. PKL (Polykontexturalen Logik) stringent aktualisiert [6][10] (siehe auch den Beitrag von KAEHR im vorliegenden Band). Hier wird die in der sR bestehende (und formal möglicherweise deletäre) Antinomie auf das ganze System, das einen heterarchischen Aufbau erhält, distribuiert und auf diese Weise entschärft.

7. Rückblick und Ausblick

In der Behandlung des Problems der sO lassen sich mehrere Phasen erkennen: 1. eine *naive* Phase, in der man z.B. von sO im Zusammenhang mit der Entwicklung von Modellen zur "Lebensentstehung" spricht und annimmt, daß die ersten Lebewesen durch zufälliges Zusammentreffen von Eiweißen und Nukleinsäuren (unter Bildung eines "Hyperzyklus") entstanden wären [4] oder wo man meint, daß durch Phasenübergänge solche Änderungen in den Ordnungsparametern eines Systems eintreten, daß andere Systembestandteile "versklavt" werden [8]. 2. Eine *kritische* Phase, in welcher das Problem bereits im Zusammenhang mit einer umfassenderen Ausgangsbasis, wie der Kybernetik, gesehen wird. Dann wird der Einfluß der Auseinandersetzung des Systems mit seiner Umgebung in den Vordergrund gestellt, der neue Verbindungen zwischen input und output [9] oder fortschreitende Ausbildung geordneter Beziehungen zwischen den Systemvariablen erbringt [27]. Dort aber, wo man bei sO auf paradoxale Systemeigenschaften stößt, dergestalt, daß das Resultat einer (mathematischen) Abbildung wieder auf diese zurückwirkt, scheut man sich vor den Konsequenzen und hält das Resultat für unmöglich [1]. 3. Die *metakritische* Phase, die, wie hier (Ansätzen folgend), das Problem in seiner Gesamtheit zu erfassen und ihm ein theoretisches Fundament zu geben sucht, indem sie zeigt, daß sO ein Teilproblem der AUT ist und diese wieder wesentlich zur ASTh gehört. Entscheidend ist die meta-theoretische Reflexion, die die Erkennung wie die Handhabung der sO-Problematik aus ihrer Analogie (oder sogar Identität) mit dem Erkenntnissubjekt herleitet und damit das Aufspüren eines Zusammenhanges mit epistemologischen Grundfragen nicht scheut. Eine Aussage über die notwendige Vorgegebenheit für sO eines Realsystems wird dann nicht mehr als unsinnig abgetan werden dürfen.

Anmerkungen

1. Tatsächlich tritt bei der Aktualisierung logisch/mathematischer Strukturen durch den sie erkennenden Menschen die Komplementarität von *Entdecken* und *Erfinden* auf den Plan.

2. Formal lassen sich folgende Beziehungen unterscheiden: Bei f(x)=x bezieht sich zwar x auf sich selbst, aber nicht durch sich, sondern durch f. Von sonst noch möglichen Funktionen wie f(x)=f (bei der sich x auf die Referenz-Funktion bezieht), f(f)=x (bei der sich f auf x durch sich selber bezieht) ist f(f)=f die entscheidenste, weil sich hier f auf sich selbst durch sich selbst bezieht. Diese letztgenannte Funktion ist mit der Mathematik in Einklang zu bringen [18][20].

3. Da die Theoreme vor allem der Verdeutlichung dienen, ist es belanglos, ob mengentheoretische oder aussagenlogische Notation verwendet wird.

4. Für ein Pseudo-AUT-S ist auch die Bezeichnung operationales *Aktions*-S gegenüber dem echten AUT-S als autologischem *Existenz*-S gebracht worden [14].

5. In der Begriffstheorie wird für den analytischen Begriff Reziprozität von Extension (E) und Intension (I) gezeigt, dagegen ist im synthetischen Begriff E ∝ I.

6. In typenfreien Programmsprachen, wie LISP, können "paradoxe" Funktionen formuliert werden, die, auf sich selbst angewandt, ganze Zahlen ergeben. Ergibt eine sA-Funktion Null, so ist sie "selbst-vernullend" (sv). Es sei p eine Funktion, die eine sv-Funktion in 1 abbildet, alle anderen Funktionen in ø. Dann ist, wenn p=sv, p(p)=1, also ¬ sv, wenn aber p = ¬ sv ist, dann p(p)=ø, d.h. sv. Die Umschreibung enthält nichts Inkonsistentes, nur endet p(p) niemals [29]. Das Paradox wird dadurch eliminiert, daß ein funktionales Verfahren, ohne ein Resultat zu erbringen, unbeschränkt läuft. Sollte dieses Beispiel nicht auch indikativ für den Umstand sein, daß sich ein "Wesen" (das sRS) unentwegt durch Selbstausführung selbst erhält ? Hegels Wort von der "reinen achsendrehenden Bewegung" paßt hierher.

Literatur

[1] ASHBY W.R.: Principles of the self organizing system, in: v.
FOERSTER H., ZOPF G.W. (Eds): Principles of self-organization,
Pergamon: New York 1962, p. 255-278

[2] v.BERTALANFFY L.. Theoretische Biologie Bd.1, Bornträger: Berlin
1932

[3] v.BERTALANFFY L.: General system theory, New York:Braziller 1968

[4] EIGEN M.: Selforganization of matter and the evolution of biological
macromolecules, Naturwiss. $\underline{58}$, 465-523 (1971)

[5] v.FOERSTER H.: Cybernetics of cybernetics, Biol.Comp.Lab.Report
Nr.73.38, Univ.of Illinois, Urbana:Illinois 1974

[6] v. GOLDAMMER E., KAEHR R.: "Lernen" in Maschinen und lebenden
Systemen, Design & Elektronik $\underline{6}$ (21.3.1989), S. 146-151

[7] GÜNTHER G.: Cybernetic ontology and trans-junctional operations, in:
YOVITS M.C., JACOBI G.T., GOLDSTEIN G.D. (Eds): Self-
organizing systems, Spartan:Washington 1962, p.313-392

[8] HAKEN H.: Erfolgsgeheimnisse der Natur. Synergetik, die Lehre vom
Zusammenwirken, Ullstein:Frankfurt/Berlin 1984

[9] HAWTON M.B.: Essentials of a self-organizing system, Cybernetica $\underline{17}$,
85-123 (1974)

[10] KAEHR R., v. GOLDAMMER E.: Again computers and the brain,
J.Mol. Electronics $\underline{4}$, 31-37 (1988)

[11] KESSELRING Th. : Die Produktivität der Antinomie. Hegels Dialektik
im Lichte der genetischen Erkenntnistheorie und der formalen Logik,
Suhrkamp:Frankfurt 1984

[12] LOCKER A.: Elements of a cybernetic theory of purposiveness,
Kybernetes $\underline{9}$, 97-108 (1980)

[13] LOCKER A.: Metatheoretical presuppositions for autopoiesis.
Selfreference and 'autopoiesis', in:ZELENY M. (Ed.): Autopoiesis. A
theory of living organization, North Holland:New York/Oxford 1981,
p.211-233

[14] LOCKER A.: Selbstorganisation - systemtheoretisch und
metatheoretisch betrachtet, in: GITT W. (Hrsg): Am Anfang war die
Information, Resch:Gräfelfing/München 1982, S.145-161

[15] LOCKER A.: Complementarity - polarity - dialectic - autology. A
conceptual analysis of opposition and unity, in: CARVALLO M.E.
(Ed.): Nature, cognition and system, Vol.$\underline{2}$: Complementarity,
Kluwer:Dordrecht 1990a, p.1-20

[16] LOCKER A. & Mitarbeiter: Textbuch Theorie der Kybernetik, Teil 1:
Allgemeine System- und Modelltheorie, Vieweg:Wiesbaden
(in Vorbereitung)

[17] LOCKER A., COULTER N.A.jr.: A new look at the description and
prescription of systems, Behav.Sc.$\underline{22}$, 197-206 (1977)

[18] LÖFGREN L.: An axiomatic explanation of complete self-reproduction,
Bull.Math.Biophysics $\underline{30}$, 415-425 (1968)

[19] LÖFGREN L.: Autology - of help for resolving problems of levels and
boundaries, in: PEDRETTI Annetta, deZEEUW G. (Eds): Problems of
levels and boundaries, Princelet: London/Zürich 1983, p.217-230

[20] LÖFGREN L.: Autology: Metalogics of self-applicability, in: SINGH M.
(Ed): Systems and Control Encyclopedia, Pergamon: Oxford 1987a,
p.326-333

[21] LÖFGREN L.: The partiality of self-reference, in: ROSSEEL E. (Ed):
Self-steering and cognition in complex systems, Proc. of the
Symposium, Brussels, May 1987b (forthcoming)

[22] LÖFGREN L.:Towards systems: From computation to the phenomenon
of language, in: CARVALLO M.E. (Ed): Nature, cognition and systems
Vol.$\underline{1}$, Kluwer:Dordrecht 1988, p.129-152

[23] MATURANA H.R.:The organization of the living: A theory of the
living organization, ASC-Cybern.Forum $\underline{10}$ (2/3) 14-23 (Summer/Fall)
1981

[24] MATURANA H.R., VARELA F.J.: Autopoiesis and cognition. The
realization of the living, Reidel:Dordrecht 1980

[25] MOWITZ J., GOUDSMIT A.: A model for organizational closure in
autonomous systems: Ingredients of a self-constructing automaton,
Center for Systems Research, University of Alberta, Edmonton,
Working Paper No. 88-1 (1988)

[26] MÜLLER A.: Lexikon der Kybernetik, Hamburg: Schnelle-Quickborn
1964, S.116

[27] NICOLIS J.S., PROTONOTARIOS E. , LIANOS E.: The role of noise
in self-organizing systems, Univ.of Patras, Comm.Systems and
Biocybernetics Lab., Techn.Rep. CSB-1, Patras, February 1974

[28] PASK G.: The cybernetics of behaviour and cognition extending the
meaning of goal , in: ROSE J.(Ed.): Progress of Cybernetics, Gordon &
Breach: London 1970 , Vol.$\underline{1}$, p.15-44

[29] REYNOLDS J.C.: Notes on a lattice-theoretic approach to the theory of
computation, Rep.Systems & Inf.Sciences, Syracuse University,
Syracuse NY, October 1972

[30] ROSEN R.: On the logical paradox implicit in the notion of a self-
reproducing automaton, Bull.Math.Biophysics $\underline{21}$, 387-394 (1959)

[31] WANDSCHNEIDER D.: Das Antinomieproblem und seine pragmatische
Dimension, in:STACHOWIAK H. (Hrsg.): Pragmatik $\underline{IV}$,
Meiner:Hamburg, 1990 (im Erscheinen)

[32] WATANABE S.: Knowing and Guessing, Wiley:New York 1969

[33] WEINBERG G.M.: An introduction to general systems thinking, Wiley:
New York 1975

[34] WEISS P.: Animal behavior as system reaction, Gen. Systems $\underline{4}$, 1-44
(1959)

VOM 'SELBST' IN DER SELBSTORGANISATION

Reflexionen zu den Problemen der Konzeptionalisierung und Formalisierung selbstbezüglicher Strukturbildungen

Rudolf Kaehr
Institut für theoretische Biowissenschaften
Private Universität Witten/Herdecke GmbH
Stockumerstr. 10
D-5810 Witten/Annnen

Stichworte:
Antinomie, Autologie, Computational Reflection, Kognition, Selbstreferentialität, Selbstheit, Polykontexturalität, proemial relationship, Volition.

Zusammenfassung:
Es wird unterschieden zwischen der westlichen kognitiven (Selbstreferentialität, Autopoiese, Autologie) und der östlichen volitiven (Selbst-Reflexion, self-control, decision-making) Konzeption der second order cybernetics als avancierteste Formen der Konzeptionalisierung und Formalisierung der Selbstorganisations-Problematik. Es wird gezeigt, daß beide Formen mono-kontextural gebunden bleiben. Im Gegensatz dazu, wird die Konzeption des Selbstbezugs und der Selbstbestimmung von autonomen Systemen im Rahmen der Polykontexturalitätstheorie (Günther) eingeführt. Grundlegend sind dabei die Proemialrelation und die Unterscheidung von Selbigkeit und Gleichheit eines Objekts, die eine Strukturation im Bereich des Logischen ermöglichen. Die Paradoxie der Welterschlossenheit operational geschlossener Systeme wird eingeführt und expliziert. Mitreflektiert wird der Ansatz Lockers zu einer Selbstorganisationstheorie und auf Konsequenzen aus polykontexturaler Sicht für die Computational Reflection wird hingewiesen.

Ich bin (Ich). Bin Ich (Ich)?

Die Simultaneität von volitiven und kognitven Akten läßt sich als das Selbst eines selbstorganisierenden Systems im Sinne eines lebenden Systems verstehen.

Das Selbst ist nicht positiv bestimmbar, weil es weder dem volitiven noch dem kognitiven System zuzuordnen ist. Das Selbst ist der Mechanismus des Zusammenspiels von Kognition und Volition selbst. Dieser Mechanismus ist selbst nicht wieder ein kognitiver oder volitiver Operator und auch nicht der Träger von beidem. Daher gibt es keinen Referenten, der als das "Selbst" designierbar wäre. Damit gibt es aber auch keine Wahrheit des Selbst, wenn Wahrheit Unverborgenheit, aletheia, heißt (Kaehr 1989, 36-37).

Dadurch erhält das Selbst jedoch keine extra-mundane Dignität. Etwa in dem Sinne, daß der Aktor immer außerhalb seiner Aktivität in einem unzugänglichen Jenseits angesiedelt wäre (deus absconditus).

"Theorem II : A ist substantiell/kompakt/relationslos".(Locker, in diesem Band)

Die Unmöglichkeit, das Selbst positiv bzw. affirmativ zu bestimmen, heißt nicht, daß es nicht negativ charakterisierbar wäre. Eine negative Bestimmung des Selbst erzeugt jedoch unter der Voraussetzung einer mono-kontexturalen Semantik und Logik ein enantiomorphes Satzsystem, das zum Satzsystem der positiven Charakterisierung dual ist. Solche Satzsysteme sind aus der negativen Theologie und der negativen Dialektik wohlbekannt.

"I am (I)". use/mention in Einem (Satz). Gleiches und Selbiges; nicht Einerlei.

Um eine trans-klassische Explikation des Selbst zu geben, genügt es also nicht zu sagen, das Selbst sei non-substantiell, non- kompakt und nicht relationslos.

Das Selbst eines selbst-organiserenden Systems ist nicht der Aktor (Operator, Relator, usw.) eines Programms, sei es ein volitives oder kognitives, motorisches oder sensorisches usw. , der innerhalb oder außerhalb seiner Aktanden steht, der von der Aktivität seiner Aktion unberührt bleibt und damit eine klare Rang-Ordnung zwischen ihm als Aktor und seinen Aktanden konstituiert, sondern die Differenz, die den Unterschied zwischen Aktor und Aktandensystem überhaupt erst ermöglicht. Diesen Ermöglichungsgrund, der nichts mit logischen , ontologischen und epistemologischen Modalitäten zu tun hat, der als Vorspiel und Vorhof jeglicher Thematisierung und Konstruktion von Operativität fungiert, nennt

Günther proemial relationship (Günther, Bd.III, 1980). Die Proemialrelation regelt das Zusammenspiel zwischen Operator und Operand als solchen. Die Umkehrung der Hierarchie zwischen Operator und Operand dynamisiert die Konzeption der Operation von einer dyadischen (Operation = Operator + Operand) zu einer chiastischen Figur mit vier Grund-Elementen.

Damit ist die Möglichkeit für einen Operator bzw. einen Operanden eröffnet, ineinander überzugehen und simultan sowohl als Operand wie als Operator zu fungieren. Auf diese Weise ist ein Operator immer sowohl innerhalb wie außerhalb seiner Operativität (Kaehr 1989).

Wenn dagegen ein Aktor nur die Möglichkeit hat, entweder innerhalb oder außerhalb seiner Aktivität zu stehen, dann untersteht er dem logisch-strukturellen Prinzip der Identität. Als mit sich selbst identischer im Sinne der Logik, hat er nur die Wahl, innerhalb oder außerhalb seines Wirkungsbereiches zu sein (deus absconditus oder Demiurg). Ein Drittes ist ausgeschlossen. Er kann also auch nicht zugleich sowohl innerhalb wie auch außerhalb seines Bereichs fungieren. Dies würde seine Identität zerstören. Ebenso würde die Rangordnung, die zwischen ihm und seinen Aktanden besteht, durch eine zusätzliche Umtauschbeziehung durchkreuzt. Der Aktor stünde nun simultan sowohl in einer Rang- wie in einer Umtauschrelation zu seinem Wirkungsbereich. Diese Simultaneität ist ihm aber aus identitätstheoretischen Gründen versagt.

Unter diesen mono-kontexturalen Voraraussetzungen bleibt für die Charakterisierung der Relationalität eines Aktors zu seinem Aktandensystem nur die Möglichkeit der Exteriorität. Denn eine Einbeziehung des Aktors in das System der Aktanden hätte zur Folge, daß er "in diese aufginge und sich von ihnen nicht distanzieren könnte" (Locker, in diesem Band).

Jedoch:
"First order cybernetics: the cybernetics of observed systems. Second order cybernetics: the cybernetics of observing systems." (von Foerster 1982, xvi).

Bei der first order cybernetics tritt der Aktor als Observer nicht in den Bereich seiner Observation, damit wird die Objektivität seiner Beschreibung gewährleistet.

Die Einbeziehung des Observers in seine Observation im Sinne der second order cybernetics verlangt nicht einen, sondern zwei Standorte der Observation: a) den Observer als externer Beobachter und b) derselbe Observer als einbezogener, als interner Beobachter. D.h. als einbezogener in seine Beobachtung ist der Observer immer noch Beobachter und nicht Beobachtetes. Sonst wäre die für die gesamte Observation konstitutive Differenz nivelliert. Seine Identität muß sich also spalten in externen und internen Beobachter. Als interner Beobachter ist er selbst Beobachtetes seines externen Beobachters, er wird aber als Beobachter beobachtet und nicht als Beobachtetes im ursprünglichen Sinne. Beide Reflexionsbestimmungen des Beobachters sind gleichursprünglich gegeben und fungieren simultan in der reflexiven Beobachtung. Es wird also keine Hierarchie zwischen Objekt der Beobachtung und interner und externer Beobachtung postuliert. Dies ist nur möglich, wenn unterschieden werden kann, zwischen der Gleichheit und der Selbigkeit eines Observers. Ohne diese diskontexturale Unterscheidung müßte eine Hierarchie von Meta-Levels mitsamt ihrer Problematik eingeführt werden (Maes 1987).

Was heißt der Unterschied von Selbigkeit und Gleichheit eines Aktors?
"Damit zeichnet sich eine Antwort ab auf die Frage, .. , inwiefern jemand sich in seinen praktischen Ja/Nein-Stellungnahmen - in seinem 'ich kann -- ' - zu sich verhält. Die Antwort lautet: nicht indem das Subjekt sich selbst zum Objekt wird, sondern indem es sich zu seiner Existenz verhält." (Tugendhat 1979, 38)

"Daß ich mich voluntativ-affektiv zu meiner Existenz verhalten kann, gründet darin, daß die Proposition, zu der ich mich dabei verhalte, nicht das Faktum ist, daß ich existiere, sondern die bevorstehende Existenz und das heißt die (praktische) Notwendigkeit, daß ich zu sein habe, und in eins die (praktische) Möglichkeit , zu sein oder nicht zu sein bzw. so und so zu sein oder nicht zu sein." (Tugendhat 1979,189)

Die Unterscheidung zwischen dem Aktor als Faktum und dem Aktor als Existenz wird hier mit den zwei Modi der Identität, der Gleichheit und der Selbigkeit, kontexturtheoretisch in Zusammenhang gebracht.

Die Unterscheidung ist von Günther in die philosophische Logik eingeführt worden und läßt sich noch direkter als die Unterscheidung zwischen Reflexions- und Seinsidentität bestimmen:

"Subjektivität ist ein Phänomen, das über den logischen Gegensatz des 'Ich als subjektivem Subjekt' und des 'Du als objektivem Subjekt' verteilt ist, wobei beide eine gemeinsame vermittelnde Umwelt haben" (Günther, Bd.II, 1979, 209).

Diese Unterscheidung zwischen Gleichheit und Selbigkeit scheint harmlos zu sein, wenn man sie als partielle Negation auf der unangefochtenen ontologisch-logischen Basis von Identität und Diversität betrachtet. Wird sie aber auf die Identität der Logik selbst angewandt, dann spaltet sich die Einheit der Logik auf und die Notwendigkeit einer Distribution und Vermittlung von Logiken überhaupt entsteht. Nach dem Konzept der partiellen Negationen wäre wieder die klassische relationslogische Grundlage für die Antinomie der Selbstbezüglichkeit eingeführt.

Inversion der Modalitäten.
Wenn sich ein lebendes System notwendigerweise zu seiner Möglichkeit zu sein verhalten muß, dann wird die Hierarchie der logischen Modalitäten invertiert. (Becker 1930) Nicht mehr die Notwendigkeit, gefolgt von der Wirklichkeit und der Möglichkeit hat die größte Seinsmächtigkeit, sondern die Möglichkeit steht an erster Stelle. Eine solche Umkehrung untergräbt aber die Möglichkeiten einer formal-logischen Untersuchung der Modalstrukturen lebender Systeme. Aus strukturellen Gründen ist jedoch eine solche Umkehrung der Modalstrukturen vom Standpunkt der Polykontexturalitätstheorie noch unzureichend, denn sie erzeugt wegen ihrer Symmetrie nur ein zur klassischen Systematik duales System. Auch das Dual-System der Modalitäten bleibt ein mono-kontexturales auf bloße Kognitionen reduziertes Satzsystem, in dem jeglicher Bezug zu volitiven Handlungsvollzügen ausgeklammert ist. Dies gilt gewiß auch für Modallogiken in denen z.B. deontische oder imperative Satzsysteme untersucht werden.

Handlungslogiken gehen vom Primat des Denkens über das Wollen aus und subsummieren daher Handlungen unter spezielle Handlungsformen, nämlich Aussagen. Damit geht die Möglichkeit verloren, das komplexe Zusammenspiel von Kognition und Volition, die in der Polykontexturalitätstheorie als gleichursprünglich (Heidegger) d.h. heterarchisch (McCulloch) gelten, zu erfassen. Zusätzlich zur Umkehrung der Ordnung der Modalitäten muß eine Verschiebung der Systematik stattfinden, damit eine Heterarchisierung der Modalitäten erwirkt wird, die erst den Übergang von der kognitiven Möglichkeit, zur volitiven Ermöglichung eröffnet.

Daraus wird ersichtlich, daß die modallogischen Modellierungen reflexiver Strukturen wie sie in der Computational Reflection üblich sind, zu kurz greifen (Halpern 1986).

Semiotische Anmerkung:
Die irreduzible Differenz zwischen System und Umgebung, ihre Gleichursprünglichkeit m.a.W. ihre Dis-Kontexturalität, die gegeben sein muß bzw. realisiert werden muß, wenn ein System eine Grenze haben können soll, muß sich notwendigerweise in der grundlegenden Struktur der Notationsmittel wiederholen. Diese Dis-Kontexturalität muß sich in der Struktur der Symbolisierungsweise bzw. in der Logik und Arithmetik der Deskription und Inskription realisieren.

Das Notations- bzw. Schriftsystem muß in sich diskontextural strukturiert sein, sonst würde in der Modellierung die für das selbstorganisierende System konstitutiven Differenzen zwischen System und Umgebung nivelliert. Diskontexturalität ist formal und operativ nur in einem Schriftsystem realisiert, in dem Begriff und Zahl, d.h. Innerlichkeit und Äußerlichkeit, gleichursprünglich zusammen wirken, also in der Graphematik von Polykontexturalität und Kenogrammatik (Kaehr 1982).

Der Unterschied.
Zwischen der Selbstorganisations-Konzeption Lockers und derjenigen Günthers liegt der Unterschied darin, daß für Locker der Aktor irreduzibel ist und damit auch seine Überordnung seinen Aktanden gegenüber, während für Günther die Differenz selbst zwischen Aktor und Aktanden die unhintergehbare Thematik liefert. Damit sind die Möglichkeiten des Zusammenspiels und Ineinanderübergehens von Aktor und Aktand eröffnet.

Der Lockersche Ansatz ist trotz seiner meta-kritischen Grundhaltung ein Substanzialismus. In diesem Sinne führt er die Intentionen von Bertalanffys genuin fort.

Klassifikatorisches zur Selbstorganisations-Debatte.
Im folgenden wird hier, ohne eine Klassifikation von Systemen zu beanspruchen, (dazu siehe (Locke 1984), bzgl. der Selbstorganistion von Systemen), zwischen zwei fundamental verschiedenen Systemtypen bzw. Klassifikaten unterschieden:
a) die Selbstorganisation von Daten (Elementen, Komponenten, Objekten, Prozessen) in Systemen und
b) die Selbstorganisation von Systemen selbst, d.h. das Sichzusichverhalten von Systemen.

a) Selbstorganisation von Daten in Systemen.
Diese weisen einen Rand nur für einen Beobachter auf, sie haben einen Rand bzgl. ihrer Umgebung "an sich", jedoch nicht "für sich", D.h. das System besitzt eine Grenze zwischen sich und seiner Umgebung, womit es sich überhaupt erst als System konstituiert, wiederholt jedoch diese Differenz nicht im System selbst. Im System wird die Unterscheidung von System und Umgebung, die das System überhaupt konstituiert, nicht selbst vollzogen. Damit hat das System keine Repräsentation seiner Grenze in sich selbst. Die Grenze ist nur für einen externen

Beobachter gegeben. Beide Bereiche der Unterscheidung sind strukturell homogen.
Was zum System gehört, gehört zum System, was zur Umgebung gehört, gehört
zur Umgebung. Beide Tautologien sind zueinander dual. Was nicht zum System
gehört, gehört zur Umgebung und was nicht zur Umgebung gehört, gehört zum
System.

Durch die Eindeutigkeit der Differenz von System und Umgebung, wie sie von
einem externen Beobachter gezogen wird, werden die Gesetze der mono-kontexturalen Logik nicht tangiert. Im Gegenteil, die Eindeutigkeit der Differenz bestätigt
das Identitätsprinzip der Logik. Die Differenzen, die vom externen Beobachter
thematisiert werden, sind Differenzen der Inhaltlichkeit des Systems bzgl. verschiedener Parameter. Die Unterscheidungen in der Parameter-Struktur lassen sich
im Rahmen der Systemtheorie klassifizieren (Klir 1985, Locke 1984).

Eine solche Bestimmung der Organisation eines Systems kann die strukturelle
Differenz zwischen einer Mehrheit von Beobachtern nicht angeben. Die Relativität
und Perspektivität von Deskriptionen lassen sich nur bezüglich der Inhaltlichkeit
des Thematisierten, nicht aber bzgl. seiner Struktur angeben. Insbesondere ist
etwa eine komplementäre Beschreibung ausgeschlossen, denn diese müßte simultan
mindestens zwei strukturell verschiedene und sich logisch ausschließende Beobach-
tungsstandpunkte zulassen.

Es soll darauf hingewiesen werden, daß die ursprüngliche Intention der allgemeinen
Systemtheorie biowissenschaftlich motiviert war und sich zum Ziel setzte, Ganzheiten, oder gar organismische Ganzheiten nicht-reduktionistisch zu szientifizieren.
Bekanntlich werden Ganzheiten durch komplementäre Modellierungen charakterisiert. Es ist also nicht falsch zu sagen, daß die mathematisierenden Methoden,
seien sie mengen-, relations-, kategorientheoretisch, usw., den intendierten System-
begriff nicht adäquat, sondern nur reduktionistisch erfassen. Der dabei gewonnene
Vorteil der Operativität gegenüber nicht-mathematischen Methoden steht außer
Frage.

Zum Typ a) gehören die Selbstorganisationskonzepte der allgemeinen komplexen
Theorie nicht-linearer dynamischer Systeme (Synergetik, Chaostheorie, dissipative
Strukturen, Katastrophentheorie).

b) Die Selbstorganisation als Sichzusichverhalten eines Systems.
Selbstorganisation im Sinne von Autonomie trifft zu für Systeme, die sich selbst
durch Entscheidungsakte (Volitionen) und Kenntnisakte (Kognitionen) in ihrer
Umgebung realisieren und damit ihren eigenen Weg in der Umgebung und damit
ihre Umgebungen für sich bestimmen.

Das Selbst eines autonomen Systems.
Das Selbst eines autonomen Systems ist die Proemialität von Kognition und
Volition. Damit ist darauf hingewiesen, daß Selbstheit eines autonomen Systems
gleichursprünglich mit Welterschlossenheit und Geschichtlichkeit des Systems ist.

Die Welterschlossenheit der Selbstheit eines lebenden Systems läßt sich nicht in den Kategorien der Informationsverarbeitung, der materiellen, energetischen und informationellen Input-Output- O perationen, explizieren. Selbstheit, Autonomie und Welterschlossenheit sind nicht ontische, sondern onto-logische bzw. Reflexionsbestimmungen eines Systems.

Die Selbstbezüglichkeit autonomer Systeme ist total.

Ein autonomes System bezieht sich nicht bloß kontingent und partiell auf sich selbst, sondern notwendigerweise in seiner Ganzheit. Ein autonomes System ist in seiner Ganzheit ein lebendes System und nicht bloß partiell bzgl. gewisser Teile seiner selbst. Eine Selbst-Explikation lebender Systeme ist also im Sprachrahmen formaler Wissenschaften nicht möglich. Antinomienfrei sind etwa in der mathematischen Logik und Algorithmentheorie nur partielle Selbstbezüglichkeiten darstellbar. Dieselbe Einschränkung gilt ebenso für die Programmiersprachen. So wird das Projekt der 'computational reflection' (Smith 1986) in der Praxis sofort eingeschränkt auf partielle Reflektion. "A reflective system is a system which incorporates structures representing aspects of itself." (Maes 1988, 2)

Phasen der Explikation der Selbstorganisation

Locker unterscheidet drei Phasen in der   Behandlung des Problems der Selbstorganisation: 1. eine naive, 2. eine kritische und 3. eine metakritische, die das Problem in seiner Gesamtheit zu erfassen und ihm ein theoretisches Fundament im Rahmen der allgemeinen Systemtheorie zu geben sucht. Diese wiederum wird als Metawissenschaft, die sich auf die Logik und Mathematik stützt, bestimmt. Die hier versuchten Argumentationen, würde ich sowohl einer 0. wie einer 4. Phase zurechnen. Die 0. Phase zeichnet sich aus durch die Einsicht in die Zirkularität des Begriffs der Selbstorganisation und die Verwerfung seiner Mathematisierung. Dies wird einerseits philosophisch begrifflich fundiert (Transzendentalphilosophie), oder aber formal-logisch, indem unter Verteidigung der klassischen Logik auf den antinomischen Charakter der Selbstorganisationskonzeption verwiesen wird. Der 4. Phase zuzuordnen sind die Ansätze, die im Übergang von der mono-kontexturalen zur poly-kontexturalen Logik- und Mathematik-Konzeption eine Formalisierung der 0. Phase zu realisieren versuchen.

Die globale Einordnung oder der Unterschied UDSSR und USA: Selbst-Referenz und Selbst-Reflexion.

"Thus , the appearance of second order cybernetics is the appearance of a new dimension - reflexion. However, this dimension was developed differently in the Soviet Union and the West. In the Soviet Union, the idea of reflexion was combined with the idea of structure; as a result, reflexive analysis appeared. In the West, the idea of reflexion was combined with the idea of computation; as a result, calculations with self- reference appeared." (Lefebvre 1986, 128)

Die reflexiven decision-making systems sind geprägt durch (reflexive) Strukturation. Das Problem ist nicht der Selbstbezug in der Kognition, sondern die Inadäquatheit der Reflexion, also die Differenz zwischen " the image of the original and the original" und nicht das "adaquate 'image of itself' inside the system." (Levebvre 1986, 125)

Das Problem der Inadäquatheit der Reflexion ist nicht primär ein Problem der Erkenntnis, sondern ein Problem der Handlung. Reflexive decision-making und reflexive control, etwa in einer Konfliktanalyse, heißt demnach, die kognitive Basis der möglichen Handlungsvollzüge eines anderen Agenten zu erkennen und zu beeinflußen und das eventuelle Scheitern der Beeinflussung zu reflektieren und daraufhin die eigene kognitive Repräsentation des anderen Agenten zu transformieren.

In diesem Sinne ist Selbst-Reflexion nur im Verbund mit anderen selbst-reflexiven Agenten und ihren komplexen Umgebungen zu denken.

Dies würde aber nur dann gelingen, wenn der kognitive Prozeß auch des kooperierenden Agenten simultan mitgedacht werden könnte. In der von Lefebvre (1982) vorgestellten Reflexionstheorie bzw. Algebra of Conscience ist dies nicht möglich, da er diese auf eine Boolesche Algebra reduziert und damit innerhalb der Mono-kontexturalität verhaftet bleibt.

Selbst-Reflexion bzw. Subjektivität ist in der Terminologie Günthers ein Problem der adäqaten Wiederholung (mapping) von Kognition und Volition in einer polykontextural strukturierten Welt. Der Strukturation entspricht die Struktur der Distribution und Vermittlung der Logik-Systeme in der Verbund-Kontextur der polykontexturalen Logik. Mögliche-Welten-Semantiken verlagern die Strukturierung der logischen Basis von der Ontologie in die Topologie - und verbleiben dadurch in der Zweiwertigkeit bzw. Mono-Kontexturalität.

Im Gegensatz zur Selbst-Reflexion ist es das Verlangen der Selbst-Referenz, autologisch jegliche Struktur-Differenz, etwa zwischen Aktor und Aktand, in einer stabilen zirkulären und typenfreien Form von Eigenwerten aufzuheben.

Autonome Systeme sind operational geschlossen.
In diesem Sinne läßt sich auch die Strategie der Amalgamierung von Objekt- und Metatheorie interpretieren. Die Differenz von Objekt- und Metasystem soll in einem einheitlichen System, in dem die Unterscheidung von System und Umgebung aufgehoben ist, nivelliert werden. Die Selbstreferentialität, die dabei entsteht, soll auch hier durch Eigenwerte, d.h. durch eine Fixpunkt-Semantik aufgefangen werden. Für eine Deskription selbstbezüglicher Figuren mögen die Begriffsbildungen der Fixpunkt-Semantik erfolgreich sein, vom Standpunkt einer faktischen Realisierbakeit hingegen sind sie inadäquat. "They are highly intractable: the set of theorems is not even recursively enumerable." (Konolige 1988, 69).

Eine ähnliche Situation ist mit der mengentheoretischen Konstruktion Löfgrens gegeben. Als Antwort auf den Nachweis der logischen Unmöglichkeit von Selbstorganisation (Rosen 1959) zeigt (Löfgren 1968) unter Einführung der Negation des Aussonderungsaxioms der von Neumann-Bernays-Gödel Mengenlehre (NBG), die Möglichkeit der widerspruchsfreien Axiomatisierbarkeit von Selbst-Reproduktion und Selbst-Explikation. Von der axiomatischen Möglichkeit zur faktischen mathematischen Konstruktion eines selbst-referentiellen Objekts bleibt allerdings noch ein weiter Weg (Peterson 1974).

Bei Heinz von Foersters rekursiven Selbstbezügen wird ohne Rücksicht auf Implementierbarkeit direkt mit intuitiven Kontemplationen auf indefinite Rekursionsverfahren gearbeitet (von Foerster 1982).

Beide Tendenzen, die amerikanische wie die sowjetische second order cybernetics, sind sich einig in dem, was sie hinter sich lassen möchten: die Einschränkung von Operativität und Logik auf die Konzepte und Resultate von Turing, von Neumann und Gödel.

In den neueren Arbeiten zur Theorie autonomer Systeme (Varela, Flores, Winograd) und der Computational Reflection (Smith) wird wieder stärker die Problematik der Umgebung eines reflexiven Systems bzw. sein In-der-Welt-sein thematisiert. Die Problematik der Explikation und der Implementierung des In-der-Welt-seins artifizieller lebender Systeme verbindet die als komplementäre Tendenzen erkannten Forschungsrichtungen: die künstliche Intelligenz-Forschung und den Neokonnektionismus der Neurocomputing-Forschung.

Paradoxie der Weltoffenheit geschlossener Systeme.
Hierbei entsteht die Paradoxie der operational geschlossenen Systeme bzgl. ihrer Umgebungen: je komplexer die Geschlossenheit des Systems, desto komplexer die Weltoffenheit des autonomen Systems. Der Grad der Komplexität der Geschlossenheit des Systems wird angegeben durch den Grad der Verschränktheit der Selbstbezüglichkeiten des Systems. Je komplexer diese sind, desto größer sind die Möglichkeiten der Distanzierung von seiner Umgebung. Distanzierung ist aber der Grund der Freiheit der Wahl von Umgebungen. Distanzierung und Weltverwobenheit sind komplementäre Eigenschaften eines autonomen Systems. Unter der Voraussetzung der notwendigen Welterschlossenheit eines autonomen Systems wird verständlich, warum die Selbstheit eines autonomen Systems unabhängig vom Solipsismus ist. Dieser ist eine sekundäre Möglichkeit der Welterschlossenheit eines autonomen Systems.

"... there seems to be a contradiction lurking behind all this interest in self-reference. The real goal of AI, after all, is to design or understand systems that can reason about the World, not about themselves. Introspection, reflection, and self-reference may be intriguing puzzels, but AI is a pragmatic enterprise. Somehow – in ways no one has adequately explained – self-reference must have some connection with full participation." (Smith 1986, 21)

Hier ist also ein Interface zwischen KI und Philosophie zu finden und die Konnektion   herzustellen, denn : "Selbst und Welt gehören in dem einen Seienden, dem Dasein, zusammen. Selbst und Welt sind nicht zwei Seiende, wie Subjekt und Objekt, auch nicht wie Ich und Du, sondern Selbst und Welt sind in der Einheit der Struktur des In-der-Welt-seins die Grundbestimmung des Daseins selbst." (Heidegger, nach Blust 1987,46)

Oder als Formel:
"Worumwillen aber Dasein existiert, ist es selbst. Zur Selbstheit gehört Welt; diese ist wesenhaft daseinsbezogen." (Heidegger 1955, 37)

E in Weg zur Lösung des Smith'schen Puzzels.
Die Günthersche Polykontexturalitätstheorie erlaubt es, ontisch nicht existierende,
also negative Sachverhalte als ontologische bzw. Reflexionsbestimmungen zu
designieren, ohne sie zu vergegenständlichen.

Kognition und Volition

"We linked many-valuedness with self-reference. No self-reference is possible
unless a system acquires a certain degree of freedom. But any system is only
free insofar as it is capable of interpreting its environment and choose for
regulation of its own behavior between different interpretations. The richness of
choice depends on the magnitude of the value-excess offered by the logic which
follows." (Günther 1968, 44)

"On the other hand, a machine, capable of genuin decision-making, would be a
system gifted with the power of self-generation of choices, and then acting in
a decisional manner upon self-generated alternatives." (Günther 1970, 6)

Transjunktive Deduktionsnetze.

Das logische Kriterium dafür, daß ein System zwischen sich und seiner Umgebung
unterscheiden kann, ist, daß in einer solchen Logik simultan in zwei verschiedenen
logischen Systemen eine Deduktionsfolge ablaufen kann. Der Rand eines Systems
ist also erst dann "an sich" und "für sich" bestimmt, wenn er zugleich von innen
wie von außen logisch charakterisierbar ist. Solche Systeme sind qua ihrer Konstitution in der Welt und ihre Welt ist durch sie. Die verschiedenen Typen der
Transjunktivität geben die Komplexität der System/Umgebungsstruktur bzw. des
In-der-Welt-Seins eines Systems in operativer Weise an.

Zirkularität: Nicht jeder Kreis geht rund.

"Weil demnach eine Selbstreferenz vorliegt, läßt sich Selbstorganisation (und
alles, was mit ihr zusammenhängt), grob schematisch, durch eine Kreisrelation,
welche die hier bestehende Zirkularität darstellt, veranschaulichen. Damit ist aber
das Problem erst eröffnet, nicht geklärt." (Locker, in diesem Band)

Vom Standpunkt der Polykontexturalitätstheorie aus, die das Phänomen der
Selbstorganisation nach dem Modell der Selbst-Reflexion thematisiert, ist damit
das Problem jedoch eher verdeckt, denn eröffnet. Selbstorganisation als bloße
Selbstreferentialität bzw. Zirkularität erweist sich als eine Reduktion der Selbst-
Reflexion auf die Reflexion-in-sich der Reflexion und generiert eine nicht ab-
schließbare unendliche Hierarchie von Reflexionsstufen. Diese Interpretation der
Selbst-Reflexion steht in der mono-kontexturalen Tradition der amerikanischen
Version der second order cybernetics.

Die Monokontexturalität der Metapher der Zirkularität (Uroboros) zeigt sich schon
darin, daß sie in sich eindeutig definiert ist und zu voller Präsenz gelangen kann,
der Erkenntnis in Evidenz gegeben und ohne logische Probleme darstellbar ist.

Selbst-Reflexion dagegen ist als Modell genuin nicht darstellbar; jedenfalls nicht
in Ein- oder Mehrdeutigkeit.

Das Operatum. Warum wir es nicht brauchen.

Locker umgeht das Problem der Selbstbezüglichkeit zwischen Operator und Operand bzgl. einer Operation indem er zwischen Operator und Operand das Resultat der Operation, das Operatum, fügt. Damit wird die anvisierte Zirkularität der Wiederholung von Operator und Operand in eine Iteration der Operation verschoben. Die Operation, konstituiert durch Operator und Operand, wird auf ihr Resultat, das Operatum, angesetzt. Die Wiederholung, die hier im Spiel ist, ist die Wiederholung als Iteration (der Operation) und bei weiterer Elaboration der Begrifflichkeit, die Wiederholung als Rekursion. Beides hat nichts zu tun mit einem Selbstbezug. Denn beide setzen auf das Produkt des Operators, des Operaius (der Schreiber), d.h. auf das Operatum und nicht auf die Dialektik der Prozessualität des Operators und der Gegenständlichkeit seines Operanden.

Im Operatum erlischt die Prozessualität des Operators und gerinnt zum Produkt. Das Operatum wird erneut zum Operanden eines Operators in einer Operation. Für den Operator einer Operation gibt es nur Operanden und kein Operatum. Die Figur dieser Operation läßt sich beliebig wiederholen.

Selbsterzeugung.

Die Probleme des Anfangs, die Anfangsprobleme, werden in der Theorie selbstorganisierender Systeme im allgemeinen leichtweg gelöst. Locker weist auf die Platonischen Ideen hin. "Ein System kann nicht aus dem 'Nichts' entstehen. Jedem System liegt immer eine 'Idee' zu Grunde." (Locker 1989, 202 und Kap. 6.2 in diesem Band)

Die komplementäre empiristische Aussage lautet nach Roth folgendermaßen: "Jedes neuronale Wahrnehmungssystem kommt mit einem Satz primärer Kriterien auf die Welt." (Roth 1990)

Ob nun eine metaphysische Idee oder das Leben selbst vorausgesetzt wird, es bleibt eine einzelne Einheit die als Anfang gesetzt wird. Die Einheit des Anfangs ist die Einheit des Grundes alles Seienden und Nicht-Seienden. Ob der Grund als Grund des Grundes, als Ur-Grund oder Ab-Grund bezeichnet wird, ändert nichts daran, daß hier eine mono-kontexturale Metaphysik am Werke ist.

Heterarchie und Komplexität der Gründe.

Einen Versuch zur Dekonstruktion des Anfangsproblems und der 'Konstruktion' seiner Komplexität findet sich in meiner Arbeit "Einschreiben in Zukunft" (Kaehr 1982).

Nach der Auszeichnung des Einen.

"Wird jedoch unter 4 die 'Gattungszahl' der vier Schrifttypen der Graphematik verstanden, also das Geviert der geschlossenen Proemialität, dann entsteht kein Widerspruch zwischen Auszeichnung einer Zahl und der Zahlenreihe selbst. Die 4 eröffnet die Vielfalt der Zahlensysteme der Polykontexturalität, liegt jedoch als solche nicht in der Reihe der natürlichen Zahlen einer beliebigen Kontextur. Aristoteles lehnt die Auszeichnung der 4 (und mit ihr die der 10) ab, ist aber selbst gezwungen, die 1 auszuzeichnen. Denn die Uni-Linearität der Reihe der natürlichen Zahlen setzt die 1 als Maß der Zahlen und als unum der Unizität der Reihe voraus." (Kaehr 1982, 226)

"Die Proemialrelation regelt den Zusammenhang zwischen dem disseminativen und dem kenogrammatischen System. Die offene Proemialrelation erzeugt rekursiv und retrograd polykontexturale Strukturen wachsender Komplexität und Kompliziertheit durch die Verkettung von Umtausch- und Ordnungsrelationen logischer und arithmetischer Art. Dadurch werden komplexe formale Systeme kreiert, die zwanglos Spielraum für jede Form von Selbstbezüglichkeit bereitstellen, ohne damit antinomische Situationen erzeugen zu müssen." (Kaehr 1982, 227)

"Welche Formen des Selbstbezugs einem formalen System erlaubt sind, ohne es zu zerstören, hat Dorothy L. Grover in 'Propositional Quantification and Quotation Contexts' untersucht: 'Therefore our results show that - although unrestricted self- reference leads to inconsistency - partial self-reference need not.' Andererseits ist die Angst vor Paradoxien und Antinomien sichtlich einer gewißen Neugierde und Domestizierung gewichen. Und J.F.A.K. van Benthem schreibt gegen die Furcht vor Paradoxien in seiner Arbeit mit dem doppelsinnigen Titel 'Four Paradoxes': 'But why? What mathematical result would be more exciting than the discovery of a contradiction in say Peano arithmetic? Who believes that the mathematics would come to an end because of such an event? I say that, within a century, it would count as the greatest advance ever in the mathematics, having led to an incomparably better understandig of the concept of 'number'.

Es ist also nicht so sehr Kroneckers Ausspruch: 'Die ganze Zahl schuf der liebe Gott; alles übrige ist Menschenwerk', der naiv ist, als vielmehr der Glaube, daß der Tod Gottes für die Arithmetik ohne Folgen geblieben sei." (Kaehr 1982, 222)

Gotthard Günther (1900 - 1984) weist auf die Bedeutung der Schellingschen Naturphilosophie für die Komplexität und Heterarchie des 'Un-Grundes' hin. "Daher blieb auch seine Klage: 'Die ganze neu-europäische Philosophie seit ihrem Beginn (durch Descartes) hat diesen gemeinschaftlichen Mangel, daß die Natur für sie nicht vorhanden ist, und daß es ihr am lebendigen Grunde fehlt.' Unter dem lebendigen Grunde ist das Wollen als 'Ursein' gemeint." (Günther 1979, 57)

Nichts ist ohne Grund. Alles hat keinen Grund. Einerlei.
Was Grund und was Begründetes ist, wird geregelt durch den Standort der Begründung. Der Wechsel des Standortes regelt den Umtausch von Grund und Begründetem. Es gibt keinen ausgezeichneten Ort der Begründung. Jeder Ort der Begründung ist Grund und Begründetes zugleich. Orte sind untereinander verschieden. Für die Begründung eines Ortes ist eine Vierheit von Orten im Spiel. Der Ort der Orte ist der Ab-Ort.

Die Vierheit der Proemialität des Grundes entgründet das Schreiben vom(n) Selbst.

Danksagung

Diese Arbeit wurde unterstützt durch die Volkswagen-Stiftung (Wettbewerb Biowissenschaften)

LITERATUR

BECKER, O.: Zur Logik der Modalitäten. in: Jahrbuch für Philosophie und Phänomenolgie. XI. 1930, 497-548

BLUST, F.-K.: Selbstheit und Zeitlichkeit. Heideggers neuer Denkansatz zur Seinsbestimmung des Ich. Würzburg 1987

FOERSTER, VON H.: Observing Systems. Intersystems Publication, Seaside/ California 1982

GÜNTHER, G.: Beiträge zur Grundlegung einer operationsfähigen Dialektik. Bd. I-III, Hamburg 1976-1980

-ders.-: Identität, Gegenidentität und Negativsprache. in: Hegel- Jahrbuch 1979, S.22-88

HALPERN, J.Y.(Hg): Theoretical Aspects of Reasoning About Knowledge. Proceedings of the 1986 Conference. Monterey 19. - 22.03.1986, Los Altos 1986

HEIDEGGER, M.: Vom Wesen des Grundes. Frankfurt/M 1983

KAEHR, R. : Einschreiben in Zukunft. in: D. Hombach: Zukunft als Gegenwart. Rotation Westberlin 1982

-ders.-: SUFI's DRAI: Wozu Diskontexturalitäten in der KI? In: ÖGAI Journal 1989, Nr.1, 31-37

KAEHR, R. u. VON GOLDAMMER, E. :Poly-contextural modelling of heterachies in brain functions. in: (Ed) Rodney M.J. Cotterill: Models of brain function. Cambridge Univ. Press 1989, U.K., 463-497

-diess.-:Lernen in Maschinen und lebenden Systemen, in: Design & Elektronik, April 1989, 146-151

-diess.-:Again Computers and the Brain, in: Journal of molecular Electronics 4, 1988, 31-37

KLIR, G.J.: Architecture of Systems Problem Solving. New York 1985

KONOLIGE, K.: Reasoning by Introspection.in: Maes, P.. Nardi, D. 1988, 61 - 74

LEFEBVRE, V.A.: Algebra of Conscience. A Comperative Analysis of Western and Soviet Ethical Systems. Dordrecht 1982

-ders.-: Second Order Cybernetics in the Soviet Union and the West. in: TRAPPL R.(Hg): Power, Autonomy, Utopia. New Approaches toward Complex Systems. New York 1986, S.123-131

LOCKE, M.: Grundlagen einer Theorie allgemeiner dynamischer Systeme. Berlin 1984

LOCKER, A.: Systemtheoretische Aspekte der Selbstorganisation und Autopoiese. in: Selbstorganisation. Protokolle zu einer interdisziplinären Ringvorlesung 07.04.-23.06.1989, UniBW München, S.196-202

-ders.-: Systemtehoretische Aspekte von Selbstoragnisation und Autologie. Vorstoß zu einer Theorie, in diesem Band

LÖFGREN, L.: An Axiomatic Explanation of Complete Self-Reproduction. in: Bulletin of Mathematical Biophysics, Vol. 3 0, 1968, S.415-425

MAES, P.: Computational Reflection. in: The Knowledge Engineering Review Vol.3, 3/1988, S.1-19

-dies.-; NARDI, D.(Hgg): Meta-Level Architectures and Reflection. Amsterdam et.al. 1988

PETERSON, L. J.: The Recursive Nature of Description: A Fixed Point. = BCL Publication No:252, Urbana 1974

ROTH, G.: Die Konstitution von Bedeutung im Gehirn, In: (Hg) Küppers,W., Krohn, P.: Selbstorganisation und Emergenz, 1990, demnächst

SMITH, B.: Varieties of Self-Reference. in: HALPERN, J.Y.(Hg): Theoretical Aspects of Reasoning About Knowledge. Proceedings of the 1986 Conference. Monterey 19.- 22.03.1986, Los Altos 1986, 19-43

TUGENDHAT, E.: Selbstbewußtsein und Selbstbestimmung. Sprachanalytische Interpretationen. Frankfurt/M 1979

VARELA, F.: Steps to a Cybernetics of Autonomy. in: TRAPPL, R. (Hg): Power, Autonomy, Utopia. New Approaches toward Complex Systems. New York 1986, S.117-122

-ders-: L'auto-organisation: de l'apparance au mecanisme. in: L'auto-organisation. De la physique au politique. (Eds) Dumouchel, P., Dupuy, J.-P., Seuil Paris 1983

WINOGRAD, T.; FLORES, F.: Understanding Computers and Cognition. A New Foundation for Design. Norwood 1986

Ist es sinnvoll,
daß Informatiker das Phänomen
Selbstorganisation behandeln?

Peter Molzberger
Universität der Bundeswehr München
Fakultät für Informatik
D-8014 Neubiberg

Kurzfassung

Der Autor vertritt die Auffassung, daß unsere scheinbar unüberwindbaren Schwierigkeiten, Selbstorganisationseffekte antinomienfrei zu beschreiben und auf Rechnern zu modellieren, mit unseren einschränkenden Denkgewohnheiten zu tun haben. Wenn es uns gelingt, aus diesem Paradigma, das als Hypnosephänomen aufgefaßt wird, auszubrechen, werden wir vermutlich in der Lage sein, lebensähnliche Vorgänge in computerähnlichen Umgebungen ablaufen zu lassen. Bereits jetzt zeichnet sich ab, daß das durch die Beschäftigung mit Synergie-Phänomenen erworbene, noch unvollständige Gedankengut mit großem Erfolg im Umgang mit sozialen Systemen (z.B. synergetische Software Teams) eingesetzt werden kann und damit indirekt auch der Informatik zugute kommt.

1. Was ist Informatik?

Diese Ringvorlesung findet als Veranstaltung der Fakultät für Informatik unserer Universität statt. Eingeladen sind Wissenschaftler und Praktiker aus einer Vielzahl verschiedener Disziplinen. Bevor wir an die Frage herangehen, was die Beschäftigung mit dem Phänomen Selbstorganisation der Informatik bringt, sollte eine Diskussion klären, was denn Informatik überhaupt ist. Darüber gehen die Auffassungen, selbst in unserer Fakultät, weit auseinander. Da steht zunächst die Frage im Vordergrund, ob die Informatik eine Geistes - oder eine Ingenieurwissenschaft ist. Ein Teil der Kollegen, meist mit mathematischem Hintergrund, sieht in der Informatik vorwiegend ein mehr oder weniger eigenständig gewordenes Kind der Mathematik. Es geht letztlich um Strukturen des reinen Geistes, die sich auf eine materielle Ebene, sprich einen Computer, abbilden lassen. Ein anderer Teil der Kollegen sieht in der Informatik eher ein leistungsfähiges Werkzeug, um in unserer realen Welt etwas zu bewirken. Sie verstehen die Entwicklung immer leistungsfähigerer Hardware und Software als hochentwickelte Ingenieuraufgabe. Die beiden Veranstalter der Ringvorlesung fühlen sich deutlich unterschiedlichen Standpunkten zugehörig. Eine andere Aufgliederung geht bereits aus den Namen des Fachgebiets hervor. "Computer Science" in den angelsächsischen Ländern stellt ein spezielles informationsverarbeitendes Gerät in den Mittelpunkt. Dagegen deutet der Name 'Informatik' in Deutschland darauf hin, daß die Gründer eine weitere Auffassung besaßen, die auch biologische Informationsverarbeitung, wie im menschlichen Gehirn , nicht ausschließt. Es bedarf wohl keiner Frage, daß die Veranstalter der Ringvorlesung dieser zweiten Auffassung zuneigen. Für uns ist Informatik in gewissem Sinne eine interdisziplinäre Wissenschaft, die bereit ist, für den Aspekt Informations - Verarbeitung auch in anderen Disziplinen Beiträge zu leisten. Ähnlich haben auch schon früher andere Wissenschaften argument iert, wie Theologie, Philosophie, Mathematik und Psychologie.

Das hat jedoch, aus unserer Sicht, nichts mit einem Anspruch auf Sonderstellung ("Königin der Wissenschaften") zu tun, es sei denn im paradoxen Sinne von "jede allein ist Königin", bzw. "jeder Teil ist das Ganze", (womit wir etwas verfrüht anhand des Beispiels Wissenschaft im philosophischen Kern des Themas Selbstorganisation gelandet wären). Schließt man sich voll der zweiten Auffassung von Informatik an, dann ist die Frage, ob die Behandlung des Phänomens Selbstorganisation in ihrem Rahmen sinnvoll ist, trivial: es ist schlichtweg die Aufgabe der Informatik, ihr ureigenstes Feld, denn offensichtlich hat jede Art von Informationsverarbeitung in der Natur mit Selbstorganisation zu tun. Ich darf die Frage daher ein bißchen anders verstehen: "Ist es lohnend?" Lohnt es sich für den mehr mathematisch orientierten Informatiker, indem er aus dem Studium der Natur fundamental neue Einsichten für seine Arbeit mit rein formalen Strukturen gewinnt? Lohnt es sich für den ingenieurwissenschaftlich orientierten Informatiker, indem er der Natur Konzepte abschaut, die einen wesentlichen Durchbruch in der Art und Weise bringen, wie wir Maschinen zur Erleichterung der uns im täglichen Leben gestellten Aufgaben einsetzen? Nachdem ich mich viele Jahre mit der Materie beschäftigt habe, bin ich nahezu sicher, beide Fragen mit einem 'ja' beantworten zu können. Gewiß, wir haben die Lösung noch nicht, und es verbleibt eine Unsicherheit, ob wir sie je finden werden. Andererseits nehme ich das Risiko gerne in Kauf, angesichts der faszinierenden Aussichten, die sich eröffnen, wenn es gelingt. Ich bin überzeugt, daß ein Erfolg die Art und Weise unserer Informationsverarbeitung auf derart durchgreifende Weise revolutionieren wird, daß die Frage "Was ist Informatik?" anschließend, auch und gerade von den auf die Technik ausgerichteten Mitgliedern unserer Zunft, völlig anders beantwortet werden würde.

2. Unbehagen mit der A.I.

Das Vorstehende war ein Glaubensbekenntnis, eine subjektive Aussage, die bekanntlich in der Wissenschaft nicht viel gilt. Mit Beweisen kann ich nicht dienen. Allerdings liegt es in der Natur der Dinge, mit denen wir uns beschäftigen, daß auch Beweise keinen Wert besäßen. Beweise sind immer nur im Rahmen eines definierten Kontextes gültig, und wir befinden uns hier in einem Gelände, in dem, wie wir sehen werden, selbst die unverletzbar erscheinenden Grundlagen unseres Denkens ihre Tragfähigkeit verlieren. Ich möchte das dem Leser anhand meiner eigenen, soweit sie das Thema A.I. betrifft, sehr wechselvollen Lebensgeschichte vermitteln. Diese meine Lebensgeschichte spiegelt den allgemeinen Wandel der Paradigmen: ich habe in den letzten 23 Jahren zweimal meine Überzeugung bezüglich A.I. total gewechselt. Das scheinen, oberflächlich betrachtet, selbst im Bereich der Spekulation, schlechte Karten zu sein. Schaut man jedoch genauer hin, so kann man in diesem Hin und Her der Überzeugungen eine Struktur erkennen, einen sich einschwingenden selbstorganisierenden Prozeß, wie wir ihn in vielen anderen Bereichen finden: das Ergebnis der dritten Phase dieses Prozesses kann als Synergie, als Synthese zwischen einer These (Phase 1) und einer total entgegengesetzten Antithese (Phase 2) erwartet werden: ein Paradigmensprung. Ich wende also hier mein Wissen, das ich über die Natur selbstorganisierender Prozesse bisher gewonnen habe, an, um zu erkennen, daß auch die wissenschaftliche Erforschung des Phänomens Selbstorganisation ein selbstorganisierender Prozeß ist, der es gestattet, Prognosen zu stellen.

Phase 1:

Seit 1966, meinem Eintritt ins Berufsleben, bin ich fasziniert von der Idee, Künstliche Intelligenz zu schaffen. Ich kam damals bei Siemens in ein Projekt, das zum Ziel hatte, Postleitzahlen, auch handgeschriebene, maschinell zu lesen. Meine Begeisterung läßt sich am besten in einem Satz ausdrücken, den Marvin Minsky, der damals als Papst der A.I. am M.I.T. residierte, 1967 geprägt hatte /1/:

> There is no reason to suppose that machines
> have any limitations not shared by man.

Etwa um das Jahr 1970 herum - das Projekt war längst kläglich gescheitert - wandelte sich meine Euphorie zunächst in Resignation. Wohin ich auch schaute, überall erkannte ich, wie A.I. Projekte an der gleichen Stelle scheiterten: Nach spektakulären Anfangserfolgen wurde ein Punkt erreicht, an dem auch unter noch so großem Aufwand an Programmierung, Rechnerlaufzeit oder Speicherplatz kein nennenswerter Fortschritt mehr erreichbar schien. Der Verdacht stieg in mir auf, daß da ein Prinzip dahinter sein müsse, eine nichtübersteigbare Schranke, die uns Menschen gesetzt sei.

Phase 2:

Etwa um das Jahr 1980 fiel mir das Buch von Dreyfus in die Hand: "What Computers Cannot Do". Es war eine Offenbarung, der "Fangschuß", wie ich es zu nennen pflegte, für meine bereits weidwunden Ambitionen, an der Entwicklung Künstlicher Intelligenz mitzuarbeiten. Für mich brachte das Buch vollkommen klar die Einsicht, daß Künstliche Intelligenz mit Hilfe von Computern niemals erreicht werden kann. Dreyfus stützt sich auf Gedanken von Wittgenstein und zeigt, daß die in der A.I. anstehenden Probleme zu Strange Loops oder unendlichen Regressionen führen. Unendliche Regressionen aber lassen sich nicht auf endlichen Computern unterbringen, bzw. nicht in endlichen Zeiten abarbeiten. Als Strange Loop formuliert, kommen wir auf akausale Situationen. Dazu eine Formulierung von Weizenbaum /2/:

> *"Wir müssen zunächst den Kontext bestimmen*
> *und dann diesen festen Kontext benutzen,*
> *um die Bedeutung der Elemente zu bestimmen,*
> *die ihn bestimmen."*

Ein praktisches Beispiel für eine derartige Situation tritt dann auf, wenn man Schach nicht mit "brute force" angeht, sondern die Vorgehensweise eines routinierten Schachspielers nachzubilden versucht:

> A: Um eine sinnvolle Selektion vornehmen zu können,
>   muß die Maschine erst mit der Situation vertraut sein.
>
>   Um voll mit der Situation vertraut zu sein,
>   muß sie die wichtigsten Züge vorausberechnen,
>   d.h. sie muß eine sinnvolle Selektion vornehmen.
>
>   GO TO A

Es sei darauf hingewiesen, daß die abgeschlossene Schachwelt, bestehend aus 64 Feldern, 32 Figuren und einer Handvoll Regeln, verglichen mit sonstigen A.I.-Problemen, eher als Trivialfall zu sehen ist. Meine Resignation gegenüber den A.I.-Problemen wandelte sich in Abneigung, diesem Gebiet überhaupt noch irgendwelche Aufmerksamkeit zu schenken, außer, daß ich meinen Blick für Unmöglichkeiten schärfte: Ich fühlte mich in der Lage, wenn ich mit Projekten in Berührung kam, Art und Zeitpunkt ihres Todes ziemlich genau zu prognostizieren.

Phase 3:

Eines gab mir jedoch bei aller Sicherheit, mit der ich meine Urteile über A.I.-Vorhaben vortrug, zu denken: Die Existenz natürlicher Intelligenz. Wenn ich das Treiben von Ameisen beobachte, so sehe ich, daß hier Erkennungsleistungen vorliegen, von denen wir nicht einmal zu träumen wagen. Das Gehirn einer Ameise enthält eine Hardware von einigen 100.000 Neuronen. Sollten unsere derzeitigen Modellvorstellungen für ein Neuron zutreffen, d.h. sollte das, was wir heute im Gehirn einer Ameise finden, im wesentlichen alles sein, was dort zu finden ist, so kann ich mir auf herkömmliche Art die vorhandene Leistungsfähigkeit nicht erklären. Hinzu kommt, daß die Reaktionszeit eines Neurons um den Faktor 100.000 höher liegt als die eines Silizium-Chips. Schon aus rein technischen Gründen dürfte es diese Ameise also nicht geben! Hier stand ich selbst vor einer Paradoxie, mit der ich nicht fertig wurde. Könnte es nicht sein, daß die Ursache in unserem Denken liegt? Könnte es nicht sein, daß wir das Gehirn einer solchen Ameise sehr wohl, vielleicht sogar mit der verfügbaren Technologie, nachbauen könnten, wenn wir nur wüßten, wie?

Im Jahre 1982 kam ein Student mit der Bitte zu mir, eine Diplomarbeit anfertigen zu dürfen. Er brachte ein Thema mit und versuchte etwa eine Stunde lang mir klarzumachen was er wollte. Er sprach von "Spiralförmigem Denken" und ähnlichen Strukturen von Programmen. Ich verstand ihn nicht vollständig; da das ganze jedoch viel Ähnlichkeit mit den Dreyfusschen Gedanken hatte (die ihm nicht bekannt waren) ,war ich sehr interessiert und ließ ihn beginnen. Ich hatte mich auf ein Abenteuer eingelassen, denn was dabei herauskam, war eine Menge tiefgreifender neuer Einsichten über die Natur lebender Systeme. Im Mittelpunkt unserer Arbeit stand der Satz:

> Im Zentrum
> jedes selbstorganisierenden Systems
> steht eine Antinomie.

Diese Antinomie kann in Gestalt einer Akausalität auftreten, als Strange Loop oder als infiniter Regress, räumlich oder zeitlich. Wir postulierten gemeinsam auch die Umkehrung:

> Um einem System
> selbstorganisierende Eigenschaften zu geben,
> müssen wir Antinomien einbauen.

So weit, so gut, aber wie macht man das? Jedes Modell eines Systems, das Antinomien enthält, fällt in sich zusammen. Wir verfolgten einige Ansätze, z.B. die von Maturana und Varela, um mit den Schwierigkeiten fertig zu werden, kamen aber damals nicht zu einer Lösung. Das war der Stand bis zum Jahresende 1987, als wir über Dr. Kaehr auf die Arbeiten von Gotthard Günther zum Thema Polykontexturalität stießen /3/. Seitdem hat sich unser Bild von den Möglichkeiten, echte Künstliche Intelligenz zu erzeugen, abermals rapide geändert. Nunmehr befinde ich mich voll in der dritten Phase meiner Beziehung zur A.I., in der ich davon ausgehe, daß wir voraussichtlich doch in der Lage sein werden, die Probleme zu lösen. Der Weg wird jedoch ein völlig anderer sein als bisher angenommen. Die Gedankengänge von Dreyfus sind für mich nach wie vor richtig, aber ich sehe, daß sie auf Prämissen beruhen, die ich heute als reine Paradigmen ansehe. Es ist nur ungeheuer schwierig, von diesen Prämissen abzulassen, weil wir uns seit Jahrtausenden daran gewöhnt haben. Sie sind zutiefst Teil unseres Denkens.

3. "Raus aus der Hypnose"

Wir haben - aus meiner Sicht - eine unvorstellbare Diskrepanz vor uns zwischen der Leistungsfähigkeit biologischer Systeme und dem, was wir bisher in der Informatik haben erreichen können. Wir haben weiterhin die Frage, warum wir biologische Systeme, wie z.B. eine Ameise, nicht einfach analysieren und nachbilden. Eine mögliche Formulierung der Antwort ist für mich: weil wir noch nicht verstanden haben, was Parallelität ist. Das glauben wir natürlich zu wissen, aber wenn wir uns näher damit beschäftigen, bemerken wir, daß wir Parallelität nur soweit verstanden haben, wie wir sie sequentialisieren können. Sequentialisieren ist die Kunst, die wir in der Informatik wirklich beherrschen: Vorgänge zeitlich in kleinste Abschnitte zerlegen. Was in der Realität parallel geschieht, reduzieren wir bei der Abbildung auf den Rechner auf eine zeitliche Abfolge. Beispiel: Simulation eines Betriebes mit Hunderten von Fertigungsstellen. Umgekehrt schaffen wir es, mittels Timesharing, jedem von vielen parallelen Benutzern eines Computers vorzutäuschen, daß die Anlage nur ihm zur Verfügung stände. Wir haben uns an die Sequentialisierbarkeit von Parallelität so gewöhnt, daß jeder Gedanke, daß das irgendwo auf Schwierigkeiten stoßen könnte, absurd erscheint.

Allerdings haben nicht erst die Informatiker mit diesem Denken begonnen. Das sequentielle Denken, das Denken mit unserer linken Hirnhälfte, dominiert in unserer gesamten Kultur. Es fällt mir schwer, ein Beispiel für "irreduzible, d.h. nichtsequentialisierbare Parallelität" zu finden. Bereits unsere Sprache ist so angelegt, daß wir so etwas nicht ausdrücken können. Das macht es schwer, wenn nicht unmöglich, einen Beweis für meine These vorzulegen, denn Beweisen ist immer nur innerhalb eines geschlossenen und gesicherten Kontextes möglich. Irreduzible Parallelität, wenn sie existiert, ist aber offensichtlich etwas, was über den derzeitigen wissenschaftlichen Kontext, das geltende Paradigma, hinausgeht. Eine vergleichbare Situation hätten wir vor uns, wenn wir versuchen wollten, Quanteneffekte mit Hilfe der Gesetze der klassischen Mechanik zu erklären. Ich behaupte also, daß sich die Antinomien der A.I. auflösen, sobald wir zu einer Betrachtungsweise übergehen, die echte Parallelität zuläßt. Sollte meine These zutreffen, so wäre die Frage erlaubt, was uns daran hindert, irreduzibel parallel zu denken. Genauer: Was hindert uns, gleichzeitig zwei (oder mehr) Inhalte widerspruchsfrei in unserem Bewußtsein zu halten, die, sequentiell betrachtet, zu Widersprüchen führen würden? Die Antwort ist einfach, wenn man mit dem Verhalten von Paradigmen /4/ und individuellen Belief-Systemen vertraut ist. Derartige geistige Systeme enthalten ein Überlebensprinzip: Sie verhalten sich in dieser Hinsicht wie Lebewesen.

Also: Unser derzeit existierendes Denksystem, das sog. Aristotelische Paradigma, besitzt eine selbstorganisierende Struktur, die verhindert, daß wir das Prinzip der Selbstorganisation verstehen.

> Oder: Unser mentales System
> schützt sich davor,
> erkannt zu werden.

> Oder: Unser Mind
> versteckt sich
> vor sich selbst.

> Oder: Unser Mind
> hat Angst davor,
> in den Spiegel zu schauen,
> denn daran würde er sterben.

"Sterben" heißt, in seiner derzeitigen beschränkten Struktur zerstört werden.

Nach seinem "Tode" wäre er in der Lage, irreduzibel parallel zu denken. DieKonsequenzen wären, wie der Philosoph von Müller /5/ sagt, gravierend. Das Aristotelische Paradigma besteht nach seiner Auffassung aus vier Teilparadigmen, die sich gegenseitig bedingen: unseren grundlegendsten Auffassungen über

> - Raum
> - Zeit
> - Identität und
> - Logik.

Erst wenn wir alle vier tiefgreifend umgestalten würden, kämen wir wieder auf festen Grund. Wir wissen um die Abwehrschlacht, die frühere Paradigmen geführt haben. Wir kennen die Argumente, mit denen sich die Inquisitoren geweigert haben, durch Galileis Fernglas zu blicken. Offensichtlich haben auch die Seeleute damals nicht registriert, daß ein Segelschiff zuletzt mit der Mastspitze am Horizont verschwindet. Das neue Paradigma ist de facto unsichtbar, solange das alte Paradigma intakt ist. Das im Augenblick zur Ablösung anstehende Paradigma geht offensichtlich weit tiefer und wehrt sich entsprechend stärker. Meine intensivste Vorstellung zum Thema Abwehr gegen Bedrohung eines Beliefs bzw.

Paradigmas stammt aus dem Gebiet der Hypnose. Wenn einer geeigneten Person z.B. suggeriert wird, sie sei nackt, so lebt sie total in der Vorstellung, nackt zu sein. Man kann es ihr mit keinem Argument ausreden. Vorhandene Kleidungsstücke werden einfach nicht wahrgenommen. Die betreffende Person wird mit Sicherheit zu jedem Argument eine rational erscheinende, für sie selbst überzeugende Antwort finden. Seit einiger Zeit gehe ich davon aus, daß ein Paradigma das gleiche ist wie eine kollektive Suggestion, d.h., daß wir alle, als Gesellschaft, hypnotisiert sind. Es ist eine Hypnose, die in unserer gesamten Kultur seit Jahrtausenden tradiert wird und sicher nicht allein auf Aristoteles zurückgeht.

Beweisen kann man das, wie gesagt, innerhalb des Paradigmas nicht. Hinweise habe ich viele, z.B. einige Experimente, bei denen Menschen "Antinomophobie", überraschende Angst vor Widersprüchen, zeigen. Meine persönliche Überzeugung stammt jedoch weder aus der Literatur noch aus wissenschaftlichen Experimenten, sondern aus eigenen Erlebnissen, bei denen in meiner Wahrnehmung für kurze Zeit, die Limitationen des Paradigmas aufgehoben waren. Wie kommen wir, vorausgesetzt sie existiert, heraus aus der Hypnose?

Allein die Tatsache, daß ich darüber schreibe, zeigt an, daß das alte Paradigma in Auflösung begriffen ist. Die Literatur zu diesem Thema, besonders im nichtwissenschaftlichen Bereich, schwillt rapide an. Wer die Geschichte von Büchern wie Hofstadters "Gödel, Escher Bach" oder Endes "Unendliche Geschichte" aufmerksam verfolgt, weiß um die Dynamik des Auflösungsprozesses. Ich gehe davon aus, daß bereits in wenigen Jahren das Aristotelische Paradigma großflächig zusammengebrochen sein wird, in der Wissenschaft genauso wie im täglichen Leben. Dann werden wir vermutlich das Prinzip der Selbstorganisation verstehen können. Ich habe Hinweise für die Annahme, daß wir dann verblüfft vor der Einfachheit der Grundprinzipien stehen werden und uns fragen, wieso wir das nicht schon immer gesehen haben. Es besteht also m.E. keine prinzipielle Notwendigkeit, überhaupt etwas zu tun.

Wenn wir aber etwas tun wollen, so geht es über Einsicht. Aus der Psychotherapie wissen wir, daß sich eine Neurose, ein System aus einengenden Beliefs, von alleine auflöst, sobald der Klient dessen Struktur erkennt. Paradigmen sind ganz ähnliche Gebilde auf kollektiver Ebene. Sobald wir erkennen, daß irgendetwas in unserem Leben nicht unumstößliche Realität, sondern ein (unterbewußt) vereinbartes Denkmodell ist, wird der Weg frei, es aufzugeben. Ich behaupte: Wenn der Leser auch nur die Möglichkeit ernsthaft in Erwägung zieht, daß meine These richtig sein könnte, wird er damit seinen "Befreiungsprozeß" stark beschleunigen. Davor aber steht die Angst, die Todesangst des alten Paradigmas, in den Spiegel zu schauen.

Zum Schluß des Abschnitts noch ein Experiment, das demonstrieren soll, daß wir sehr wohl in der Lage sind, zwei sich widersprechende Inhalte gleichzeitig in unserem Bewußtsein zu halten. Fast jeder kennt das Bild, das entweder eine Vase oder zwei Gesichter darstellt. Dieses Bild dient üblicherweise der Demonstration, daß man entweder das eine oder das andere sehen kann und daß unsere Wahrnehmung plötzlich umspringt.

Sie können sich selbst davon überzeugen, daß es Ihnen dennoch möglich ist, für kurze Zeit beide Bilder, absolut gleichzeitig und gleichberechtigt, mit voller Intensität wahrzunehmen. Das wird Ihnen um so besser gelingen, je tiefer Sie entspannt sind. Konditionieren Sie das rechte Auge auf die Vase, indem Sie das linke Auge zuhalten und für einige Minuten nur die Vase sehen. Fühlen Sie auch innerlich an der Vase und hören Sie den Klang, wenn Sie daran klopfen, d.h. nehmen Sie die Vase nach Möglichkeit mit allen Ihren Sinnen gleichzeitig wahr. Konditionieren Sie jetzt das linke Auge in ähnlicher Weise auf die beiden Gesichter. Anschließend schließen Sie beide Augen und machen sich bereit, indem Sie sich erneut tief entspannen. Dann öffnen Sie beide Augen gleichzeitig. Das übliche Ergebnis meiner Hörsaal-Experimente ist, daß die Bilder für eine Weile bei den meisten Teilnehmern sehr schnell hin- und herspringen. Dann stehen beide Bilder gleichzeitig für vielleicht einige Sekunden stabil.

Ein interessantes Ergebnis meiner Experimente ist, daß einige Leute behaupten, schon vor dem Experiment beide Bilder gleichzeitig sehen zu können. Ich glaube nicht, daß das vor einigen Jahren bereits der Fall gewesen wäre. Wenn Ihnen das Experiment zu leicht war, versuchen Sie, ein "unmögliches" Escher-Dreieck konsistent oder die zwei Stellungen eines Necker-Würfels gleichzeitig wahrzunehmen.

Einer unserer Studenten, der sich im Rahmen seiner Diplomarbeit intensiv mit den hier diskutierten Fragestellungen beschäftigt hatte, behauptete plötzlich, in der Lage zu sein, ein paradoxes Escher-Dreieck als Ganzes konsistent betrachten zu können. Die Figur würde sich langsam drehen, sei aber nicht dreidimensional sondern ... (und hier versagte die Sprache). Wenn er die Wahrheit sagt - und davon kann ich, so wie ich ihn kenne, unbedingt ausgehen - scheint sich hier eine neue Fähigkeit anzudeuten, Parallelität, Raum und wohl auch Zeit auf eine völlig andere Weise wahrzunehmen, als wir das gewöhnt sind.

Ich möchte derartige Experimente lediglich als Demonstrationen dafür ansehen, daß unsere Art der Wahrnehmung nicht die einzig mögliche ist. Ich glaube jedoch, daß intensives Üben mit optischen Effekten dazu beitragen kann, die Suggestion, die unsere derzeitige Art der Wahrnehmung bestimmt, aufzulösen. Wer mit derartigen Dingen spielen mag, dem empfehle ich die Lektüre von /6/. Es ist kein wissenschaftliches Buch, eher ein Zeitvertreib. Es wird den meisten Lesern jedoch schwerfallen, die Erfahrungen im herkömmlichen Weltbild zu interpretieren, es sei denn, sie geringschätzig als Halluzinationen abzutun.

4. Was bringt uns das Studium der Selbstorganisation, wenn wir das A.I. Problem nicht lösen?

Es bedarf wohl keiner Frage, daß die Möglichkeit, selbstorganisierende Prozesse auf Maschinen zu übertragen, eine unübersehbare Revolution auslösen würde. Wir wären - zumindest prinzipiell - in der Lage, all das zu automatisieren, was natürliche Systeme auch leisten, nur um viele Größenordnungen schneller. Selbst im bescheidenen Rahmen ("Ameise") würden die neuen Möglichkeiten das Gesicht unserer Gesellschaft rasch nachhaltig verändern. Daß dabei auch die theoretische Seite der Informatik einen Sprung machen würde, steht wohl außer Zweifel, sind wir doch heute nicht in der Lage, das Phänomen Selbstorganisation antinomienfrei zu modellieren. (Es bliebe allerdings immer noch der Fall denkbar, eine lebende Maschine zu bauen, von der wir nicht wissen, wie sie funktioniert /7/!) Der vorliegende Abschnitt behandelt den Trostpreis, das, was wir herausbekommen würden, wenn sich schließlich herausstellen sollte, daß wir es nicht schaffen, selbstorganisierende Prozesse in einer künstlichen Umgebung auszulösen.

Frage: was würde das Studium selbstorganisierender Prozesse in diesem Fall der Informatik bringen? Meine Antwort: sehr viel! Die Beschäftigung mit der Materie beginnt sich bereits jetzt für mich persönlich auszuzahlen. Seit ein paar Jahren experimentieren wir in unserem Institut bewußt mit selbstorganisierenden Systemen. Die Betonung liegt auf dem Wörtchen "bewußt", denn wir alle haben schon immer mit Menschen, z.B. unseren Studenten, gearbeitet. In den letzten Jahren sehen wir das Verhalten von Menschen mehr und mehr aus dem Blickwinkel und unter den Modellvorstellungen der Selbstorganisation. Stück für Stück nähern wir uns dem Ziel, gruppendynamische Prozesse beschreiben zu können, für die wir bisher keinerlei rationale Erklärung hatten. Um es mit einem Bonmot zu sagen: normalerweise bemühen wir uns in der Informatik, menschliches Verhalten auf Rechnern zu simulieren. Bei uns versuchen wir, gewünschtes selbstorganisierendes Verhalten von Rechnern mittels Menschen zu simulieren.

Ein für die Informatik interessantes Anwendungsfeld sind synergetische Software-Entwicklungsteams, deren Leistungsfähigkeit quantitativ wie qualitativ um einen beachtlichen Faktor über dem normalen Leistungsniveau liegt. Jeder erfahrene Praktiker hat derartige Phänomene erlebt. Bis heute ist es allerdings weitgehend dem Zufall und den charismatischen Fähigkeiten des Leiters überlassen, ob ein Team synergetisch wird oder nicht. An dieser Stelle haben wir bereits faszinierende Erfolge gehabt und glauben, einen Beitrag leisten zu können, der letztlich auch der Informatik zugute kommt /8/.

Und umgekehrt: daß derartige Dinge weniger bei den Pädagogen oder Psychologen, die klassischerweise dafür zuständig wären, aufgegriffen werden, hat vermutlich seinen Grund in der speziellen Denkweise der Informatik. Das Denken in höchst komplexen Prozessen befähigt uns offensichtlich, mit selbstorganisierenden Elementen - auch wenn wir diese selber noch nicht aufbauen können - auf eine sehr konstruktive Art umzugehen. Nebenbei gesagt: ich erwarte die Lösung des Problems der Selbstorganisation nicht von Einzelpersonen, auch nicht von klassischen wissenschaftlichen Kooperationsformen, sondern von einer synergetischen Organisationsstruktur. Wir haben in den letzten Jahren immer stärker die Erfahrung gemacht, daß paradigmatische Barrieren , und nur um solche handelt es sich hier, wie ich in Abschnitt 3 darzulegen versucht habe, wesentlich leichter von synergetischen Gruppen erkannt und aufgelöst werden können. (Der gleiche Effekt wird in einem anderen Bereich als Gruppentherapie genutzt). Also: Die Nutzung von Synergieeffekten, Selbstorganisationseffekten in Gruppen, schafft offensichtlich erst die Möglichkeit, Synergieeffekte allgemein wirkungsvoll zu erforschen und nutzbar zu machen. So gesehen könnte sich der Trostpreis am Ende als Hauptgewinn nicht nur für die Informatik, sondern auch für die Menschheit herausstellen.

Ein weiteres, sehr hoffnungsvolles Anwendungsgebiet sind Mensch-Maschine-Systeme. Wir erleben derzeit, daß unsere Computer zu immer größeren Netzen zusammengeschaltet werden. Damit werden auch die Menschen in ihrer Zusammenarbeit auf eine neue Weise vernetzt. Es entstehen große Organisationen aus Maschinen und Menschen, in denen sehr vieles parallel geschieht. In der Praxis haben wir derartige Systeme noch keineswegs im Griff. Ich habe beispielsweise viele Jahre an der Entwicklung elektronischer Führungssysteme für die Bundeswehr mitgearbeitet. In den Zentralen Dienstvorschriften der Bundeswehr heißt es dazu:

> Ein Führungssystem ist die Gesamtheit von Grundsätzen, Organisation und Führungsverfahren, sowie von personellen und materiellen Mitteln, die die jeweils Entscheidungsbefugten befähigt, zur Erfüllung einer militärischen Zielsetzung situationsgerecht Entscheidungen zu treffen und Entscheidungen in Aktionen umzusetzen und Aktionsabläufe zu überwachen.

In dieser Definition, die in fast identischer Form auch für jedes Industrie-Unternehmen gültig sein könnte, ist von Computern nicht die Rede. Will man den Führungsvorgang sinnvoll durch Einsatz elektronischer Komponenten unterstützen, so entstehen Probleme, die in Jahrzehnten noch nicht gelöst worden sind. Daß sich hier unter dem Einfluß des Denkens in Modellen der Selbstorganisation völlig neue Perspektiven eröffnen, ja geradezu unlösbare Probleme plötzlich als Chancen erscheinen, zeigt in sehr schöner Weise der Beitrag von Eichler in diesem Band. Fazit: Beschäftigung mit Selbstorganisation lohnt sich auf jeden Fall, ob wir den Stern der Weisen der A.I. finden werden oder nicht. Die Beschäftigung damit gibt unserem Denken eine neue Richtung, hilft, unser Potential zu erschließen, d.h. unsere geistigen Kräfte nicht nur zu bündeln, sondern - und das ist nach unseren Erfahrungen keine Übertreibung - synergetisch zu potenzieren. Was immer die Antwort auf unsere Frage einmal sein wird: Die Beschäftigung mit dem Thema Selbstorganisation ist eine "Falle": Wer sich einmal wirklich innerlich auf das Gebiet Selbstorganisation eingelassen hat, den läßt es nicht wieder los.

Referenzen:

/1/ Minsky, M.:
Computation: Finite and Infinite Machines
Prentice Hall 1967

/2/ Dreyfus, H.:
What Computers Can't Do,
Harper Colophon Books, New York 1979

/3/ Günther, G.:
Idee und Grundriß einer nichtaristotelischen Logik
Felix-Meiner-Verlag, Hamburg 1978

/4/ Kuhn, T.S.:
Die Struktur wissenschaftlicher Revolutionen,
Suhrkamp-Verlag Frankfurt 1981

/5/ von Müller, A.:
Zeit und Logik
Wolfgang-Baur-Verlag, München 1983

/6/ Pennington, J.:
Kleines Handbuch des Glasperlen-Spielers,
Hugendubel-Verlag, München 1986

/7/ Hofstadter, D.R., Dennett D.C.:
The Mind's I. Fantasies and Reflections on Self and Soul,
Bantam Books, New York 1982

/8/ Molzberger, P.:
New Ways to Excellence in Software Development
CSI Conference Bangalore/Indien, Sept. 1989

Die Autoren

Dipl.-Inform. Edwin Eichler
Bertelsmann Zentrale
Informationsverarbeitung GmbH
An der Autobahn
4830 Gütersloh

Dr. Fritz von Haeseler
Universität Bremen
Institut für Dynamische Systeme
Postfach 330 440
D-2800 Bremen 33

Dr. Peter M. Hejl
Universität/Gesamthochschule Siegen
Institut für empirische Literatur-
und Medienforschung (LUMIS)
Postfach 10 12 40
D-5900 Siegen

Prof. Dr. Hubert Hendrichs
Universität Bielefeld
Fakultät für Biologie
Universitätsstraße 25
D-4800 Bielefeld 1

Dr. A. Hirschelmann
Institut für Informatik
Universität Bonn
Römer Straße 164
5300 Bonn 1

Prof. Dr. Michael Hutter
Universität Witten/Herdecke
Lehrstuhl für Theorie der Wirtschaft und
ihrer Umwelt
Bochumer Straße 10 a
D-5810 Witten 1

Dr. Rudolf Kaehr
Universität Witten/Herdecke
Institut für Naturwissenschaften
Stockumer Straße 10
D-5810 Witten-Annen

Prof. Dr. Dr. Michael Kastner
Universität Dortmund
Fachbereich 14 "Psychologie"
Postfach 500500
4600 Dortmund

Prof. Dr. Detlef Bernhard Linke
Universitätsklinik Bonn/Venusberg
Abt. Neurochirurgie
Sigmund-Freud-Straße 25
D-5300 Bonn

Prof. Dr. Alfred Locker
Technische Universität Wien
Institut für Theoretische Physik
Wiedner Hauptstraße 1 - 10/136
A-1040 Wien

Prof. Dr. Gerhard Manteuffel
Universität Bremen
Fachbereich Biologie
Postfach 330 440
D-2800 Bremen 33

Prof. Dr. Peter Molzberger
Universität der Bundeswehr München
Fakultät für Informatik
D-8014 Neubiberg

Dr. Friedhelm Mündemann
Universität der Bundeswehr München
Fakultät für Informatik
D-8014 Neubiberg

Prof. Dr. Wolfgang Niegel
Universität der Bundeswehr München
Fakultät für Informatik
D-8014 Neubiberg

T. Clif Penn
Texas Instruments Fellow
13510 N. Central Expressway
P.O. Box 655474
Dallas, Texas 75265
USA

Prof. Dr. Friedrich Weltz
Gundelindenstraße 6
D-8000 München 40